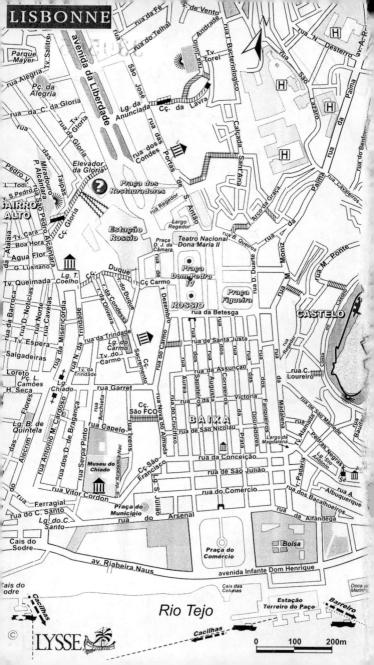

LISBONNE

Marc Rigole
Claude-Victor Langlois

ÉDITIONS ULYSSE

Le plaisir... de mieux voyager

Direction de collection	*Photographies*	*Cartographie et*
Claude Morneau	*Page couverture*	*infographie*
	Bairro Alto	André Duchesne
Direction de projet	Joao Paulo	*Assistants*
Pascale Couture	Image Bank	Patrick Thivierge
	Intérieures	Steve Rioux
Recherche et rédaction	Câmara municipal de	
Marc Rigole	Lisboa	*Mise en pages*
Claude-Victor Langlois	Tibor Bognár	Isabelle Lalonde
	ENATUR	Stéphane G. Marceau
Correction	Marc Rigole	Christian Roy
Pierre Daveluy	*En-têtes*	
	Jennifer McMorran	*Direction artistique*
		Patrick Farei
	Illustrations	Atoll Direction
	Lorette Pierson	
	Marie-Annick Viatour	

Remerciements : José António Preto da Silva (ICEP-Toronto); Maria Helena Mora et Mme Barlier (Office du Commerce et du Tourisme du Portugal à Paris); M. Gomes et Maria de Lourdes Braamcamp Mancellos (ENATUR); Fernanda Guedes Machado, Lídia Monteiro, Fernanda Guedes Machado et Ana Carreira (ICEP Lisboa); Maria Paula Vinhais (CARRIS); Maria do Rosário Taurino (CP); Helena Taborda (Metropolitano); Paula Nascimento, José António dos Santos et Jorge Cruz (Lisboa Turismo); Luís Hespanha (Turismo Costa do Estoril); Maria João Brandão (Palácio Nacional de Sintra); Isabel Sousa, Miguel Silvano et Luís Esgonnière Carneiro (EXPO 98); Catherine Nappert et Yves Drouin; Isabelle Miralles et Patrick Pinzelli. Enfin, un remerciement tout particulier à Judith Lefebvre, Virginie Bonneau et Bruno Salléras pour leurs nombreuses contributions et leurs soutien sans faille. Les Éditions Ulysse remercient la SODEC ainsi que le Ministère du Patrimoine canadien pour leur soutien financier.

Distribution

Canada : Distribution Ulysse, 4176, St-Denis, Montréal (Québec), H2W 2M5
☎ (514) 843-9882, poste 2232, ☎ (800) 748-9171, fax : 514-843-9448
www.ulysse.ca, guiduly@ulysse.ca

États-Unis : Distribooks, 820 N. Ridgeway, Skokie, IL 60076-2911
☎ (847) 676-1596, fax : (847) 676-1195

Belgique-Luxembourg : Vander, 321 Av., des Volontaires, B-1150 Bruxelles
☎ (02) 762 98 04, fax : (02) 762 06 62

France : Vilo, 25, rue Ginoux, 75737 Paris, Cedex 15
☎ 01 45 77 08 05, fax : 01 45 79 97 15

Espagne : Altaïr, Balmes 69, E-08007 Barcelona
☎ (3) 323-3062, fax : (3) 451-2559

Italie : Centro cartografico Del Riccio, Via di Soffiano 164/A, 50143 Firenze
☎ (055) 71 33 33, fax : (055) 71 63 50

Suisse : Diffusion Payot SA, p.a. OLF S.A., Case postale 1061, CH-1701 Fribourg, ☎ (26) 467 51 11, fax : (26) 467 54 66

Tout autre pays, contactez Distribution Ulysse (Montréal)

ISBN 2-89464-156-7
© Éditions Ulysse - Tous droits réservés
Bibliothèque nationale du Québec
Dépôt légal - Premier trimestre 1998 -
Données de catalogage avant publication, voir p 8
PRINTED IN CANADA

Para o viajante que chega por mar, Lisboa, vista assim de longe, ergue-se como uma bela visão de sonho, sobressaindo contra o azul vivo do céu, que o sol anima. E as cúpulas, os monumentos, o velho castelo elevam-se acima da massa das casas, como arautos distantes deste delicioso lugar, desta abençoada região

Au voyageur qui l'approche par la mer, Lisbonne livre, même dans le lointain, une silhouette de rêve parfaitement découpée sur un ciel d'azur que le soleil égaye de son or. Et voilà bientôt que ses dômes, ses monuments et ses vieux châteaux s'élancent fièrement au-dessus de ses demeures, comme autant de hérauts de cette fabuleuse cité et de sa contrée bénie.

Fernando Pessoa

O que o Turista deve ver
What the tourist should see
Ce qu'un touriste devrait voir

Edition Livros Horizonte, 1992

SOMMAIRE

LISTE DES CARTES

⚊⚊⚊ Escalier		P Stationnement
⌁⌁⌁ Funiculaire		N Indication du nord
🏛 Musée		✈ Aéroport
🚗 Ferry		Parc
🚤 Navette		Cimetière
H Hôpital		
† Église		
✺ Point de vue		**Lisbonne** Liste des symboles

TABLEAU DES SYMBOLES

🚢	Coup de cœur Ulysse, nos adresses préférées
≡	Air conditionné
☉	Centre de conditionnement physique
ℂ	Cuisinette
pdj	Petit déjeuner
≈	Piscine
ℝ	Réfrigérateur
ℜ	Restaurant
bd	Salle de bain privée avec douche
bp	Salle de bain privée (installations sanitaires complètes dans la chambre)
⌂	Sauna
☎	Téléphone
⇌	Télécopieur
tv	Téléviseur
tlj	Tous les jours

CLASSIFICATION DES ATTRAITS

★	Intéressant
★★	Vaut le détour
★★★	À ne pas manquer

CLASSIFICATION DES HÔTELS

Les tarifs mentionnés dans ce guide s'appliquent, sauf indication contraire, pour une chambre pour deux personnes, **incluant le petit déjeuner.**

CLASSIFICATION DES RESTAURANTS

$	moins de 1600 ESC
$$	de 1600 à 3200 ESC
$$$	de 3200 à 5000 ESC
$$$$	de 5000 à 7000 ESC
$$$$$	plus de 7000 ESC

Les tarifs mentionnés dans ce guide s'appliquent, sauf indication contraire, à un repas pour une personne, avant les boissons et le service, mais incluant les taxes.

Merci de contribuer à l'amélioration des guides de voyage Ulysse!

Tous les moyens possibles ont été pris pour que les renseignements contenus dans ce guide soient exacts au moment de mettre sous presse. Toutefois, des erreurs peuvent toujours se glisser, des omissions sont toujours possibles, des adresses peuvent disparaître, etc.; la responsabilité de l'éditeur ou des auteurs ne pourrait s'engager en cas de perte ou de dommage qui serait causé par une erreur ou une omission.

Nous apprécions au plus haut point vos commentaires, précisions et suggestions, qui permettent l'amélioration constante de nos publications. Il nous fera plaisir d'offrir un de nos guides aux auteurs des meilleures contributions. Écrivez-nous à l'adresse qui suit, et indiquez le titre qu'il vous plairait de recevoir (voir la liste à la fin du présent ouvrage).

Éditions Ulysse
4176, rue Saint-Denis
Montréal (Québec)
H2W 2M5
www.ulysse.ca
guiduly@ulysse.ca

Données de catalogage avant publication

Rigole, Marc, 1956 -
    Lisbonne
    (Guide de voyage Ulysse)
    Comprend un index.
ISBN 2-89464-156-7
1. Lisbonne (Portugal) - Guides. I. Langlois, Claude-Victor. II. Titre
III. Collection
DP757.R53 1997   914.69'42504'44   C97-940913-6

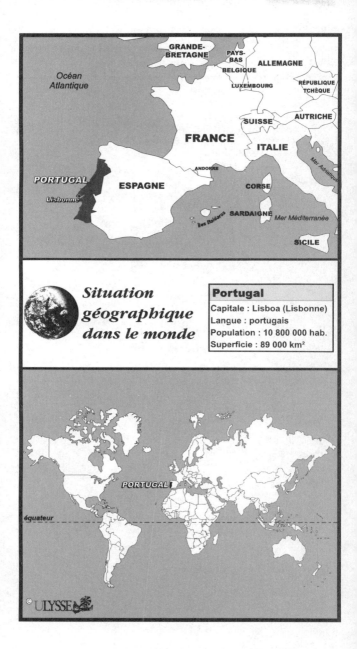

GRANDE-BRETAGNE

PAYS-BAS

BELGIQUE

ALLEMAGNE

LUXEMBOURG

RÉPUBLIQUE TCHÈQUE

Océan Atlantique

AUTRICHE

SUISSE

FRANCE

ITALIE

ANDORRE

PORTUGAL

ESPAGNE

Mer Adriatique

Lisbonne

CORSE

Îles Baléares

SARDAIGNE

Mer Méditerranée

SICILE

Situation géographique dans le monde

Portugal

Capitale : Lisboa (Lisbonne)
Langue : portugais
Population : 10 800 000 hab.
Superficie : 89 000 km²

PORTUGAL

équateur

©ULYSSE

Portugal
Les provinces

© ULYSSE

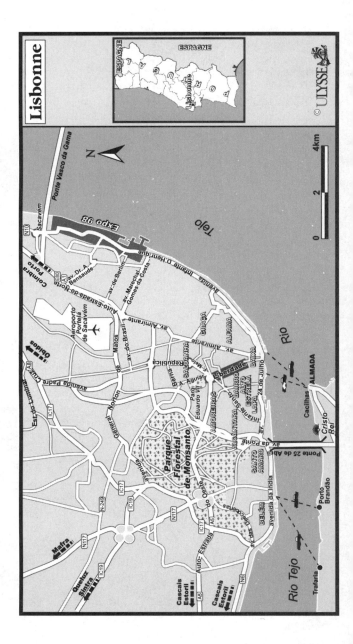

Lisbonne

ESPAGNE

© ULYSSE

PORTRAIT

D ans le monde occidental, le Portugal occupe une place à part dans l'histoire. Situé à l'extrémité du monde connu pendant des millénaires, il contribua d'une manière éclatante à agrandir ce monde, avec parfois l'angoisse terrible de l'apprenti-sorcier, comme lorsque des expéditions catholiques partaient chasser les démons de l'archipel de Madère, fraîchement découvert par les pêcheurs (1420). Par la suite, le Portugal jouera la démesure, se partageant le monde avec l'Espagne par décret du pape et colonisant le Brésil, cent fois plus grand que lui! Ce rôle unique dans l'histoire, le voyageur le retrouve à chaque carrefour de son périple, véritable itinéraire à travers les siècles.

Située à l'embouchure d'un majestueux fleuve, le Tage, qui s'en va à la rencontre de l'océan Atlantique, Lisbonne **(Lisboa)** compte aujourd'hui près de deux millions d'habitants. En flânant à travers ses différents quartiers, vous pourrez observer combien la capitale du Portugal est une ville aux multiples visages. D'ailleurs, s'il y a bien sept collines à Lisbonne, il y a aussi au moins autant de facettes différentes. Pendant que le Castelo nous replonge dans l'imagerie médiévale, l'architecture du centre commercial d'Armoreiras nous transporte directement dans un monde futuriste. Tandis que le «village» de l'Alfama nous invite à découvrir la promiscuité des médinas nord-africaines, la terrasse du Parque Edouardo VII et sa vue sur le

Tage nous proposent une vision «noble» de la ville. Si, en déambulant dans le Bairro Alto pendant la journée, vous avez cru découvrir une série de charmantes petites rues tranquilles habitées par des artisans, sachez qu'une fois la nuit tombée les établissements qui les bordent se transforment en discothèques, en boîtes et en restos peuplés d'une faune «dernière mode». Telle est la Lisbonne d'aujourd'hui, emportée à son tour par la *movida*. Depuis qu'on l'a désignée «Capitale culturelle européenne» pour l'année 1994, Lisbonne, en pleine rénovation, entend bien démontrer son goût pour l'innovation. Rayonnant ainsi de plus belle chaque jour, la «Fille du Tage» tient à redevenir ce qu'elle fut autrefois, une capitale enviée de toute l'Europe, et elle se prépare à recevoir le monde pour l'Exposition universelle de 1998.

Une région très verte où abonde une végétation provenant des quatre coins de la planète, où l'on trouve de tout à portée de la main, palais baroque, *quinta* romantique, plages mondaines et terrains de golf, tout cela à deux pas de Lisbonne, voilà de quoi surprendre. En effet, dans cette véritable terre de vacances qu'est la Costa de Lisboa, vous pourrez vous évader pendant quelques jours pour vous reposer de la ville, ou encore décider de loger dans une des *pousadas* des environs, à Queluz ou à Sétubal, ou dans les stations balnéaires de Cascais ou d'Estoril. Mais il ne faut pas manquer l'exploration de Sintra et de sa région : les amateurs de randonnée s'y perdront à cœur joie dans des sentiers bordés d'une végétation exotique qui dessinent des boucles sans fin. Une fois rendu à Sintra, pourquoi ne pas faire le pèlerinage du bout de l'Europe et rejoindre le Cabo da Roca, question de dire que l'on a foulé l'une des extrémités du continent! Dans cette région si chargée d'histoire, il ne faut pas omettre Palmela, avec son magnifique monastère de Santiago, transformé aujourd'hui en *pousada*.

GÉOGRAPHIE

Le Portugal couvre un territoire de 89 000 km², bordé par l'Espagne au nord et à l'est, et par l'Atlantique à l'ouest et au sud. Séparé de l'Europe par l'Espagne, que l'on doit nécessairement traverser pour l'atteindre par voie terrestre, le Portugal a toujours fait partie du continent par son histoire, même s'il s'en est souvent isolé, comme pendant la Deuxième Guerre mondiale, où il était l'un des rares pays non impliqués.

Seule la proximité de l'océan confère au Portugal une spécificité géographique. Autrement, il appartient pleinement à la péninsule ibérique, qu'il partage avec l'Espagne par un concours de circonstance de l'histoire et peut-être aussi grâce au caractère particulier de ses habitants. Les paysages et le relief sont toutefois plus variés qu'en Espagne et changent plus souvent même lorsque l'on parcourt de petites distances.

Aucun point de ce pays de forme allongée ne se trouve à plus de 220 km de la mer, alors que, du nord au sud, le Portugal fait 560 km. Aucun sommet ne dépasse 2 000 m; au nord du Tage, on rencontre un relief plutôt accidenté, en général constitué de vieux plateaux qui ont bougé les uns par rapport aux autres lors de la formation des Pyrénées et des Alpes. Il subsiste une certaine activité sismique, en rien comparable toutefois au tremblement de terre qui détruisit Lisbonne en 1755. D'une manière générale, l'altitude croît vers l'Espagne ainsi que du sud au nord. Au sud du Tage, on trouve une région sans grand relief.

On se doit de mentionner ici trois fleuves importants du pays : le Tage (Tejo), au bord duquel se trouve Lisbonne et qui prend sa source en Espagne, où on l'appelle le Tajo; le Douro (prononcer «dorou»), qui coule devant Porto; le Minho, qui marque la frontière au nord, entre le Portugal et l'Espagne.

BREF HISTORIQUE DE LISBONNE

Malgré l'établissement d'un comptoir à l'embouchure du Tage par les Phéniciens puis par les Grecs, il ne reste que très peu de traces du passage de ces deux civilisations. Les historiens se disputent encore aujourd'hui sur l'étymologie du nom d'*Olisipo* (aussi écrit *Alis Ubbo* ou *Alissipo*), qui semble avoir été donné à l'endroit. Selon certains, il serait à l'origine de l'actuel nom de la ville de Lisbonne. Vinrent ensuite les Romains, qui, tout en envahissant la péninsule ibérique, fondèrent plusieurs municipes. Parmi celles-ci, mentionnons Felicitas Julia (nommée ainsi en l'honneur de Jules César), bâtie à l'emplacement de l'actuel château. Les Lisbonnins devinrent ainsi citoyens romains. Felicitas Julia ne resta cependant qu'au rang des très modestes villes de l'Empire. Vers le IVe siècle, les invasions barbares qui déferlent sur l'Europe marquent la fin du puissant empire et permettent aux Wisigoths de s'emparer de la ville, et ce dès 458 ap. J.-C. Grâce à une relativement longue période de paix, ces derniers contribuent de façon significative au développement de la ville, notamment en construisant les premières grandes fortifications. Malgré celles-ci, la ville succombera une fois de plus à l'attaque de nouveaux envahisseurs. Cette fois, ce sont les Maures qui s'approprient la ville. Dès 716 ap. J.-C., Lisbonne devient ainsi une cité musulmane. La ville prospérant et croissant toujours plus, de nouvelles fortifications seront élevées. Enfin, en 1147, alors que la ville compte déjà 15 000 habitants, on assiste à une ultime prise des lieux (si l'on omet, bien plus tard, la période espagnole et la brève incursion française) par Afonso I, aidé des croisés en route vers la Terre Sainte. Ainsi, Flamands, Normands, Anglais et bien d'autres encore contribuèrent à la prise de Lisbonne. Élevée vers 1255 au rang de capitale par Afonso III, elle connaît, malgré un tremblement de terre en 1344 et une attaque espagnole repoussée en 1384 (grâce en partie aux fortifications visibles actuellement et construites en 1373), une expansion rapide et confirme son rôle de ville royale.

Durant le XVe siècle et jusqu'au début du XVIe siècle, la capitale voit sa richesse s'accroître avec la découverte de nouvelles terres (Madère, route des Indes, côtes africaines, Brésil, etc.). Avec le soutien des souverains de ces contrées et grâce à l'esprit inventif de ses navigateurs (nouvelles techniques de navigation, invention de la caravelle), Lisbonne devient la capitale d'un vaste royaume. De nombreux palais, monastères et églises vont être construits, en faisant, avec son architecture manuéline, l'une des villes les plus enviées d'Europe. En 1527 cependant, une épidémie de peste qui réduisit considérablement la population marqua le début d'une série de catastrophes. En 1531, un tremblement de terre endommage en effet gravement la ville. Puis, vers 1569, une nouvelle épidémie de peste s'abat sur la population. Finalement, le pays, en perdant son dernier roi, est envahi par les Espagnols et mis sous tutelle.

À compter de 1640, avec la restauration de l'indépendance du pays et surtout, par la suite, avec la découverte de réserves d'or au Brésil, Lisboa connaît une nouvelle période de faste. La construction de nombreux édifices prestigieux tels que le Mosteiro dos Jerónimos en témoigne encore aujourd'hui. Malheureusement, une fois de plus, cette euphorie ne s'avère que de courte durée.

Le 1ᵉʳ novembre 1755, jour de sinistre mémoire pour les Lisbonnins, marque le début du déclin. Ce jour-là en effet, une terrible secousse sismique de quelques secondes à peine dévaste les trois quarts de la ville. À l'époque, les quartiers populaires se composent pour l'essentiel d'habitations en bois. Le raz-de-marée et l'énorme incendie qui suivirent le tremblement de terre achevèrent ainsi de réduire la ville en cendres, tuant un grand nombre de ses habitants. Cette catastrophe eut à l'époque un tel retentissement en Europe que Voltaire y consacra un chapitre dans *Candide*. Malgré le grand malheur qui la frappait, Lisbonne, la Fière, n'allait pas pour autant se laisser déprécier. C'est grâce au génie du marquis de Pombal qu'elle se relève. Avec l'ingénieuse reconstruction de la Baixa, Lisboa devient une des capitales les plus modernes d'Europe. Malgré cet exploit, la période de prospérité est bel et bien passée, et le XIXᵉ siècle s'ouvre sur une lente période de déclin avec la perte progressive de son influence mondiale au profit des autres puissances européennes.

Du début du XXᵉ siècle jusqu'à l'instauration du régime Salazar en 1933, la capitale connaît de nombreuses scènes de révolte et de violence, peu propices au développement. La longue période dictatoriale qui s'ensuit finit par bâillonner Lisboa, l'Inventive, l'isolant du reste du monde. Le Portugal ne participe pas à la Segonde Guerre et devient une terre d'embarquement vers les États-Unis. L'énorme statue du Cristo Rei, qui, sur ses échasses ridicules, ouvre grand ses bras protecteurs sur la ville, est une illustration parfaite de cette mièvre période. Elle fut en effet érigée en signe de remerciement pour avoir épargné le pays des grands bouleversements durant le conflit mondial. Malgré la construction du magnifique Ponte 25 de Abril (anciennement nommé «pont Salazar») et, malheureusement, de quelques horribles bâtiments de type stalinien, la ville, comme sa population, dépérissait. Le 25 avril 1974 cependant, les Lisbonnins, las de la grisaille, retrouvèrent le goût du renouveau et de la démocratie. L'entrée du Portugal dans la Communauté économique européenne en 1986 allait par la suite contribuer à porter Lisboa au rang des grandes capitales européennes.

Quelques dates marquantes de l'histoire du Portugal

● Vers 500 av. J.-C., les Celtes envahissent la péninsule ibérique. C'est de l'union entre vainqueurs et vaincus qu'apparaît une nouvelle civilisation : les Celtibères.

● Vers l'an 150 av. J.-C., les Romains soumettent les peuplades installées sur le bord du Tage. La longue présence romaine (du IIe siècle av. J.-C. jusqu'au Ve siècle ap. J.-C.) confère au pays une partie de ses grandes caractéristiques actuelles. Tandis que l'apport de la langue et de la culture latine l'unit à ses voisins, la construction d'une route nord-sud reliée à la côte par des routes transversales semble pousser son essor vers l'Atlantique. C'est aussi durant cette période que plusieurs villes importantes du pays sont fondées. Ainsi naissent Lisbonne (sous le nom de Felicitas Julia), Évora (Ebora), Coimbra (Conimbriga) et les villes de Portus et de Cale, situées de part et d'autre du fleuve Douro. Ces deux dernières sont à l'origine du nom *Portucale*, devenu plus tard «Portugal».

● Vers le Ve siècle, les Suèves puis les Wisigoths s'assurent la maîtrise quasi complète du territoire ibérique.

● En 711, Tāriq Ibn Ziyād le Berbère traverse le détroit de Gibraltar et, profitant d'un royaume wisigoth affaibli et sujet aux querelles internes, parvient à envahir la péninsule ibérique.

● En 838, avec l'aide de la Maison Bourguignonne, la couronne de Castille s'empare de Braga, puis, un peu plus tard de Porto. En 1093, les territoires situés entre le Minho et le Mondego sont confiés à Henri de Bourgogne et prennent le nom de «comté du Portucale».

● En 1139, à la suite d'une victoire sur les musulmans dans un lieu appelé «Ourique», Alphonse-Henri (fils d'Henri de Bourgogne) se proclame roi du Portugal sous le nom de Afonso I. Le royaume ne comprend alors que la partie nord de l'actuel territoire.

● Reconquête de Faro en 1249. À l'exception de la perte d'Olivença (en 1801) au profit des Espagnols, les limites territoriales du Portugal sont définitivement acquises.

Henrique le Navigateur (1394-1460)

Ce personnage est peut-être l'infant le plus illustre qu'ait connu le pays. C'est véritablement lui qui va être l'instigateur de l'expansion coloniale portugaise. Après s'être installé à Raposeira (Algarve), il fait construire sur une presqu'île la forteresse de Sagres, où il réunit de nombreux documents tant sur la navigation que sur l'astrologie ou la cartographie. Il y crée un véritable «bureau d'études» sur la navigation que certains qualifient d'École de Sagres. Ces études suscitent ainsi un engouement pour la découverte qui fait envie à toutes les puissances européennes. D'éminents personnages tels que Christophe Colomb, Vasco de Gama et bien d'autres encore y puiseront de nombreux renseignements. Bien qu'il ne participe pas directement aux expéditions, il s'entoure d'illustres navigateurs et scientifiques afin de promouvoir de nouvelles méthodes de navigation. C'est ainsi que, dès 1434, Gil Eanes double le cap Bojador (Sahara-Occidental) et entreprend la découverte des côtes africaines. Les grandes qualités d'administrateur de l'infant permettent également la mise en place de comptoirs coloniaux efficaces, assurant avant les autres la prédominance coloniale du Portugal en Afrique. Par la suite, le perfectionnement des navires aidant (création de nouveaux types de navires appelés caravelles), les «maîtres des mers» vont pousser plus loin encore leurs découvertes, aboutissant à de nouvelles richesses et à une expansion territoriale sans précédent.

● Mort de Dom Fernando I en 1383. Ce dernier laisse pour seul successeur sa fille unique Dona Beatriz, épouse du roi de Castille. L'Espagne revendique sa souveraineté sur le Portugal.

● En 1385, les Cortés, une assemblée représentant les trois ordres de la société (noblesse, clergé et bourgeoisie), désignent Jean, maître d'Avis et fils illégitime de Pedro I, comme seul successeur légitime de la Couronne. Ce dernier monte sur le trône sous le nom de João I, roi du Portugal. La Castille, mécontente, s'engage alors immédiatement dans la conquête du territoire afin de prendre son dû. La bataille historique d'Aljubarrota, en 1385, assure la victoire à João I.

Le traité de Tordesillas (1494)

La découverte des côtes africaines par le Portugal et l'établissement de nombreux comptoirs par ce dernier irritent de plus en plus la couronne espagnole. L'Espagne voit en effet d'un mauvais œil la zone d'influence de son voisin s'accroître de manière dangereuse. Irritation d'autant plus grande que la papauté reconnaît au Portugal l'exclusivité de ces découvertes. C'est afin de marquer son influence à son tour que l'Espagne, avec l'aide de la papauté, parvient à imposer au Portugal la signature d'un traité. Le traité de Tordesillas, signé sous l'égide du pape Alexandre VI en 1494, engage en effet le Portugal et l'Espagne à limiter chacun leurs influences de part et d'autre d'un tracé, partageant de cette manière le monde en deux zones distinctes (voir carte). Dans un premier temps, le traité permet au Portugal de prendre possession de toute nouvelle terre découverte jusqu'à 100 lieues à l'ouest du Cap-Vert. Les Portugais cependant, insatisfaits des limites imposées, parviennent à l'étendre à 370 lieues. C'est ce dernier accord qui va permettre plus tard la découverte des immenses terres brésiliennes. Certains affirment que, lors de ces dernières négociations, les officiels portugais en connaissaient déjà secrètement l'existence! Rien n'est moins sûr cependant, si ce n'est que le Portugal avec ce traité confirme son rôle de grand pays explorateur et acquiert une puissance sans mesure avec ses forces.

● Naissance en 1394 de l'infant Henrique, surnommé «Henri le Navigateur».

● Découverte de Madère en 1419, de l'archipel des Açores en 1427 et du Cap-Vert en 1445, puis de la Guinée en 1446 et de São Tome et Príncipe en 1471.

● Signature du traité de Tordesillas en 1494. Par ce traité, l'Espagne et le Portugal «se partagent» le monde selon un tracé délimitant les zones d'influence de chacune des puissances.

● Découverte du cap de Bonne-Espérance en 1488 et du Groenland en 1492.

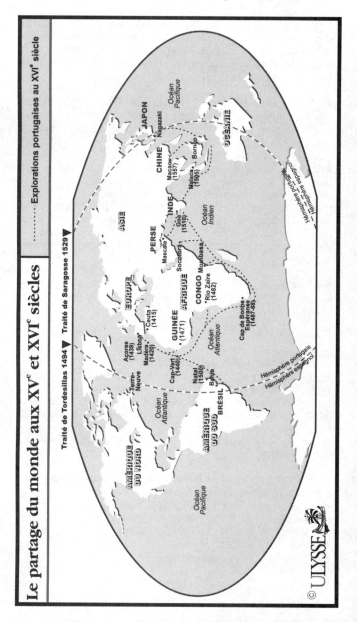

Le partage du monde aux XVᵉ et XVIᵉ siècles · · · · · · · Explorations portugaises au XVIᵉ siècle

Traité de Tordesillas 1494 ▼ Traité de Saragosse 1529 ▼

EUROPE
ASIE
PERSE
INDE
CHINE
JAPON
Océan Pacifique
Nagazaki
Macao (1557)
Malaca (1505)
Bornéo
OCÉANIE
Goa (1510)
Océan Indien
Mascate
Socotra
Mombasa
AFRIQUE
CONGO
°Rio Zaïre (1482)
Cap de Bonne Espérance (1487-88)
Lisbon°
Açores (1439)
Madère (1420)
Ceuta (1415)
GUINÉE (1471)
Cap-Vert (1440)
Natal (1500)
Bahia°
BRÉSIL
Terre-Neuve
Océan Atlantique
AMÉRIQUE DU NORD
AMÉRIQUE DU SUD
Océan Pacifique
Océan Atlantique
Hémisphère portugais
Hémisphère espagnol
Hémisphère portugais
Hémisphère espagnol

© ULYSSE

● Avec le soutien de Manuel I, le navigateur Vasco da Gama découvre la route des Indes en 1497, tandis que Pedro Álvares Cabral aborde les côtes brésiliennes en 1500. Grand érudit, Manuel I laisse son nom à un style architectural propre au Portugal : le style manuélin.

● Mort de Sebastião I en 1578 lors d'une expédition au Maroc. Une fois de plus, la succession du royaume du Portugal revient aux Espagnols, seul successeur de la Couronne. Dès 1580, le Portugal est intégré à l'Espagne.

● En 1640, le duc de Bragance est proclamé roi sous le nom de Dom João IV. L'Espagne, affaiblie par de nombreuses rivalités avec d'autres puissances (surtout la France et l'Angleterre), reconnaît l'indépendance du Portugal en 1668. Bien que la Maison de Bragance soit l'une des plus longues dynasties que connaît le pays (de 1640 à 1910), elle ne laisse à l'histoire, pour certains, que l'image d'une piètre succession de suzerains sans envergure et peu soucieux des intérêts du pays.

● Signature du traité de Westminster en 1654, puis du traité de Methuen en 1703, qui unit économiquement l'Angleterre et le Portugal, à la défaveur de ce dernier.

● En 1755, un tremblement de terre de forte intensité laisse exsangue la capitale. Le marquis de Pombal, nommé alors par le roi Dom José I, fait alors preuve d'une véritable aptitude de chef d'État et s'attelle à reconstruire la presque totalité de la ville. Il lui confère une architecture novatrice, dénommée plus tard sous le nom de «style pombalin». Profitant de la faiblesse de caractère du roi, il réussit tout au long de sa carrière à édifier des structures étatiques puissantes et, lors de grandes réformes, bâtit de véritables institutions préfigurant les futurs États modernes.

● En 1807, à la suite de la Révolution française, l'Espagne et la France envahissent conjointement le Portugal. Dom João VI et sa cour s'enfuient au Brésil, où il restera jusqu'en 1821, laissant ainsi le pays aux mains des Espagnols dans un premier temps puis, à la suite du traité de paix de Paris en 1814, aux Anglais, qui, grâce à de nouveaux accords commerciaux, s'emparent économiquement du pays.

● Retour d'exil de João VI en 1822. Il laisse derrière lui son fils aîné Pedro IV, qui, tout en refusant de retourner dans son pays, proclame dès 1822 l'indépendance du Brésil et devient empereur du Brésil sous le nom de Dom Pedro I.

● La mort de João VI, en 1826, marque le début d'une longue période d'instabilité. Il s'agit d'une période où la lutte de pouvoir s'engage entre les deux fils (Pedro IV, devenu Pedro I au Brésil, et Miguel) du défunt roi, chacun symbolisant une tendance différente. Après une courte période marquée par le retour à l'absolutisme sous Miguel (de 1828 à 1834), Pedro IV parvient à arracher le pouvoir avec l'aide de la France et de l'Angleterre. La suite n'est qu'un mélange de révoltes et soulèvements alternant avec des périodes de relative stabilité. Malgré cette période plutôt sombre, d'importants changements sont réalisés dans le domaine des droits de l'homme : suppression de la peine de mort en 1867 et abolition de l'esclavage.

● Face aux idées républicaines grandissantes, la monarchie se lance dans une terrible répression. Cette dernière, combinée avec des querelles incessantes entre partis monarchiques, va définitivement assombrir l'image de la Maison Royale. Un maladroit coup de force organisé par le roi Carlos I, suivi de la mise en place d'une dictature féroce, va sceller définitivement le sort de la Couronne. Le 1er février 1908, le roi ainsi que le prince héritier sont assassinés, ce qui ouvre ainsi la voie à la République.

● Malgré le rétablissement rapide de la démocratie par le successeur du roi, Manuel II, les élections de 1910 portent le P.R.P. au pouvoir. Le 5 octobre 1910, la République est proclamée. Le dernier roi du Portugal prend le chemin de l'exil pour l'Angleterre et y meurt en 1932 sans descendance.

● De 1910 à 1926, la succession de pas moins de 45 gouvernements, avec deux coups d'État (1915 et 1917) et l'entrée en guerre du pays en 1916, met à mal les institutions politiques et l'économie du Portugal.

● En 1926, le sinistre général Gomes da Costa, mieux connu sous le nom du général Salazar, fomente un coup d'État et s'empare du pouvoir. Le Portugal devient une dictature jusqu'en 1974.

● Le 25 avril 1974, de jeunes officiers réunis au sein d'un mouvement inconnu jusqu'alors, le Mouvement des Forces Armées (MFA), se soulèvent sous la conduite d'Ottelo Saraiva de Carvalho. Soutenus par l'aile démocrate de l'armée, favorable au changement, ils envahissent les points stratégiques de la capitale. La dictature tombe en quelques heures à peine, comme un fruit mûr. Immédiatement après, une junte provisoire est mise en place avec promesse d'élections libres et la libération des prisonniers politiques. La population, lasse de tant d'années d'immobilisme, accueille avec joie dans les rues de Lisbonne les soldats de la démocratie. C'est par milliers qu'ils vont ainsi sympathiser avec les militaires, leur offrant symboliquement des œillets. L'œillet au bout du fusil reste dès lors l'image la plus frappante de cette journée de révolution que l'on surnommera par la suite la **Révolution des œillets.**

● Le 1er janvier 1986, le Portugal entre dans la Communauté économique européenne.

● En août 1988, un terrible incendie ravage le quartier du Chiado, à Lisbonne.

● En avril 1992, l'escudo est intégré dans le Système monétaire européen.

● À l'occasion du 600e anniversaire de la naissance d'Henri le Navigateur, Lisbonne se voit consacrer en 1994 Capitale culturelle européenne. La même année, l'Assemblée générale de l'Organisation des Nations unies proclame l'année 1998 «Année internationale des océans» et désigne le Portugal pays hôte pour la dernière exposition universelle du siècle.

FLORE

À son relief varié, s'ajoutent une diversité des sols ainsi qu'une disparité des climats qui ont permis à une multiplicité d'espèces végétales de s'épanouir. Longtemps considéré comme le «Jardin de l'Europe», le Portugal compte plus de 2 700 essences forestières. Le fameux chêne-liège, avec l'écorce duquel on fait les bouchons et dont le Portugal est le premier exportateur au monde, se retrouve dans tout le pays, mais surtout dans l'Alentejo, au sud du Tage. Un peu partout, plusieurs espèces ont été importées d'Afrique ou de l'Amérique du Sud et cultivées avec succès par l'homme, tel l'eucalyptus. On a aussi planté le pin maritime et, d'une manière générale, reboisé une bonne partie du pays, si bien que le Portugal est beaucoup plus vert et plus fleuri que l'Espagne, ce qui s'explique aussi par un taux d'humidité généralement plus élevé.

Dans la région de Sintra, la hauteur de la barrière montagneuse condense les pluies arrivant de l'Atlantique, ce qui permet à une végétation touffue, tropicale et subtropicale de se développer grâce à la douceur et à la régularité du climat.

ÉCONOMIE

Au Portugal, le produit intérieur brut (P.I.B.) par habitant est un des plus bas de la Communauté économique européenne (CÉE), seul celui de la Grèce lui étant inférieur. En parité de pouvoir d'achat, il se situe à 12 850 $, alors que celui de l'Espagne s'élève à 14 275 $. Par comparaison, le P.I.B. par habitant, en parité de pouvoir d'achat, est de 18 300 $ pour le Royaume-Uni, 20 000 $ pour la France, 21 000 $ pour le Canada et 26 600 $ pour les États-Unis d'Amérique.

Par contre, quant au chômage, le Portugal jouit du taux le bas de la CÉE avec 7,2 %. Si l'on est loin du plein emploi qui existait durant la deuxième moitié des années quatre-vingt, il s'agit d'un taux tout à fait respectable par comparaison avec l'Espagne, qui affiche 22,6 % de chômage, ou la France avec 11,7 % et la Grande-Bretagne avec 8,5 %.

Après avoir joint les rangs de la CÉE en 1986, le Portugal a connu une excellente période de croissance, les échanges avec la CÉE s'intensifiant grandement. Il est aussi à noter que le Portugal a pu bénéficier de crédits communautaires qui ont contribué à plusieurs projets d'infrastructure, comme les autoroutes, ou de restauration. Vous verrez encore l'impressionnant chantier de construction d'une voie ferrée sous le pont du 25 de Abril, financée elle aussi par la CÉE. Ces crédits européens représentent chaque année entre 2 % et 4 % du produit national brut (P.N.B).

Au début des années quatre-vingt-dix, la croissance a marqué le pas; on attribue ce ralentissement à la très grande rigidité imposée au système économique du pays par des gouvernements de gauche à partir de 1976, à tel point que la constitution a dû être modifiée pour permettre la privatisation de sociétés d'État. Mais depuis 1995, l'économie connaît à nouveau d'excellents résultats avec des taux de croissance oscillant autour de 2,5 %. Bon élève, le Portugal réussira à ramener le déficit des finances publiques sous le seuil fatidique de 3 % du P.I.B. fixé par le traité de Maastricht comme condition pour l'accession à la monnaie européenne commune, le fameux euro!

Quant à l'inflation, elle a été réduite de manière spectaculaire, passant de plus de 13 % en 1990 à moins de 2,5 % en 1997 selon les prévisions du gouvernement.

Les principaux clients et fournisseurs du Portugal sont les pays de la Communauté économique européenne, qui, dans les deux cas, effectuent les trois quarts du volume des transactions. Les plus importants clients commerciaux par ordre décroissant sont : l'Espagne, l'Allemagne, la France, l'Italie, la Grande-Bretagne et les États-Unis d'Amérique. Les principaux fournisseurs sont l'Allemagne, la France, l'Espagne, la Grande-Bretagne, les Pays-Bas et les États-Unis d'Amérique. Étonnamment, le commerce avec les pays lusophones d'Afrique, anciennes colonies portugaises, qui représentait jusqu'à 25 % des échanges internationaux du Portugal à la fin des années soixante, n'est plus aujourd'hui que de 2 %.

Le secteur primaire (ressources naturelles, agriculture et pêcheries) offre des emplois au quart de la population, mais ne génère que 10 % du P.I.B. Cela illustre les faibles rendements agricoles en raison du retard technologique, lui-même causé par la petitesse des exploitations. Les principales productions agricoles sont le vin, l'olive, le blé, le maïs, la pomme de terre, la tomate, le liège et les fruits de toutes sortes. Les ovins représentent le troupeau le plus important avec plus de 3 millions de têtes. Sur le plan énergétique, le Portugal doit importer 20 % de ses besoins en électricité et la totalité de ses besoins en pétrole.

Le secteur secondaire offre des emplois à environ le tiers de la population et génère à peu près le tiers du P.I.B. Ce secteur ne s'est jamais développé fortement au Portugal, et à l'heure où il subit de profondes mutations partout dans le monde, nécessitant un personnel de mieux en mieux formé techniquement et créatif, il est douteux que le Portugal puisse dans le futur accroître son importance. Les analystes constatent que les pays voisins créent des marques de commerce, alors que le Portugal se contente de fabriquer des produits. Cette absence d'innovation le place en concurrence avec les pays du tiers-monde pour la fabrication en sous-traitance.

Enfin, le secteur tertiaire procure des emplois à près de la moitié de la population et génère plus de 50 % du P.I.B. Ce dernier secteur profite d'une croissance régulière du secteur touristique. En effet, l'avion a permis de réduire les distances considérablement, et les villes de Lisbonne et de Porto sont devenues des destinations en vogue pour les Européens du Nord qui viennent y passer trois ou quatre jours. Au cours des années quatre-vingt-dix, la crise a affecté le secteur touristique portugais, et la région de l'Algarve est la plus touchée par cette diminution du nombre de touristes, victime du développement débridé, tout en béton, qu'elle a connu au cours des 20 dernières années. Ailleurs, le réseau des *pousadas* continue heureusement de se développer, avec la restauration de bâtiments patrimoniaux à l'abandon, pour le plus grand plaisir des visiteurs. Les touristes viennent principalement d'Espagne (4,5 millions), de Grande-Bretagne (1,3 million), d'Allemagne (0,8 million) et de France (0,6 million).

POLITIQUE

Quatorze ans après le début de la Révolution tranquille au Québec, en 1974 le Portugal sort de l'obscurantisme de Salazar avec la Révolution des œillets. La vie politique telle que les démocraties la connaissent commence en cette année, après 48 ans de régime dictatorial. De 1974 à 1982, le Portugal voit les socialistes de Soares et les communistes de Cunhal s'échanger le pouvoir au gré des élections. Personnage clé de la vie politique depuis 20 ans, Mario Soares reprend le pouvoir en 1983 comme premier ministre, puis devient président en 1986, alors qu'Anibal Cavaco Silva occupe le poste de premier ministre depuis 1987 à la tête d'un parti de centre-droite. En 1991, les deux hommes sont reportés au pouvoir, d'une manière éclatante dans le cas de Mario Soares, qui obtient 71 % des voix.

Les élections municipales de décembre 1993 témoignent d'une polarisation de la population avec environ 35 % des voix pour les socialistes et 35 % pour les sociaux-démocrates. Aux élections législatives d'octobre 1995, les socialistes sont portés au pouvoir et forment un gouvernement minoritaire. En janvier 1996, le socialiste Jorge Sampaio est élu président de la République.

Le Portugal continue son affranchissement à l'égard de l'Église catholique, jamais complètement réalisé même après la Révolution de 1974. Le nouveau président Sampaio, un athée, pourrait continuer les pressions en ce sens, malgré la présence du premier ministre Guterres, un pratiquant. Le taux de participation à la messe du dimanche reste cependant de 25 %, et l'Église est dotée d'une chaîne de télé, la TVI, qui cherche à lui redonner son influence.

POPULATION

La population du Portugal continental (donc excluant Madère et les Açores) est aujourd'hui de 10 800 000 habitants, pour une densité comparable à celle de la France mais deux fois plus faible que celle de la Grande-Bretagne, soit 106 hab./km². Les agglomérations de Lisbonne et de Porto totalisent 3 000 000, si bien que 70 % de la population vit toujours dans de petites villes de moins de 100 000 habitants ou en milieu rural. Près du quart des foyers ne bénéficie pas encore du téléphone, alors que plus de 10 % disposent d'un ordinateur personnel.

Ayant beaucoup émigré jusqu'à la fin du régime de Salazar, au milieu des années soixante-dix, les Portugais forment une diaspora de plus de 3 000 000 de citoyens qui se retrouvent aux quatre coins du monde, surtout au Brésil, en France, aux États-Unis et au Canada.

L'analphabétisme, même s'il est en nette régression, touche toujours 15 % de la population, si bien que vous rencontrerez peut-être des gens incapables de lire le papier que vous leur tendrez ou de vous mettre des renseignements par écrit.

En 1950, 48 % de la population vivait de l'agriculture; en 1990, cette proportion est tombée à 10 %. Mais il faut retenir que près de 50 % des Portugais ont des origines rurales, dussent-ils aujourd'hui habiter la ville. L'agriculture, qui représentait 28 % du produit intérieur brut en 1950, est aujourd'hui de 9 %. L'espérance de vie des Portugais à la naissance est de 75 ans. Le taux de mortalité infantile a grandement diminué ces dernières années, passant de 1,21 % en 1989 à 0,79 % en 1994.

Les Portugais possèdent quelques traits de caractère qui les distinguent de l'ensemble des autres Européens. Le voyageur appréciera sûrement de savoir à l'avance que les Portugais sont en général courtois, serviables, timides au point de manquer de chaleur au premier abord et peu agressifs. On constatera bien sûr l'omniprésence de la *saudade*, cette nostalgie qui remonterait à la perte des gloires passées, alors que le Portugal comptait parmi les grands pays découvreurs et colonisateurs. La chute de la puissance portugaise correspond à la défaite de ses armées au Maroc en 1578. Le roi Sebastião I est tué au combat, mais on ne retrouvera jamais son corps. Longtemps, son peuple espérera son retour, et, même au XIXe siècle, on dit qu'un partie importante de la population attendait toujours la rentrée de Sébastien : on nomme ce phénomène le «sébastianisme».

Contrairement aux autres pays européens, le taux de pratique religieuse est encore très élevé au Portugal, et il n'est pas rare, en effet, de voir des jeunes dans la vingtaine suivre avec assiduité le rituel religieux. Encore en mai 1997, plus de 400 000 personnes ont assisté aux commémorations de l'apparition de la Vierge à Fatima, et l'on peut encore entendre aujourd'hui le chapelet à la radio! On peut penser que le manque de curiosité à l'égard de l'étranger et des visiteurs provient de ce conformisme, de même que la faible pénétration des influences étrangères, ne serait-ce qu'au niveau de la cuisine, Lisbonne étant probablement la capitale européenne qui comporte le moins de restaurants étrangers. D'une manière générale, le Portugal est probablement le pays d'Europe de l'Ouest où les traditions ancestrales ont été les mieux préservées, comme par exemple la Festa dos Tabuleiros, à Tomar; pour les visiteurs, cela peut représenter un avantage. Ce conformisme, que l'écrivain portugais contemporain Torga appelle «*l'indigence créatrice de huit cent ans de litanies*», est admirablement bien décrit dans son livre intitulé *Portugal* (5ᵉ éd., Éditions Arléas, Paris, 1986).

Autre particularité, dans le plus petit bar du plus petit village, vous trouverez la télé, qui semble fonctionner 24 heures par jour, retransmettant les sports ou, le plus souvent, les *novelas* brésiliennes. Ces *novelas* sont l'illustration d'un rare exemple de colonisation inverse : la culture brésilienne envahit le Portugal, autant au niveau de la musique, de la télé, de la littérature et même de l'orthographe, alors que le Portugal n'a que peu d'influence sur le Brésil. Une des chaînes portugaises, la SIC, appartient d'ailleurs à TV Globo, ce géant brésilien de l'audiovisuel. Quoi qu'il en soit, nous avons systématiquement cherché à vous proposer les rares restaurants, cafés et bars d'où la télé est absente.

Enfin, l'un des plaisirs que les francophones éprouvent à voyager au Portugal est lié à la francophilie des Portugais. On est en effet constamment étonné de constater que la majorité de la population connaît un peu le français, si bien qu'on peut le parler en général sans problème pendant tout le voyage. Nous ne voulons pas pour autant vous encourager à la paresse et vous priver du plaisir de pratiquer le portugais. Notre guide de prononciation et notre lexique, à la fin du livre, vous aideront à communiquer plus facilement dans cette langue. Quoi qu'il en soit, les Portugais apprécient les francophones, et cela se sent. Vous aurez même droit en général à plus d'égard parce que vous parlez français. Par exemple, un beau «*bonsoir*» retentissant vous suffira pour entrer dans une discothèque où la sélection est sévère...

ARTS ET CULTURE

Architecture

Jusqu'à la fin du XVᵉ siècle, l'architecture du Portugal ne diffère pas beaucoup de celle qu'on trouve en Europe aux époques correspondantes. Par contre, dès le début du XVᵉ siècle, on assistera à l'éclosion d'un style tout à fait original, le **style manuélin**, nom donné en référence au roi Manuel I, qui régna de 1495 à 1521. Ce style, prolongeant le gothique tardif avec des lignes complexes et une grande richesse ornementale, s'inspire aussi des influences musulmanes. Il faut savoir qu'après la reconquête nombre de musulmans choisirent de demeurer au Portugal tout en adoptant la religion catholique. Ces artisans n'en continuaient pas moins la pratique de leurs traditions décoratives.

L'art manuélin s'inspire aussi des préoccupations du moment : on est à l'époque des grandes découvertes et les Portugais sont les maîtres de la mer. Aussi trouvera-t-on très souvent dans la pierre des motifs de cordages de navire, d'algues, d'instruments de navigation, etc.

Cet art éclôt au moment où l'on découvre les richesses de l'Amérique, de l'Afrique et de l'Inde. La noblesse et le clergé ont donc le loisir de financer la construction de prestigieux édifices qui, encore aujourd'hui, commandent l'admiration : monastère de Tomar, expansion de celui de Batalha et couvent des Jerónimos de Belém.

La prospérité du Portugal attirera les artistes étrangers, tel le sculpteur français Nicolas Chantereine. Ceux-ci introduiront des éléments aux influences italiennes et apporteront l'esthétique de la Renaissance dans l'architecture du pays, avec le goût pour l'antiquité romaine. Mais ici aucun style pur et figé ne s'imposera, le Portugal étant plus que jamais le carrefour du monde, accueillant des artistes venus d'Afrique et d'Orient, laissant ses chevaliers, marchands et religieux s'inspirer de tout ce qu'ils avaient pu voir ailleurs.

Vint ensuite, de la fin du XVIe siècle jusqu'au début du XIXe, le baroque portugais, dont on trouve aujourd'hui des exemples partout, dans les églises bien sûr, mais aussi dans les palais, comme celui de Queluz, dont une partie a été extraordinairement transformée en *pousada*, ainsi que dans certains hôtels de charme. Ce style continue aujourd'hui encore à faire des adeptes, tel que semble le prouver la décoration de quelques boîtes de Lisbonne (l'Alcântara Mar, le Fragil, le Plateau, etc.)! Ce baroque portugais, c'est d'abord ce bois doré qu'on appelle la *talha dourada*, pleine de fantaisie et d'extravagance (voir encadré, p 33). Ce sont aussi ces portails surmontés de frontons, ces arcs et autres lignes géométriques imbriquées d'une manière complexe. Vers la fin du XIXe siècle,

Au cours du XIXᵉ siècle, on réagit de plus en plus aux excès du baroque et du rococo, et l'on fait usage du style néo-classique pour les bâtiments officiels et même religieux. Ce style directement inspiré de l'Antiquité se veut plus sobre et favorise l'usage de matériaux nobles, comme le marbre, plutôt que les stucs ou le bois. Dans certaines villes du Nord comme Porto, au XIXᵉ siècle, se répand le style palladien, apporté par les Anglais, qui l'appréciaient particulièrement.

Le style manuélin a néanmoins influencé l'architecture du Portugal jusqu'à nos jours, et l'on a construit au XXᵉ siècle de superbes palais ou villas dans le style néo-manuélin, comme à Buçaco par exemple.

Talha dourada

La *talha dourada*

Talha dourada se traduit littéralement par «taille dorée». Il s'agit surtout de sculptures de bois recouvertes de feuilles d'or. Utilisées de manière individuelle (statues) ou sous la forme d'ensemble (baldaquin, autel, retable, etc.), elles sont la plupart du temps l'œuvre de plusieurs artisans, réunissant sculpteurs, peintres et même architectes. Les ateliers de *talhas douradas*, particulièrement florissants dans les villes de Porto, Braga et Lisbonne, étaient régis de manière corporatiste et très hiérarchisée. Cette forme d'art, largement promue par l'Église catholique dans la péninsule ibérique, servait surtout à impressionner et éblouir les fidèles, renforçant ainsi l'aspect exceptionnel des cérémonies. Largement promue au Portugal entre 1670 et 1770, elle connaît une période particulièrement intense durant le règne de João V (1706-1750). À ce jour, les historiens d'art distinguent trois périodes différentes : la période maniériste, la période baroque, elle-même divisée en deux tendances (nationale et joanine), et la période rococo. La période maniériste se caractérise par une décoration qualifiée de «mineure». Les *talhas douradas* ne sont là qu'à titre purement esthétique. Pour la plupart géométriques, elles encadrent les peintures, enrichissant les éléments sans vraiment les modifier. Les seuls motifs figuratifs existant alors se limitent aux statues et à quelques maigres motifs naturels (feuilles). La période baroque dite «nationale» se caractérise par l'abondance de thèmes symboliques (vignes, enfants, fleurs, grappes de raisins, oiseaux, etc.) et surtout par la présence de nombreuses colonnes torses. Aussi, aspect unique au Portugal, l'ostensoir est placé au sommet d'un ensemble pyramidal en forme d'escalier. Au cours de la période baroque dite «joanine», va se développer une nette influence italienne avec, comme caractéristique principale, la prédominance de scènes exubérantes et mouvementées. Une multitude de visages, de chérubins, d'oiseaux, d'atlantes et de motifs végétaux s'y entrelacent. C'est le roi João V, enrichi par la découverte de mines d'or dans la colonie brésilienne, qui en sera un des principaux promoteurs, d'où le nom de «baroque joanin». Enfin, la période rococo correspond à ce que l'on connaît au niveau architectural, les courbes excessives et la décoration flamboyante sinueuse en étant les éléments les plus visibles.

L'azulejo

Ces petits carreaux de céramique, vous les retrouverez partout au Portugal, aussi bien dans les bâtiments historiques remontant au XVe siècle que dans les restaurants, chic ou populaires. Même si leur origine est sans contredit musulmane, les premiers sont importés d'Espagne; jusqu'au milieu du XVIe siècle, ils proviennent majoritairement de Séville et ne comportent que des motifs géométriques ou végétaux. Puis, vers 1560, des céramistes viennent d'Anvers et commencent à fabriquer des azulejos à Lisbonne. Leur utilisation du pinceau pour décorer la tuile permet les représentations picturales, coïncidant avec un déclin de l'influence musulmane qui ne permettait que les décors non représentatifs.

Étrangement, ce n'est que vers la fin du XVIIe siècle qu'on fabrique des azulejos exclusivement peints en bleu cobalt, choix qui s'impose ensuite très fréquemment, même si en certaines périodes revient la polychromie. Au XIXe siècle, on voit apparaître l'azulejo sur les murs extérieurs des édifices, ce qui donne à certains quartiers des villes une allure caractéristique, tant au Portugal qu'au Brésil. L'azulejo suit, bien sûr, les grands courants stylistiques : romantisme, Art nouveau, Art déco, abstrait, etc. Jusqu'au métro de Lisbonne qui s'est paré d'azulejos!

À ce jour, plus de 2 500 bâtiments ont été classés dans tout le pays, et quelques sites ou bâtiments ont été inscrits sur la liste du patrimoine mondial de l'UNESCO : le monastère de Batalha, le monastère des Jerónimos, à Belém, la tour de Belém, le monastère d'Alcobaça et le centre historique d'Évora.

Urbanisme

D'un point de vue urbanistique, on peut subdiviser Lisbonne en 11 zones. Ces zones correspondent à des périodes d'utilisation du sol et aident à comprendre comment s'organise le tissu urbain. Voilà pourquoi nous en parlons brièvement ici, même si ces zones ne concordent pas généralement avec les itinéraires touristiques.

Zone 1 : Lisbonne initiale

C'est la zone qui comprend la Baixa et le Rossio, et qui va jusqu'au Castelo. Il s'agit du berceau de Lisbonne, une aire où il était facile d'accoster comme en témoignent encore tous les quais, et qu'il était facile de défendre depuis la colline où se trouve toujours le fort. Cette zone, détruite en grande partie par le tremblement de terre de 1755, a pu être reconstruite de manière souvent monumentale et fait toujours l'objet d'une intense activité de restauration, le plus souvent heureuse.

Zone 2 : Lisbonne musulmane et ouvrière

À l'est de la Baixa et derrière le Castelo s'étend cette zone qui comprend, entre autres, l'Alfama et Graça. Zone établie il y a très longtemps et peu détruite par le tremblement de terre, elle a conservé son caractère très serré et souvent anarchique.

Zone 3 : Lisbonne des découvertes

Au moment où les navigateurs portugais repoussaient les limites du monde connu, Lisbonne sortait de ses murs médiévaux pour s'installer dans le Bairro Alto et jusqu'à Armoreiras. C'est le quartier des premières avenues larges, des *miradouros* et des vues panoramiques. C'est le quartier de la Sétima Colina (voir p 142).

Zone 4 : Lisbonne élégante

Au-delà du Barrio Alto s'étend un quartier bourgeois où se retrouvent aujourd'hui moult ambassades et délégations. Ce sont le Lapa et le Jardim da Estrêla, avec sa monumentale basilique. Encore plus loin, selon le même type d'aménagement urbain, se trouve le Campo Ourique.

Zone 5 : Lisbonne de la rive

L'ancienne Lisbonne des travailleurs, des quais et de l'industrie renaît depuis peu, envahie la nuit par toute une faune avide de nouveaux rythmes, de nouveaux décors et de rencontres.

Zone 6 : Belém et Ajuda

Cette zone au peuplement ancien se trouve en bordure du Tage, car c'est vis-à-vis de ces quartiers que se situe la fameuse porte de Belém, qui gardait l'entrée fluviale de la ville et du pays. Les hauteurs sont beaucoup moins peuplées, et il reste ici encore des secteurs en voie d'urbanisation.

Zone 7 : l'Est intermédiaire

Cette zone était une espèce de *no man's land* entre la ville et les raffineries... Pendant un certain nombre d'années, elle le restera, s'interposant cette fois entre la ville et le site de l'EXPO 98. Mais si l'urbanisation postérieure à l'EXPO 98 réussit, ce quartier pourrait devenir intéressant.

Zone 8 : Lisbonne des avenues

Liberdade, Marques Pombal, Picoas, Saldanha... tous ces noms évoquent une Lisbonne bourgeoise aux avenues et places alignées comme celles de Washington, selon l'urbanisme du Marquis de Pombal. Zone longtemps un peu froide, elle s'anime

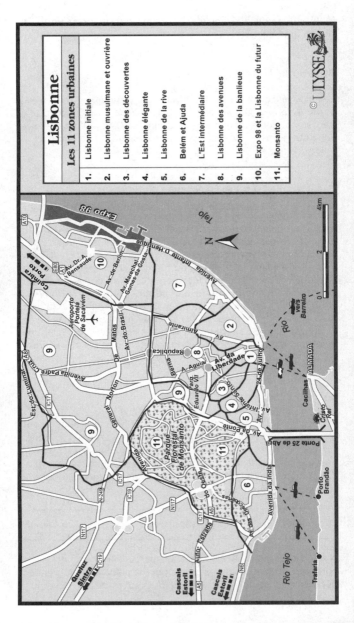

Lisbonne
Les 11 zones urbaines

1. Lisbonne initiale
2. Lisbonne musulmane et ouvrière
3. Lisbonne des découvertes
4. Lisbonne élégante
5. Lisbonne de la rive
6. Belém et Ajuda
7. L'Est intermédiaire
8. Lisbonne des avenues
9. Lisbonne de la banlieue
10. Expo 98 et la Lisbonne du futur
11. Monsanto

© ULYSSE

maintenant quelque peu par la venue de librairies, cafés et restos branchés.

Zone 9 : La Lisbonne de la banlieue

Les nouvelles routes et la voiture ont provoqué à Lisbonne, comme dans la plupart des villes du monde, la création d'une banlieue toujours de plus en plus éloignée. C'est à l'est de cette zone que se trouve l'aéroport, heureusement peu éloigné de la ville.

Zone 10 : EXPO 98 et la Lisbonne du futur

Par un ambitieux plan d'urbanisme, on prévoit la récupération de cette ancienne zone industrielle en y installant l'EXPO 98, avec, pour principe, que tout ce qui se construit pour cette exposition doit pouvoir être utilisé par la suite. Ainsi, c'est à cet endroit que naîtra la Lisbonne du futur. À première vue, il s'agit là d'une réussite exceptionnelle au niveau de la planification : chemin de fer, métro et nouveau pont desserviront la nouvelle zone, qui se trouve près du centre-ville et de l'aéroport. L'avenir nous dira si l'on aura réussi à créer de toutes pièces un «nouvelle ville» plus attirante que la banlieue de la zone 9, une banlieue où 25 000 habitants sont attendus et où travailleront 18 000 individus.

Zone 11 : Monsanto

Cette colline sacrée, où l'on a réussi à empêcher pratiquement toute construction, constitue le poumon vert de Lisbonne. Monsanto étant aussi grande que les zones 1 à 5 mises ensemble et localisée à 20 min en bus à peine du centre-ville, il fait bon s'y balader, même si aucun des sentiers qui la sillonnent n'a été balisé.

Littérature

À la fin du XVe siècle, période particulièrement riche en bouleversements de toutes sortes pour la planète et en grandes découvertes pour le Portugal, éclôt l'œuvre de Gil Vincente, précurseur du théâtre portugais. Puis, au XVIᵉ siècle, Luis de Camões chante en 8 000 vers épiques l'aventure de ces découvertes portugaises. Luis de Camões est au Portugal ce que Dante est à l'Italie ou Shakespeare à l'Angleterre.

Religieux à l'extrême, le Portugal ne pouvait passer à côté du chef-d'œuvre de l'art oratoire sacré que sont les sermons du Padre António Viera, évangélisateur au Brésil au XVIIᵉ siècle.

Au XIXᵉ siècle s'expriment des romantiques comme Almeida Garret, Alexandre Herculano et Camilo Castelo Branco, dont les œuvres pamphlétaires s'en prennent au clergé et à l'ordre établi.

Le plus célèbre écrivain portugais du XXᵉ siècle, **Fernando Pessoa**, est aussi celui qui en a marqué le début en créant en 1915 la revue littéraire *Orpheu*, qui ne publiera que deux numéros. Pessoa, dont le nom veut dire «personne», démultiplia sa personne en signant des articles et des œuvres complètes sous des pseudonymes.

Ces pseudonymes étaient non seulement des pseudos, mais aussi de véritables personnalités dont il avait dressé la bibliographie. Chacun de ces «auteurs» a donc produit une des facettes de l'œuvre de Pessoa, à savoir poétique, philosophique et esthétique.

L'auteur italien Antonio Tabucchi décrit la rencontre de Pessoa avec chacun de ses pseudos, ses hétéronymes, au cours des trois derniers jours de sa vie. Tabucchi a aussi écrit, en portugais, *Requiem*, dont l'action se situe entièrement à Lisbonne et qui permet de découvrir des facettes attachantes de la vieille ville. Les livres de Tabucchi ont été traduits en français.

Pessoa vécut une véritable histoire d'amour avec sa ville natale, qu'il dut quitter à l'âge de sept ans, alors que sa mère, veuve, se remaria avec le consul du Portugal en Afrique du Sud. Pessoa résida en Afrique pendant 10 ans et reçut son éducation en anglais. Dès l'âge de 17 ans cependant, il retourne seul à Lisbonne, qu'il ne quittera plus. Il entreprit de faire connaître Lisbonne et le Portugal au monde entier, car il considérait la culture portugaise comme dépréciée, ayant eu à subir l'attitude hautaine de son beau-père anglais. Pessoa a même écrit un guide de Lisbonne en portugais et en anglais, *What the tourist should see*, mais étonnamment cet ouvrage ne fut retrouvé qu'à la fin des années quatre-vingt. Il s'agit d'un texte plutôt banal, avec des descriptions trop détaillées et sans relief.

Pour en connaître plus sur l'auteur portugais le plus célèbre de ce siècle, ne manquez pas de visiter le musée qui lui est consacré à Lisbonne.

Casa-Museu Fernando Pessoa
lun-ven 13h à 18h
Rua Coelho da Rocha n° 16
1250 Lisboa
☎ 396 81 90
(de la Rua Vitor Cordon, tram 28, ou du Rossio, bus 9)

Autre personnalité marquante de notre siècle, **Miguel Torga**, grand résistant au salazarisme à travers tous ses écrits, et dont les œuvres seront constamment censurées et saisies. Son livre *Portugal* entraîne le lecteur dans un rapide voyage historique et poétique à travers tout le pays.

Parmi les autres contemporains, citons **Mario de Carvalho**, dont Gallimard a publié en 1992 le roman *Le jeune homme, la forteresse et la mort*, où se mêlent habilement le réel et l'absurde.

Si le portugais a beau être parlé par plus de 200 millions de personnes à travers le monde, aucun écrivain de langue portugaise n'a obtenu le prix Nobel de littérature, ce qui illustre la méconnaissance dont souffre cette culture.

Pour plus de renseignements sur la littérature portugaise, vous trouverez ci-dessous quelques adresses intéressantes.

Pour nos lecteurs français :

Librairie portugaise
10, rue Tournefort
75005 Paris
☎ 01 43 36 34 37
Une librairie spécialisée dans la littérature, tenue par Michel Chandeigne, qui a lui-même traduit et publié en français plusieurs des œuvres marquantes du Portugal.

Centre culturel Calouste Gulbenkian
51, avenue d'Iéna
75016 Paris
☎ 01 53 23 93 93
Un centre culturel et une bibliothèque particulièrement bien fournie. Des concerts, des spectacles et des expositions temporaires y sont régulièrement organisés.

Librairie Portugal
146, rue du Chevaleret
75013 Paris
☎ 01 45 85 07 82

Librairie Lusophone
22, rue du Sommerard
75005 Paris
☎ 01 46 33 59 39

Pour nos lecteurs belges :

Librairie Portugaise Orfeu
35 rue Franklin
1040 Bruxelles
☎ 735 00 77.

Peinture et cinéma

La plus célèbre des peintres contemporains du Portugal est sans conteste **Vieira da Silva**. Née en 1908 à Lisbonne, elle quitta cette ville en 1936 pour adopter Paris. Pourtant, on retrouve un peu de Lisbonne dans toute son œuvre; plusieurs tableaux sont constitués de petits carreaux qui rappellent les azulejos.

Âgé de 89 ans, **Manoel de Oliveira** vient de lancer son dernier film, *Viagem au Princípio do Mundo*. Tout comme dans ses sept films précédents, produits en autant d'années, Oliveira y aborde sereinement des aspects de la mort selon différentes visions philosophiques. Bilingue (français-portugais), ce dernier film rend un hommage posthume à Mastroianni. Originaire de Porto, Oliveira prépare déjà le tournage de *Inquiétude* dans le nord du pays. Ses films se caractérisent par un rythme lent, des images somptueuses et un texte littéraire, ce qui n'en fait pas un cinéaste populaire, ses œuvres ayant été vues en moyenne par

30 000 personnes au Portugal. De Oliveira est le seul cinéaste au monde encore actif ayant débuté sa carrière à l'époque du cinéma muet.

Musique

Amália Rodriguez

Née en 1920, Amália a fêté en 1995 ses 75 ans; la télé et les milieux culturels ont alors rendu à cette véritable héroïne nationale l'hommage qui lui est dû. Dès ses débuts à 19 ans, au Retiro da Severa, à Lisbonne, une boîte de fado, sa façon de chanter bien à elle, son intense présence et sa beauté radieuse lui assurèrent la célébrité. Quatre ans plus tard, en 1943, commence sa carrière internationale, en Espagne puis au Brésil. Elle tourne ensuite au cinéma dans *Capas Negras* et dans *Fado, história duma Contadeira*. Elle «crée» alors des rites; ses chansons «deviennent» du fado, ses vêtements noirs une «tradition séculaire». Après New York en 1952 et en 1954, elle refuse de tourner à Hollywood, trop pleine de *saudade* (nostalgie) pour Lisbonne. Mais en 1955, elle tourne *Les Amants du Tage*, un film français qui contribue à la faire connaître mondialement avec la chanson *Barco Negro*, ce qui la mène à l'Olympia en 1956. À partir de ce moment, elle devient une des chanteuses en vue de la scène internationale et non plus seulement l'ambassadrice d'un petit pays distant et méconnu; elle chante en français, en espagnol, en italien et en anglais, dans chacune de ces langues avec une sonorité portugaise charmante. On peut dire qu'elle a enrichi l'univers du fado, y apportant de nouvelles poésies, du Moyen Âge à nos jours; elle a renouvelé cette musique grâce à de grands musiciens qui ont écrit pour elle, comme Alain Oulman. À Paris, à Montréal ou à Bruxelles, on trouvera facilement ses chansons en français sur disques compacts. Au Portugal, on trouvera bien sûr ses chansons en portugais, mais il faudra débourser plus qu'à Montréal. Dans tous les cas, on constatera que sa voix exceptionnelle et sa façon de chanter vont droit au cœur, et l'on comprendra qu'elle fut la première artiste portugaise à bénéficier d'un tel rayonnement mondial.

MadreDeus

Le groupe MadreDeus a été propulsé sur la scène de la Worldmusic par le film de Wim Wenders *Lisbon Story*. En effet, leur album *Ainda*, dédié à Lisbonne, servit de trame sonore pour le film de Wenders. Le son de MadreDeus est un mélange de folklore et de moderne sur un fond sonore aux couleurs médiévales. Le groupe joue des instruments suivants : voix, guitares, violoncelle, accordéon et claviers. Avec ses airs plein de tristesse et de *saudade*, la musique de MadreDeus s'avère typiquement portugais. Une belle contribution à la musique du monde!

Tetvocal

Quant au groupe Tetvocal, il a commencé sa carrière en reprenant des chansons contemporaines américaines. Mais il chante maintenant en portugais, toujours *a cappella*, puisant son répertoire dans tout ce qui peut avoir un rapport avec l'identité portugaise.

Rio Grande

Le son folklorique de Rio Grande se veut un autre exemple du renouveau de la musique portugaise plongeant dans ses racines ancestrales. Une réussite au niveau de la pureté du son, de la poésie des paroles et des mélodies accrocheuses.

RENSEIGNEMENTS GÉNÉRAUX

 e présent chapitre se veut un carnet de référence où l'on trouvera toutes les coordonnées utiles à la préparation d'un séjour à Lisbonne.

Prenez note que l'indicatif régional de Lisbonne est le 01. Aussi, par souci d'économie d'espace, l'avons-nous supprimé dans le présent ouvrage. À moins d'indication contraire, prenez donc pour acquis que le préfixe est toujours le 01.

De l'étranger, pour téléphoner à Lisbonne, le préfixe à composer est le **1** seulement.

FORMALITÉS D'ENTRÉE

Pour entrer au Portugal, les voyageurs citoyens de la Communauté économique européenne (CÉE) ou de la Suisse n'ont besoin que de leur carte nationale d'identité. Les citoyens canadiens et américains doivent avoir en leur possession un passeport valide.

Munis de leur passeport, les ressortissants canadiens et américains sont admis sans visa pour des séjours de moins de trois mois.

Par ailleurs, tous les voyageurs, sauf les résidants des pays membres de l'Union européenne et de la Suisse, doivent détenir un billet de retour ou de continuation de voyage.

Comme ces formalités pourraient changer lors de circonstances spéciales, nous vous recommandons de les vérifier auprès de l'ambassade ou du consulat du Portugal de votre pays avant votre départ.

DOUANE

Les voyageurs canadiens de 18 ans et plus sont autorisés à importer au Portugal un litre de spiritueux contenant plus de 22 % d'alcool ou 2 l de vin, ainsi que 200 cigarettes (100 cigarillos, 50 cigares ou 250 g de tabac).

Les visiteurs en provenance de pays membres de l'Union européenne ou de la Suisse peuvent, pour leur part, emporter au Portugal 1,5 l d'alcool ou 4 l de vin, ainsi que 300 cigarettes (150 cigarillos, 75 cigares ou 400 g de tabac).

L'ACCÈS À LA VILLE

Par avion

D'Europe

La guerre des prix fait rage depuis la déréglementation aérienne, et des tarifs très avantageux sont régulièrement proposés au départ des diverses capitales européennes vers Lisbonne. Ce mode de transport constitue probablement le meilleur choix pour tous les courts séjours. Outre les liaisons journalières assurées par les compagnies aériennes nationales des divers pays européens, de nombreux vols nolisés sont également proposés par une multitude de transporteurs privés. Vous trouverez ci-dessous les coordonnées de quelques lignes aériennes qui desservent la capitale du Portugal :

France

Air France
119 Avenue des
Champs-Élysées
75008 Paris
Métro George V
☎ 01 44 08 22 22 ou
☎ 01 42 99 23 64
⇄ 01 42 99 24 09
www.airfrance.fr

Tap Air Portugal
11bis-13 Boulevard
Haussmann
75009 Paris
Métro Chaussée d'Antin
☎ 01 44 83 60 60 ou
☎ 01 44 86 89 89
⇄ 01 44 83 60 68 ou
⇄ 01 44 86 89 59
www.tap.pt

En France, Air France propose trois ou quatre vols par jour depuis l'aéroport Charles de Gaulle. Air Inter et Air Liberté desservent aussi Lisbonne depuis Paris. Les vols de TAP Air Portugal quittent Paris-Orly à raison de trois ou quatre fois par jour à destination de Lisbonne.

De Nice ou de Lyon, quelques liaisons hebdomadaires sont proposées par TAP.

Belgique

Sabena
Hôtel Carrefour de
l'Europe-Grand Place
Rue du Marché aux
Herbes 110
1000 Bruxelles
☎ 723 23 23
⇄ 723 80 96
www.sabena.com

Tap Air Portugal
Place Madou 1
1030 Bruxelles
☎ 219 55 66
⇄ 218 36 72
www.tap.pt

Sabena et Tap proposent des liaisons directes depuis Bruxelles.

Suisse

Swissair-Genève
Rue de Lausanne 15
Place Cornavin
1201 Genève
☎ 799 31 11
⚹ 799 22 40
www.swissair.com

Tap Air Portugal-Genève
Rue Chantepoulet 5 (2e étage)
1201 Genève
☎ 731 73 50
⚹ 738 45 05
www.tap.pt

Swissair et Tap effectuent des liaisons directes depuis Zurich et Genève.

Italie

Alitalia
Via Bissolati 20
CAP 00187 Roma
☎ 65 621
⚹ 65 62 83 10
www.alitalia.it

Tap Air Portugal
Via Veneto 84, 1er étage
Roma
☎ 48 99 82 00
⚹ 48 20 718
www.tap.pt

Espagne

Iberia
Valázquez 130
28006 Madrid
☎ 587 87 87
www.iberia.com

Tap Air Portugal
Gran Via 58
28013 Madrid
☎ 542 12 03 ou
☎ 541 20 00
⚹ 542 28 30
www.tap.pt

Du Canada

Au Canada, des vols nolisés d'Air Transat et de TAP Air Portugal sont proposés au départ de Montréal. On peut aussi voyager sur les lignes régulières avec Air France via Paris, KLM via Amsterdam, Swissair via Zurich, etc. La plupart des visiteurs arrivent à Lisbonne ou Porto.

L'aéroport de Lisbonne (Portela)

L'aéroport international de Lisbonne *(information départs et arrivées 24 heures par jour,* ☎ *841 37 00; information générale sur l'aéroport, www.anaep.pt/lisboa)* est situé à environ 8 km au nord du centre-ville. Outre un **comptoir d'information touristique** et un **bureau de poste**, vous y trouverez quelques **bureaux de change**, des **succursales de banques** ainsi que deux **distributeurs de billets**.

Plusieurs agences de **location de voitures** y sont également présentes. Parmi ces dernières, vous trouverez **Avis** *(*☎ *849 48 36)*, **Hertz** *(*☎ *849 08 31)*, **Budget** *(*☎ *849 16 03)*, **Europcar** *(*☎ *840 11 76)* et **Thrifty** *(*☎ *847 88 03)*. Cependant, les prix pratiqués à l'aéroport sont normalement plus élevés que ceux du centre-ville, sauf pour les personnes ayant pris soin de réserver à l'avance, ce qui revient en général moins cher. Par ailleurs, une taxe d'aéroport de 1 500 ESC doit être acquittée sur toute location de voiture. Si vous prévoyez visiter Lisbonne, louez donc votre voiture au centre-ville.

Pour vous rendre au centre-ville **en voiture**, empruntez l'Avenida das Comunidades Portuguesas, qui passe ensuite sous l'Avenida Marechal Craveiro Lopes, afin de rejoindre la Rotunda do Aeroporto. Là, prenez l'Avenida do Brasil jusqu'au parc Campo Grande. Prenez ensuite à gauche afin de rejoindre le tunnel menant à l'Avenida da República. Au bout de cette dernière, à la Praça Duque de Saldanha, suivez l'Avenida Fontes Pereira de Melo jusqu'à la Praça Marquês de Pombal. En poursuivant ensuite votre route sur l'Avenida da Liberdade, vous arriverez dans le centre de la ville.

Pour rejoindre le centre-ville **en bus**, les personnes pressées prendront le bus express n° 91, aussi appelé *Aero-Bus (430 ESC billet valable une journée, 1 000 ESC billet valable 3 jours ou* Passe Turístico, *passage toutes les 20 min)*. Un guichet Carris est accessible à l'aéroport même. Les voyageurs ayant utilisé les services de la compagnie aérienne portugaise TAP peuvent, pour leur part, se rendre **gratuitement** jusqu'au centre-ville par ce même moyen (le titre de transport est à retirer au comptoir d'information TAP, localisé juste à la sortie de la douane). Pour un trajet moins cher *(150 ESC)* mais plus long, les bus nos 44 ou 45 vous conduiront au centre-ville en passant par la Praça Marquês Pombal, l'Avenida Liberdade, la

Praça Restauradores et le Rossio. Les personnes désirant se rendre directement dans les quartiers ouest (Rato, Estrêla et Lapa) prendront pour leur part le bus n° 22.

Comme dans la plupart des aéroports internationaux, vous n'aurez aucun mal à trouver un **taxi** qui vous emmènera au cœur de la capitale. La prise en charge minimum est de 250 ESC, et le second bagage vous sera facturé à 300 ESC. Comptez environ 1 500 ESC pour rejoindre le centre-ville.

En voiture

Si vous êtes déjà en Europe, vous rendre au Portugal en voiture vous évitera la location sur place. Vous devez cependant prendre en considération le coût des autoroutes et de l'essence pour atteindre le Portugal, de même que l'usure de votre voiture.

De plus, ce trajet d'au moins 1 800 km nécessite deux jours sinon trois, et à moins d'en profiter pour visiter le sud de la France et l'Espagne, ce déplacement s'avérera épuisant. Pour bénéficier de votre voiture sur place, vous pouvez aussi opter pour la formule «train-auto» proposée par la Société nationale des chemins de fer français (S.N.C.F.).

De Paris, la route la plus directe passe par Bordeaux, puis Irún, en Espagne. Vous choisirez ensuite d'entrer au Portugal soit par Bragança, soit par Vilar Formoso en passant par Burgos, Valladolid ou Salamanca, l'option la plus intéressante. Notez que cette dernière frontière est ouverte toute la nuit, de même que celles, moins bien situées, d'Elvas et de Valença do Minho.

Le réseau routier

La voiture constitue le meilleur moyen pour visiter toutes ces petites villes portugaises tellement chargées d'histoire. Si les villes de Lisbonne et de Porto constituent chacune une motivation de voyage de courts séjours, l'autre façon de visiter le Portugal consiste à découvrir sa campagne, ce qui ne peut se faire qu'en voiture.

Le réseau routier encore peu développé (même si beaucoup de progrès a été accompli) ainsi que la forte densité de la circulation ne vous permettront pas de parcourir en moyenne plus de 80 km en une heure. Il faut donc planifier judicieusement ses déplacements, d'autant plus que, dans certaines régions, l'hébergement et la restauration de qualité se restreignent parfois aux excellentes *pousadas*, gérées par l'État et ne comptant que peu de chambres.

La seule autoroute à voies séparées sur toute sa longueur est celle reliant Lisbonne à Porto, ainsi que quelques prolongements vers Setúbal, Estoril, etc. Le trajet Lisbonne-Porto, sur l'autoroute à péage, coûte 2 760 ESC. En dehors des aires de services, il n'y a pas d'aire de repos sur les autoroutes portugaises. En maint endroit, on est susceptible de trouver de petites routes étroites et sinueuses. À titre d'information, au mois de mai 1997, le prix du litre d'essence avoisinait les 170 ESC.

Il faut conduire avec prudence au Portugal : dans les régions les plus peuplées, on rencontre beaucoup de routes à trois voies, la voie centrale servant alternativement aux véhicules venant à sens inverse et aux véhicules allant dans votre direction pour les dépassements. Une voiture dotée d'un moteur suffisamment puissant sera alors appréciée. L'autre raison qui incite à la prudence tient à la segmentation des conducteurs portugais en deux groupes bien précis : ceux qui paraissent incapables de dépasser les 50 km/h, et ils sont nombreux, et ceux qui, emportés par la *movida*, foncent à 120 km/h. Le touriste, évoluant généralement entre ces deux extrêmes, se sent parfois inconfortable. Évitez de rouler la nuit ou même à la tombée du jour, à l'heure où les paysans reviennent des champs avec leurs animaux et où la visibilité n'est pas très bonne. Alors... *precaução e bom viagem!*

Outre les autoroutes, il existe un réseau important de routes nationales, départementales et locales qui vous mèneront jusqu'aux plus petits villages, perdus dans l'arrière-pays. Mais attention, même les routes nationales ne sont pas nécessairement des routes à voies larges. Elles sont en fait plutôt étroites.

Au Portugal, le vol dans les voitures est particulièrement fréquent; donc, ne manquez pas de suivre nos conseils de la page 75.

Quelques conseils

Permis de conduire : votre permis de conduire national est valide au Portugal.

Le code de la route : les Nord-Américains doivent savoir qu'aux intersections la priorité est donnée aux voitures qui viennent de la droite, peu importe quelle voiture est arrivée en premier. Souvent, il n'y a ni feux ni panneaux de stop : il faut donc être prudent. Les intersections des routes importantes sont souvent marquées par des ronds-points, et les voitures qui s'y sont engagées ont toujours priorité. Il faut donc attendre que la voie soit complètement libre avant d'y entrer.

Le port de la ceinture de sécurité est obligatoire au Portugal. Notez que la vitesse maximale permise sur les autoroutes est de 120 km/h.

À Lisbonne, le stationnement gratuit est difficile à trouver, et, même dans ce cas, souvent vous devrez donner 25 ESC au sans-emploi ou à l'étudiant qui prétend vous avoir aidé à trouver la place où garer votre voiture. Les stationnements payants sont nombreux au centre-ville mais très coûteux (voir p 61).

La location d'une voiture

Toutes les agences internationales offrent leurs services à Lisbonne. La plupart sont d'ailleurs représentées dans les aéroports et autour des gares principales. Cependant, louer une voiture coûte généralement plus cher à l'aéroport.

Le permis de conduire de votre pays d'origine suffit pour conduire une voiture au Portugal.

Si vous louez sur place, il faut compter environ 10 000 ESC par jour (kilométrage illimité) pour la location d'une petite voiture *(Ford Escort 1 100 cm³)*, à moins que vous ne puissiez bénéficier d'un forfait spécial. Quoi qu'il en soit, si vous désirez louer une voiture pour une période de trois jours et plus, informez-vous des tarifs auprès de votre agent de voyages ou du centre de réservation internationale des grandes agences de location avant votre départ. Vous pourriez profiter de réductions substantielles. Dans tous les cas, assurez-vous d'obtenir une confirmation écrite du tarif consenti.

Par autocar

Assurément la formule la plus économique, mais aussi la moins confortable. À partir de chaque capitale européenne, diverses compagnies d'autocars assurent des liaisons journalières avec Lisbonne.

En France, la société Eurolines *(☎ 01 49 72 51 51, ↔ 01 49 72 51 61, www.eurolines.fr)* offre l'avantage de desservir le Portugal au départ de nombreuses villes françaises. De Paris, départ tous les jours excepté les lundis *(A/R 1 110FF)*. Pour les départs en Belgique, c'est la société Europabus *(☎ 217 66 60, ↔ 217 31 92)* qui propose le plus grand choix de destinations. Eurolines Bruxelles *(☎ 203 07 07)* propose également des liaisons Bruxelles-Lisbonne.

Au Portugal même, les villes et villages sont dotés d'un réseau de bus qui les relient les uns aux autres. Bien que nécessitant du temps, ce moyen de transport constitue la formule la plus économique pour se déplacer. Une multitude d'entreprises privées existent, et, tandis que certaines se spécialisent par région, d'autres desservent la plupart des localités du pays. Dans chaque ville d'une certaine importance, vous trouverez une *rodoviária* (gare routière) où, en règle générale, les compagnies d'autocars possèdent un point de vente. Vous trouverez ci-dessous les coordonnées de quelques-unes d'entre elles à Lisbonne.

Rede Nacional de Expressos
Avenida Casal Ribeiro n° 18B
☎ 357 79 15
www.rede-expressos.pt

Eva Expressos
Avenida Casal Ribeiro n° 18B
☎ 314 77 10 ou 314 77 13
www.eva-transportes.pt

Renex Expressos
Campo das Cebolas
☎ 887 48 71 ou 888 28 29
⊷ 887 49 42 ou 886 45 48

Tableau des distances

Braga						
170	Coimbra					
625	460	Faro				
980	760	465	Grenade			
362	200	300	660	Lisbonne		
580	510	730	425	630	Madrid	
50	120	570	920	310	620	Porto

L'auto-stop

L'auto-stop est très peu fréquent au Portugal, aussi ne recommandons-nous pas au voyageur de planifier son déplacement de cette façon.

Par train

Depuis Paris, deux choix sont possibles : soit que vous preniez le *Rápido Sud Expresso (comptez environ 24 heures)* de la société nationale des chemins de fer portugais, soit que vous vous déplaciez avec le *TGV Atlantique (comptez environ 20 heures)*. Bien que la dernière solution soit la plus rapide, celle-ci nécessite un changement de train à Irún, en Espagne, et est donc moins pratique pour les personnes voyageant avec beaucoup de bagages. De manière générale, les tarifs ne sont pas toujours plus économiques que ceux proposés par les lignes aériennes. Bien que diverses formules de billet unique existent (Eurailpass, Inter-Rail), celles-ci comportent de nombreuses restrictions et seront donc surtout intéressantes pour les voyageurs qui désirent visiter plusieurs villes.

Il est également possible de faire transporter sa voiture par train jusqu'à Madrid. Cette formule s'avère cependant onéreuse. Une option plus économique consiste à ne la faire transporter qu'à Biarritz, dans le sud de la France.

Au Portugal, les grandes villes comme Lisbonne, Porto et Coimbra sont desservies régulièrement par des trains rapides et confortables. Par contre, il peut être difficile de rejoindre les plus petites villes, et l'on ne pourra pas raisonnablement espérer faire le tour du pays en utilisant ce moyen de transport.

La société nationale se nomme Caminhos de Ferro Portugueses (CP). Elle propose des passes (*bilhetes turísticos*) qui permettent de voyager en 2e classe sans restriction sur tout le réseau portugais, pour des durées de 7 à 21 jours; les prix varient de 18 000 ESC à 41 200 ESC. Pour plus de renseignements, contactez la CP à Lisbonne au ☎ (2) 888 40 25 ou www.cp.pt.

AMBASSADES, CONSULATS ET OFFICES DE TOURISME DU PORTUGAL À L'ÉTRANGER

Site Internet ICEP (Office de tourisme portugais) : www.portugal.org

---

En Europe

France

Ambassade
3, rue de Noisiel
75016 Paris
Métro Porte-Dauphine
☎ 01 47 27 35 29

Consulat
187 rue du Chevaleret
75013 Paris
Métro Chevaleret
☎ 01 44 06 88 90

Office de tourisme
ICEP
7, rue Scribe
75009 Paris
Métro Opéra
lun-ven 9h30 à 17h
☎ 01 47 42 55 57
⇆ 01 42 66 06 89

Il est aussi possible d'obtenir de l'information sur le minitel en tapant 3615 PORTUGAL.

Belgique
Ambassade
Avenue de la Toison d'Or, 55
1060 Bruxelles
☎ 539 38 50

Office de tourisme
ICEP
Rue Joseph II, 5, B.P. 3
1040 Bruxelles
Métro Arts-Loi
☎ 230 52 50
⇆ 231 04 47
Espagne
Ambassade
Calle del Pinar,1
28046 Madrid
☎ 261 78 08
⇆ 411 01 72

Office de tourisme
ICEP
Gran Via, 27-1° Piso
28013 Madrid
☎ 522 93 54 ou 522 44 08
⇆ 522 23 82

Italie
Ambassade
Via Giacinta Pezzana, 9
00197 Roma

☎ 808 13 42
⇆ 841 74 00

Office de tourisme
ICEP
Largo Augusto, 3
20122 Milano
☎ 795 228 ou 794 573
⇆ 794 622

Suisse
Ambassade
Jungfraustrasse, 1
CH 3005
Berne
☎ (31) 3 51 17 73
⇆ (31) 3 51 44 32

Office de tourisme
ICEP
Badenerstrasse, 15
8004 Zurich
☎ 241 00 01
⇆ 241 00 12

Au Canada

Ottawa
Ambassade
645 Island Park Drive
Ottawa, ON.
K1Y 0B8
☎ (613) 729-0883
⇆ (613) 729-4236
Services consulaires
☎ (613) 729-2270

Montréal
Consulat
2020, rue University
Bureau 1725
Montréal, QC
H3A 3A5
☎ (514) 499-0621
📠 (514) 499-0366

Toronto
Consulat
121 Richmond St.
7th floor
Toronto, ON.
M5H 2K1
☎ (416) 360-8261
📠 (416) 360-0350

Vancouver
Consulat
700 West Pender St.
Suite 940
Vancouver, BC
V6C 1G8
☎ (604) 688-6514
📠 (604) 685-7042

Office de tourisme
Portuguese Trade and
Tourism Commission
60 Bloor St. West
Suite 1005
Toronto, ON.
M4W 3B8
☎ (416) 921-7376
📠 (416) 921-1353

AMBASSADES ET CONSULATS À LISBONNE

France
Ambassade
Rua de Santos-o-Velho nº 5
1200 Lisboa
☎ 60 81 21
📠 367 83 27

Consulat de France (tout à
côté de l'Ambassade)
Calçada Marquês de
Abrantes nº 123
1200 Lisboa
☎ 60 81 31
📠 395 39 81

Canada
Ambassade
Édifice MCB
Avenida Liberdade nº 144
2e et 3e étages
1200 Lisboa
☎ 347 48 92
📠 347 64 66

Belgique
Ambassade et consulat
Praça Marquês Pombal nº 14
6e étage
1200 Lisboa
☎ 354 92 63
📠 356 15 56

Suisse
Ambassade
Travessa do Patrocínio n° 1
1399 Lisboa Codex
☎ 397 31 21
⇄ 397 71 87

Luxembourg
Ambassade
Rua das Janelas Verdes n° 43
1200 Lisboa
☎ 396 27 81

Italie
Ambassade et Consulat
Largo Conde Pombeiro n° 6
1200 Lisboa
☎ 354 61 44

Espagne
Ambassade
Rua do Salitre n° 1
1250 Lisboa
☎ 347 23 81
⇄ 347 23 84

RENSEIGNEMENTS ET EXCURSIONS TOURISTIQUES À LISBONNE

Bureaux d'information touristique

Aéroport de Portela de Sacavém
Le bureau de tourisme se trouve près de la sortie de l'aéroport.

Centre-ville
Palácio Foz
Praça dos Restauradores
Ouvert lun-sam 9h à 20h et dim 10h à 18h.

Dans le même édifice se côtoient le bureau de l'ICEP (information sur Lisbonne et le Portugal en général) et l'Office de tourisme de la Câmara Municipal (information sur Lisbonne uniquement, service peu efficace). Vous y trouverez cartes, dépliants et quelques guides. Voir aussi la section «Activités culturelles», p 289.

Excursions et tours guidés

De nombreuses formules sont proposées au visiteur désireux d'entreprendre la découverte de la ville au moyen d'un circuit guidé. Nous en mentionnons quelques-unes ci-dessous. Compte tenu des changements fréquents, nous vous invitons à communiquer directement avec chacun des organismes mentionnés afin de connaître de manière détaillée son programme et ses tarifs.

Excursion en autocar

De mai à septembre, la société d'État Carris *(☎ 363 20 21 ou 363 93 43)* propose aux visiteurs un parcours commenté en diverses langues à bord d'un autobus étagé. Ainsi, depuis sa plate-forme supérieure, vous aurez l'occasion de vous laisser guider au grand air tout le long d'un circuit (le *Circuito Tejo*) qui, après avoir effectué une large boucle vers le nord à partir de la Praça do Comércio, longe le Tage depuis Belém jusqu'au centre-ville. Les départs se font de la Praça do Comércio, et les billets s'achètent à bord de l'autobus. Les tarifs sont de 2 000 ESC pour un adulte, et de 1 000 ESC pour les 4 à 10 ans. Horaire : mai à juillet et septembre, départs aux heures fixes, de 11h à 16h; août, départs aux heures fixes, de 11h à 17h.

Cityrama
Tours guidés de la capitale et circuits touristiques vers Cascais, Estoril, Sintra et Cabo da Roca.
Avenida Praia da Vitória n° 12-B
1096 Lisboa Codex
☎ 386 43 22 ou 355 85 69
≈ 356 06 68

Portugal Tours
Tours guidés de la capitale et circuits touristiques vers Cascais, Estoril, Sintra et Cabo da Roca.
Avenida Praia da Vitória n° 14A, 2ᵉ étage
1000 Lisboa
☎ 352 29 02 ou 316 03 99
≈ 352 29 02

Excursion fluviale

D'avril à octobre, la société **Transtejo** *(Estação Fluvial Terreiro do Paço, ☎ 887 50 58, ≈ 887 90 41)* organise chaque jour des *cruzeiros no Tejo* (croisières sur le Tage) d'une durée de deux heures qui vous permettront ainsi de découvrir une autre Lisbonne. Les départs *(11h et 15h)* ont lieu au Terreiro do

Paço, à proximité de la Praça do Comércio. Comptez débourser 3 000 ESC.

Eléctrico de Tourismo

La société d'État **Carris** *(☎ 363 20 21)* propose aux visiteurs, du 1er mars au 15 octobre, un parcours commenté en diverses langues à bord d'un joli petit tram spécialement aménagé à cet effet, appelé *Eléctrico de Tourismo*. Les départs se font de la Praça do Comércio, et les billets s'achètent à bord du tram. Les tarifs, assez chers, sont de 2 800 ESC pour un adulte et de 1 500 ESC pour les 4 à 10 ans. Tel que son nom en portugais le laisse présumer, le *circuito colinas* (le circuit des collines) traverse divers quartiers de la ville particulièrement pittoresques. Horaire : mars à juin et octobre, départs à 13h30 et 15h30; juillet, départs à 11h30, 13h30, 14h30 et 15h30; août, départs à 11h30, 13h30, 14h30, 15h30 et 16h30; septembre, départs à 11h30, 13h30 et 14h30. Pour les budgets plus restreints, un très intéressant parcours partiel (non commenté celui-là) avec le tram n° 28 permet également d'apprécier Lisbonne. Les billets achetés à l'avance ne coûtent que 150 ESC... comparé à 2 800 ESC pour le tram touristique! Parmi les autres parcours qui méritent l'attention, les lignes régulières nos 25, 18 et 15 sont également à considérer.

RENSEIGNEMENTS ET EXCURSIONS
TOURISTIQUES DANS LES ENVIRONS DE

Bureaux d'information touristique
et préfixes téléphoniques

Estoril :   Tourisme
             Arcadas do Parque
             Préfixe ☎ : 1

Cascais :   Tourisme
             Rua Visconde da Luz n° 14A
             Préfixe ☎ : 1

Setúbal :   Tourisme
                       Praça de Bocage et Largo do Corpo Santo
                       Préfixe ☎ : 65

Sintra Vila :   Tourisme
                       Praça da República n° 3
                       Préfixe ☎ : 1

VOS DÉPLACEMENTS DANS LISBONNE

En voiture

En règle générale, il n'est pas très compliqué de se déplacer dans la ville. Seule exception, le cœur du quartier de l'Alfama, rendu inaccessible par les nombreuses impasses et rues comportant des escaliers. De même, le Bairro Alto, quartier compris dans le triangle Praça Luís de Camões, Miradouro de S. Pedro de Alcântara et Miradouro de Santa Catarina, bien qu'accessible, est à éviter car l'étroitesse de ses rues et la présence de nombreux sens uniques rendent la circulation difficile. Le problème majeur à Lisbonne, et ce quel qu'en soit l'endroit, est le stationnement. En soirée cependant, la recherche d'un stationnement est facilitée par la présence de nombreuses personnes (étudiants ou sans-emploi) qui, sur le bord de la route, vous indiquent les espaces libres. Dans ce cas, il convient de laisser à la personne un léger pourboire de l'ordre de 25 ESC. En règle générale donc, nous vous conseillons de découvrir la ville par d'autres moyens, comme les transports en commun, ou à pied.

Il est à noter que les stationnements privés au Portugal sont hors de prix et que, assez bizarrement, le tarif horaire augmente avec la durée. Outre le stationnement de la Praça dos Restauradores, particulièrement cher (comptez débourser environ 225 ESC l'heure) mais ayant l'avantage d'être localisé au cœur de la ville même, un deuxième stationnement a été construit tout à côté de la Praça Marquês de Pombal. Réparti en cinq niveaux sous le Parque Eduardo VII, il bénéficie de 1 454 places et est accessible 24 heures par jour. Prévoyez débourser environ 140 ESC l'heure.

Les transports publics

Les transports publics de la ville de Lisbonne sont nombreux et gérés par des sociétés d'État. Bien qu'aujourd'hui les moyens de transport les plus utilisés soient le bus et le métro, la façon la plus agréable de découvrir la ville est sans aucun doute le tram, appelé *eléctrico*. Vous trouverez ci-dessous une brève descriptions de ces divers modes de transport.

Les bus, trams et *elevadores*

Gérées par la société publique Carris, une centaine de lignes de **bus** *(autocarros)* desservent la ville de Lisbonne et sa banlieue. En plus d'être confortables, les bus constituent le moyen le plus rapide (avec le métro) d'accéder à n'importe quel point de la ville. Les personnes qui séjournent un certain temps à Lisbonne se procureront le très efficace *Guia Informativo de Carris*. Il contient, sous la forme d'un agréable petit classeur de poche, l'horaire et le trajet complet des bus et trams de la ville, ainsi que les tarifs et les différentes formules proposées au public, y compris celles destinées aux touristes. En plus d'être vendu pour la modique somme de 400 ESC, il constitue un véritable souvenir en soi, car de nombreuses petites photos de sites en agrémentent les pages. Il est vendu aux différents comptoirs Carris (voir ci-dessous).

Petits et vieillots, à l'intérieur de bois et souvent couverts à l'extérieur de publicités amusantes, les **trams** *(eléctricos)* arpentent lentement les rues de manière bruyante et un peu maladroite. Ils font partie de l'âme

de la ville, et leur présence constitue l'un des nombreux charmes de la capitale. Ainsi, visiter la ville sans prendre au moins une fois le tram relèverait du sacrilège! Depuis peu, la société Carris est pourvue de nouveaux trams ultramodernes, nettement plus confortables mais malheureusement pas nécessairement de bon goût (ligne 15). Il ne subsiste aujourd'hui que six lignes, et nous espérons que longtemps encore les «mélodieux grincements de roues» animeront les rues de Lisboa.

Eléctricos

Les quatre ***elevadores*** que possède la ville permettent d'aller rapidement d'un quartier à un autre. En plus d'être pratiques, ils offrent également une très agréable vue sur la ville, car ils mènent presque toujours à un *miradouro*. Leur tarif est le même que celui des autres transports en commun, soit 150 ESC par trajet (voir aussi la rubrique «Les transports publics», p 62). Il est à noter que les Lisbonnins utilisent la plupart du temps le terme *elevador* tant pour désigner un funiculaire qu'un ascenseur, et que des quatre *elevadores*, trois sont en fait des funiculaires.

Voici la liste des funiculaires et élévateurs ainsi que leur localisation :

L'Elevador de Santa Justa *(tlj 7h à 23h45)* relie la Rua de Santa Justa au Largo do Carmo. Il s'agit du seul élévateur, les autres étant des funiculaires.

L'Elevador da Glória *(tlj 7h à 0h55)* relie la Praça dos Restauradores au Miradouro de São Pedro de Alcântara.

L'Elevador da Lavra *(lun-sam 7h à 22h45, dim 9h à 22h45)* relie le Largo da Anunciação à la Rua Câmara Pestana.

L'Elevador da Bica *(lun-sam 7h à 22h45, dim 9h à 22h45)* relie la Rua da São Paulo au Largo Calhariz.

Tarifs bus, funiculaires, élévateurs et trams :

Billet unique pour bus, funiculaire et tram acheté à bord : 150 ESC par trajet.

Billet acheté à l'avance aux nombreux comptoirs Carris : 150 ESC pour deux trajets (billet appelé *Bilhete Único de Coroa*, ou *BUC 2*); 300 ESC pour 4 trajets (*BUC 4*).

Billet pour une journée : 430 ESC (trajet illimité).

Billet pour trois journées : 1 000 ESC (trajet illimité).

Les points de vente Carris sont répartis un peu partout dans la ville, de même que de nombreux concessionnaires ou agents locaux où vous pourrez acheter vos billets. En voici quelques adresses :

Posto de Informação e Venda Carris
- Élévateur Santa Justa
- Praça da Figueira
- Largo do Rato
- Estrêla
- Alcântara
- Belém

Le métro

Malgré sa rapidité et son efficacité, le métro ne couvre pour l'instant qu'une partie relativement limitée de la ville et est surtout pratique pour parcourir rapidement de longues distances. De nouvelles lignes étant prévues pour 1999, soyez attentif aux enseignes affichées près des stations car plusieurs stations font l'objet de travaux d'agrandissement ou de rénovation. Vous trouverez dans ce guide (p 65) un plan du métro.

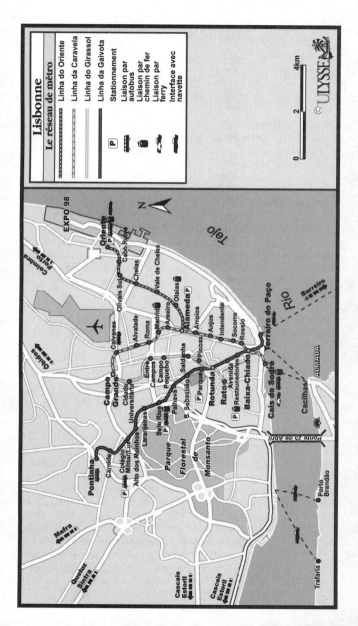

Tarifs : Par trajet, au guichet du métro : 70 ESC; carnet de 10 billets : 550 ESC.

Billet pour une journée (trajet illimité, métro seulement) : 200 ESC.

Billet pour 7 jours (trajet illimité, métro seulement) : 620 ESC.

Chaque station est équipée de distributeurs de billets. Bien que tous rendent la monnaie, les distributeurs sont parfois vides (surtout en fin de soirée) et ne délivrent alors les billets que si vous avez la somme exacte.

Le *Passe Turístico*

Le *Passe Turístico* n'est autre qu'un billet unique de transport valide aussi bien pour les bus, les trams et les funiculaires que pour le métro. Deux choix vous sont proposés, soit le billet pour quatre jours (1 600 ESC), soit le billet pour sept jours (2 265 ESC). Le *Passe* est disponible dans diverses stations de métro (voir plan du métro, p 65).

Selon la durée de votre visite dans la capitale et selon vos préférences quant aux moyens de transports utilisés, il peut s'avérer plus rentable pour vous d'utiliser une formule plutôt que l'autre. Ainsi, pour un séjour de quatre jours, il est préférable de combiner le billet pour trois journées avec un billet pour une journée de Carris, plutôt que d'acheter le *Passe Turístico* (à condition de ne pas prendre le métro).

La *Lisboa Cartão*

Cette «carte de visite» de Lisbonne vous permet non seulement l'utilisation illimitée du métro, des bus et de la plupart des trams et funiculaires (excepté les trams nos 15 et 18 et l'élévateur Santa Justa), mais également l'accès libre à 25 musées et autres attractions. De plus, cette carte vous offre des rabais plus ou moins importants (de 10 % à 50 %) sur des activités culturelles (spectacles, expositions) ainsi que des réductions (de 5 % à 10 %) dans certains magasins. Étant donné son prix relativement élevé (carte 24 heures - 1 500 ESC, 48 heures - 2 500 ESC, 72 heures - 3 250 ESC), cette carte est surtout avantageuse pour les grands amateurs de musées. La *Lisboa Cartão* est vendue aux endroits suivants :

- Posto Central, 50 Rua Jardim do Regedor (près de la Praça dos Restauradores)
- Mosteiro dos Jerónimos, Praça do Império
- Museo Nacional de Arte Antiga, 9 Rua das Janelas Verdes.

En taxi

Les taxis lisbonnins sont parmi les moins chers d'Europe, et il est facile d'en trouver un peu partout. Bien qu'ils soient tous obligatoirement munis d'un compteur, il arrive que celui-ci soit difficilement lisible ou parfois déjà en marche avant la prise en charge. Soyez donc vigilant.

Les tarifs de nuit (de 22h à 6h) ainsi que ceux des fins de semaine et des jours fériés sont légèrement supérieurs à ceux pratiqués pendant la journée en semaine. Le tarif est d'environ 72 ESC/km la nuit et de 57 ESC/km le jour. La prise en charge est de 250 ESC. Le second bagage vous sera facturé 300 ESC, et un supplément de 150 ESC sera ajouté au tarif pour tout taxi commandé par téléphone.

À pied

La passionnante ville de Lisbonne possède de multiples facettes, et, bien qu'elle soit accessible de plusieurs manières, la visite à pied constitue le meilleur moyen de découvrir ses beautés cachées.

Afin de faciliter l'exploration de la ville, nous avons regroupé les différents attraits par quartier. De plus, pour les personnes désirant découvrir la ville sous forme de parcours, nous avons classé ces quartiers par circuit, chaque circuit étant lui-même dénommé par une lettre (ex. : Circuit B : Le Castelo et l'Alfama). Le visiteur peut ainsi découvrir chaque quartier séparément ou, à sa guise, combiner plusieurs circuits selon l'endroit où il se trouve.

Lors de votre exploration à pied, il est important de vous rappeler qu'il y a sept collines à Lisbonne et que les nombreuses rues montantes et descendantes ne sont pas de tout repos. Prenez donc régulièrement, comme tout bon Lisbonnin, le temps d'une petite pause en sirotant une agréable *bica* (café express). En plus d'une paire de chaussures confortables, pour profiter pleinement de la ville, il convient d'avoir avec soi un bon plan détaillé. À cause de sa configuration, la ville est en effet truffée de nombreuses impasses, passages et rues comportant des escaliers qui rendent sa découverte hasardeuse sans un plan détaillé (lire aussi la section «Sécurité», p 74).

Cartes et plans de ville

Malgré l'existence de nombreux plans (dont celui gratuit distribué par l'Office de tourisme), peu sont malheureusement à même d'offrir une vue exacte de ce véritable labyrinthe qu'est Lisbonne. Si vos finances vous le permettent ou si vous devez résider pour une longue période dans la capitale, n'hésitez pas à vous procurer le *Lisboa Guia Urbano (2 800 ESC, disponible à l'Icep, Praça dos Restauradores ou dans toute bonne librairie)*, l'atlas des rues le plus détaillé, avec un répertoire particulièrement complet.

Belvédères et points de vue

Les belvédères sont très nombreux, parfois difficiles d'accès et isolés. Nous vous informons de ceux qui sont faciles d'accès et qui sont proches d'autres attraits touristiques :

- **Miradouro de Santa Luzia** (voir p 110)
- **Miradouro de São Pedro de Alcântara** (voir p 125)
- **Miradouro de Santa Catarina** (voir p 142)
- **Jardim do Torel** (voir p 139)
- **Parque Edouardo VII** (voir p 130)
- **Elevador de Santa Justa** (voir p 102)
- **Castelo de São Jorge** (voir p 107)

En bateau

La société **Transtejo** *(Cais da Alfândega, Estação Fluvial Terreiro do Paço, information 24 heures par jour* ☎ *310 31 31,* ⇄ *887 90 41)* assure de multiples liaisons maritimes entre la capitale et les villes localisées au sud du Tage.

Au Terreiro do Paço, à proximité de la Praça de Comércio, de nombreux départs journaliers ont lieu pour les villes de **Montijo** *(aller simple 270 ESC)*, **Seixa** *(210 ESC)* et **Cacilhas** *(90 ESC)*. Des traversées pour les villes de **Porto Brandão** et **Trafaria** sont également effectuées à partir de Belém.

La traversée la plus intéressante au point de vue touristique est celle qui se rend à Cacilhas. En un temps raisonnable (environ 30 min), vous pourrez ainsi traverser le Tage et bénéficier d'un superbe panorama de Lisbonne. Cette traversée est également possible à partir du Cais do Sodré. Pour ceux qui y vont en famille ou qui aiment ce genre de «mini-excursions», un forfait pour 10 traversées est disponible au prix de 750 ESC. La société Transtejo assure aussi un service 24 heures par jour de traversier pour Cacilhas *(moto 180 ESC, voiture 200 ESC)* aux 30 min pendant la journée et en soirée, et aux heures durant la nuit.

VOS DÉPLACEMENTS DANS LES ENVIRONS DE LISBONNE

En voiture à partir de Lisbonne

Pour **Cascais** et **Estoril**, par la route rapide, rendez-vous par l'Avenida da Liberdade à la Praça Marquês de Pombal afin d'emprunter sur la gauche l'Avenida Joaquim António Aguiar, qui vous mènera directement sur l'autoroute A5 en direction d'Estoril et de Cascais.

Par la route panoramique, de la Praça do Comércio, longez les quais vers l'ouest par l'Avenida 24 de Julho, puis, plus loin, par l'Avenida da Índia. Cette dernière rejoint la N6, qui, tout en longeant la côte, conduit directement à Estoril et à Cascais.

Pour **Sintra**, **Queluz** et **Cabo da Roca**, rendez-vous par l'Avenida da Liberdade à la Praça Marquês de Pombal afin d'emprunter sur la gauche l'Avenida Joaquim António Aguiar, qui vous mènera directement sur l'autoroute A5. Une fois arrivé sur celle-ci, quelques kilomètres plus loin, prenez la N117 en direction de Queluz ou de Sintra afin de rejoindre la IC19, qui mène en un premier temps à Queluz, puis à Sintra. Pour Cabo da Roca, depuis Sintra, suivez la N247 en direction de Colares, puis, une fois passé cette dernière, prenez la N247-4 en direction de Cabo da Roca.

Pour **Setúbal**, après avoir accédé au Ponte de 25 de Abril, poursuivez votre chemin en direction du sud sur l'autoroute A2-E1-E90. Quelque 35 km plus loin, une jonction d'autoroute vous mènera jusqu'au centre de Setúbal.

Pour **Palmela**, après avoir accédé au Ponte de 25 de Abril, poursuivez votre route en direction du sud sur l'autoroute A2-E1-E90. Environ 37 km plus loin, à l'embranchement pour Setúbal, empruntez la sortie située immédiatement à votre droite afin de rejoindre la N252 en direction du sud. Moins de 1 km plus loin, prenez la N379 en direction de l'ouest. Palmela se trouve alors à 1 km.

En train à partir de Lisbonne

Pour **Cascais et Estoril**, des départs s'effectuent chaque jour aux demi-heures. Départ de la station Cais do Sodré, sur le quai à l'ouest de la Praça do Comércio. Durée : environ 30 min pour Estoril et 40 min pour Cascais. Prix : 185 ESC.

Pour **Setúbal**, bien que cette ville soit accessible par train, l'usage de ce type de transport n'est pas vraiment pratique car il n'y a pas de ligne directe à partir du centre-ville. En effet, il est nécessaire de prendre la navette fluviale (Estacão Fluvial Sul e Sueste) partant de la Praça do Comércio afin de rejoindre de l'autre côté du fleuve la station de Barreiro, une localité de la banlieue de la capitale, d'où partent les lignes de chemin de fer pour le sud du pays.

Pour **Queluz** et **Sintra**, plusieurs départs quotidiens figurent à l'horaire. Départ de la station du Rossio aux 20 min. Durée du trajet : environ 30 min pour Queluz et 45 min pour Sintra. Prix : 155 ESC pour Queluz et 185 ESC pour Sintra.

En autocar à partir de Lisbonne

Pour **Cascais, Estoril, Queluz** et **Sintra,** en raison de la très bonne liaison ferroviaire entre la capitale et ses villes, le transport en train s'avère nettement plus rapide et moins coûteux. Pour **Cabo da Roca,** il n'y a pas de liaison directe au départ de la capitale, mais un service journalier est proposé entre Sintra, Cabo da Roca et Cascais.

Notez toutefois qu'il n'y a pas de liaisons ferroviaires entre les localités d'Estoril-Cascais et de Queluz-Sintra. Pour les personnes qui désirent explorer cette magnifique région, la compagnie d'autocars Stagecoach propose un billet unique d'une journée *(1 200 ESC)* qui vous permettra de visiter plusieurs localités. Ainsi en prenant la ligne n° 403 de la société Stagecoach par exemple, vous pourrez vous rendre en une journée de Cascais à Sintra, en passant par l'impressionnant Cabo da Roca, au moyen d'un seul billet. De nombreuses autres liaisons existent également entre Sintra, Cascais et Estoril.

Stagecoach Portugal
Rua Capitão Rey Vilar n° 383
Alvide, 2750 Cascais
☎ 486 76 81
≈ 486 81 68

Setúbal et Palmela sont desservies par plusieurs compagnies d'autocars, et de nombreux départs se font chaque jour au départ du Campo das Cebolas, à proximité de la Casa dos Bicos. En voici quelques-unes effectuant le trajet :

Agência Frota Azul
100 Rua da Alfândega
☎ 87 93 24

Agência Resende
20 A Rua dos Bacalhoeiros
☎ 87 48 71

Agência Caima
15 Rua dos Arameiros
☎ 886 45 48

Pour vous rendre à la **Costa da Caparica**, la plage la plus proche de la ville, de la Praça Marquês de Pombal, prenez le bus n° 75 de la société d'État Carris. Il vous mènera directement à proximité de la plage par l'impressionnant Ponte 25 de Abril pour la modeste somme de 480 ESC (demandez un billet *1 Dia-Praia*). Un forfait familial *4 PAX* (pour 4 personnes) est également disponible au prix de 1 440 ESC.

LES ASSURANCES

Annulation

Cette assurance est normalement offerte par l'agent de voyages au moment de l'achat du billet d'avion ou du forfait. Elle permet le remboursement du billet ou forfait dans le cas où le voyage devrait être annulé en raison d'une maladie grave ou d'un décès. Les gens n'ayant pas de problèmes de santé ont peu de chance d'avoir à recourir à une telle protection. Elle demeure par conséquent d'une utilité relative.

Vol

La plupart des assurances-habitation au Canada protègent une partie des biens contre le vol, même si celui-ci a lieu à l'étranger. Pour réclamer, il faut avoir un rapport de police. Comme tout dépend des montants couverts par votre police d'assurance-habitation, il n'est pas toujours utile de prendre une assurance supplémentaire.

Les visiteurs européens, pour leur part, doivent vérifier que leur police protège leurs biens à l'étranger, car ce n'est pas automatiquement le cas.

Au Portugal, le vol dans les voitures est particulièrement fréquent; donc, ne manquez pas de suivre nos conseils de la page 75.

Vie

Plusieurs compagnies aériennes offrent une assurance-vie incluse dans le prix du billet d'avion. D'autre part, beaucoup de voyageurs disposent déjà d'une telle assurance; il n'est donc pas nécessaire de s'en procurer une supplémentaire.

Maladie

Sans doute la plus utile pour les étrangers, l'assurance-maladie s'achète avant de partir en voyage. La couverture de cette police d'assurance doit être la plus complète possible, car à l'étranger le coût des soins peut s'élever rapidement. Au moment de l'achat de la police, il faudrait veiller à ce qu'elle couvre bien les frais médicaux de tout ordre, comme l'hospitalisation, les services infirmiers et les honoraires des médecins (jusqu'à concurrence d'un montant assez élevé, car ils sont chers). En outre, il peut arriver que vous ayez à débourser le coût des soins en quittant la clinique. Il faut donc vérifier ce que prévoit la police dans ce cas. Durant votre séjour, vous devriez toujours garder sur vous la preuve que vous avez contracté une assurance-maladie, ce qui vous évitera bien des ennuis si par malheur vous en aviez besoin.

LA SANTÉ

Généralités

Aucun vaccin n'est exigé pour entrer au Portugal. Les services de santé y sont excellents. On rapporte beaucoup de cas de sida. Bien sûr, comme partout ailleurs, il existe aussi des cas de maladies vénériennes. Il est donc sage d'être prudent à cet égard.

Le soleil

Le soleil, bien qu'il procure des bienfaits, entraîne de nombreux petits ennuis. Apportez toujours une crème solaire qui protège des rayons nocifs du soleil. Une trop longue période d'exposition pourrait causer une insolation (étourdissement, vomissement, fièvre...). Les premières journées surtout, il est nécessaire de bien se protéger et de ne pas prolonger les périodes d'exposition, car on doit d'abord s'habituer au soleil. Par la suite, il faut éviter les abus. Le port d'un chapeau et de verres fumés peut aider à contrer les effets néfastes du soleil. Souvenez-vous finalement que, pour une plus grande efficacité, il est recommandé d'appliquer la crème solaire 20 à 30 min avant de vous exposer au soleil.

La trousse de santé

Une petite trousse de santé permet d'éviter bien des désagréments. Il est bon de la préparer avec soin avant de quitter la maison. Veillez à apporter une quantité suffisante de tous les médicaments que vous prenez habituellement ainsi qu'une prescription valide au cas où vous les perdriez. Quant au reste, vous pourrez acheter tout ce qu'il vous faut sur place à l'une des nombreuses pharmacies dans les villes et souvent même dans le plus petit village.

LA SÉCURITÉ

Bien que le Portugal n'ait pas la réputation d'être un pays dangereux, les voleurs y demeurent présents, surtout dans les stations balnéaires et dans les grandes villes. À Lisbonne, dans les quartiers animés (Bairro Alto, Alcântara et Santo Amaro), soyez particulièrement vigilant en soirée. En effet, de nombreux établissements étant localisés dans des petites ruelles sombres ou à proximité de celles-ci, il n'est pas improbable de se faire voler ou même agresser, un des auteurs de ce guide l'ayant douloureusement expérimenté dans le quartier du Bairro Alto. La police étant étonnamment absente en ces lieux, nous ne pouvons que conseiller la plus grande prudence, surtout aux petites heures de la nuit. Les discothèques n'ouvrant que tard dans la nuit, si vous êtes seul, nous vous conseillons vivement l'usage du taxi pour vous y rendre et en revenir. Si, malgré ces mises en garde, vous préférez marcher, assurez-vous de rester sur des axes bien éclairés et méfiez-vous des petites impasses les bordant.

D'autre part, si vous allez à la plage dans les petits villages près du littoral, ne laissez pas vos effets personnels sans surveillance. Sachant ces endroits très fréquentés par les touristes, des voleurs professionnels y sont à l'œuvre, profitant du moindre moment d'inattention; rappelez-vous de ne rien laisser dans votre véhicule. Laissez donc tous vos objets de valeur dans un coffret de sécurité à l'hôtel.

De manière générale, une ceinture de voyage vous permettra de dissimuler une partie de votre argent, vos chèques de voyage et votre passeport. N'oubliez pas que moins vous attirez l'attention, moins vous courez le risque de vous faire voler. Enfin, il est bon d'inclure dans ses valises une photocopie de son passeport et une liste des numéros de ses chèques de voyage. Dans l'éventualité où ces papiers seraient volés, le fait d'en avoir les numéros de référence facilite l'obtention de nouveaux documents.

Vol dans les voitures

Il est difficile pour un Nord-Américain d'imaginer à quel point le risque de se faire voler des objets dans sa voiture est grand dans le sud de l'Europe. Le Portugal ne fait malheureusement pas exception, et le voyageur fera bien de prendre les précautions que nous lui recommandons.

● Ne laissez jamais votre voiture sans surveillance avec vos bagages à l'intérieur. Les voleurs peuvent agir en 5 min sans laisser aucune trace, même dans le petit village le plus reculé. Les auteurs en ont fait la désagréable expérience à Portinho, au sud de Lisbonne. Les serrures des voitures n'ont aucun secret pour les voleurs et ne vous donnent absolument aucune protection contre ces malfaiteurs professionnels.

● Surtout, ne laissez rien à la vue qui puisse laisser supposer une valeur quelconque : sacs, vestes, manteaux. On pourrait

Droits de la victime au Portugal

Sachez que tard la nuit ou au petit matin, en règle générale, la police ne se déplacera pas sur les lieux de l'agression ou à votre hôtel, à moins d'une circonstance particulièrement tragique. Vous aurez ainsi à vous rendre au bureau de police du centre-ville *(Rua Capelo nº 13, ☎ 346 61 41)*, poste qui, en théorie, a été placé là pour assister toute personne victime d'un vol ou d'une agression. En réalité, sachez que, pendant la nuit, vous ne pourrez y faire aucune déposition et que vous aurez à attendre que l'on vous conduise au poste principal, localisé dans le Chiado. Une fois rendu là, vous devrez attendre que l'on réveille le policier de service (!) afin de pouvoir faire enregistrer votre déclaration. Inutile de préciser que le réveil ne se fait pas dans la joie et que l'agent est alors peu réceptif à écouter votre témoignage. Les difficultés de communication (les policiers ne maîtrisant l'anglais que de manière très approximative et le français encore moins) feront que vous aurez à être extrêmement patient et insistant pour obtenir votre déposition. Enfin, vous ne devrez vous attendre à aucune assistance psychologique, cette dernière ne dépendant que de la sensibilité personnelle de l'agent. Finalement, après cette dure épreuve pour une victime, vous aurez à vous débrouiller tout seul pour retourner à votre hôtel. Il va sans dire que des progrès importants sont encore à accomplir au Portugal en matière de droits de la victime.

forcer la serrure en espérant qu'une veste contiendrait un porte-feuille.

● Si vous devez circuler avec des bagages dans la voiture, méfiez-vous des arrêts aux stations-service ou aux casse-croûte; essayez de placer la voiture de façon à la voir constamment. Si vous devez garer en ville, utilisez un stationnement payant et placez votre voiture à la vue du gardien.

● Laissez toujours la boîte à gants ouverte; ainsi, on n'imaginera pas que votre appareil photo s'y trouve.

D'une manière générale, laissez vos bagages à l'hôtel pour faire vos balades même si vous avez déjà quitté votre chambre. On acceptera toujours de les garder pour vous à la réception. Enfin, dites-vous que, malgré toutes vos précautions, on pourrait encore vous voler, et évitez autant que possible d'apporter des objets de valeur au Portugal.

Si malgré tous nos conseils, vous vivez la désagréable mésaventure d'un vol, n'omettez pas d'exiger un rapport en bonne et due forme de la police, qui vous sera nécessaire pour vous faire rembourser par votre compagnie d'assurances. Vous devrez cependant subir les lenteurs de la bureaucratie, et vous constaterez qu'il n'y a aucun danger de vol à la station de police : tous les policiers s'y trouvent!

LE CLIMAT

Quand visiter Lisbonne

En règle générale, le Portugal offre les avantages et les inconvénients de sa situation maritime : il pleut assez souvent, mais la température est douce, sans beaucoup d'extrêmes. Sa latitude garantit par ailleurs des jours plus longs qu'à Paris ou Montréal entre le 21 septembre et le 21 mars. On peut visiter Lisbonne à tout moment de l'année, et l'on fera son choix surtout en fonction du type de voyage que l'on projette d'y faire.

Janvier, février et mars

Disons-le tout de suite : en janvier, Lisbonne vous donnera deux fois plus de soleil que Paris ou Bruxelles et 50 % de plus que Montréal. Côté température, les Montréalais fraîchement débarqués se promèneront en t-shirt, profitant d'une température maximale moyenne de 15 °C. Les nuits lisbonnines de janvier sont modérément froides, autour de 8 °C. Pendant ce mois, Lisbonne et Porto sont pluvieuses, avec 11 jours de pluie pour la capitale. Côté plage, il n'y a pas de quoi déambuler en maillot toute la journée, d'autant plus que l'eau de l'Atlantique attire peu les baigneurs avec ses maigres 16 °C. En février et en mars, le pays connaît sensiblement le même climat qu'en janvier.

Avril et mai

Un coup d'œil aux statistiques permet de comprendre bien des choses à l'histoire et aux chansons. C'est en «avril au Portugal» que la météo change, et pour le mieux, comme lors de cette Révolution des œillets! Le mercure atteint alors en moyenne 20 °C le jour à Lisbonne et ne descend qu'à 13 °C en moyenne la nuit. Malgré ces températures clémentes, Lisbonne reçoit 60 mm de pluie sur huit jours, et, en fait, il pleut plus en avril à Lisbonne qu'à Paris. Les chansons se rendent parfois coupables de fausses représentations!

Juin

Un seul jour de pluie à Lisbonne (en moyenne, notez bien!), voilà un excellent mois pour visiter la capitale du Portugal. Surtout que les touristes n'affluent pas encore et que les températures restent très agréables, avec une moyenne des maximums autour de 25 °C à peu près partout au pays et des températures minimales entre 10 °C et 20 °C.

Juillet et août

C'est la grande période d'affluence touristique et pas forcément la plus agréable pour ceux qui n'apprécient pas les grandes chaleurs. La moyenne des températures maximales se situe autour de 28 °C pour l'ensemble du pays, avec pratiquement aucun jour de pluie sauf quatre à Porto.

Septembre et octobre

Comme en juin..., sauf que nous sommes dans l'hémisphère Nord et que nous nous dirigeons vers le jour le plus court de l'année : en octobre, il y a en moyenne quatre heures de soleil de moins par jour qu'en juin, dans tout le Portugal! Tout de même, avec près de huit heures d'ensoleillement par jour en moyenne, c'est deux fois plus qu'à Paris, Bruxelles ou Montréal!

Novembre et décembre

Partout les températures baissent, et le nombre de jours de pluie augmente. Cependant, le mercure oscillant entre 8 °C et 15 °C à Lisbonne et la pluie ne tombant qu'un jour sur trois en moyenne, on pourra très bien découvrir cette ville attachante qu'est Lisbonne.

QUOI METTRE DANS SES VALISES?

Tout dépend de la saison à laquelle vous y irez (voir ci-dessus), mais rappelez-vous que le bermuda et le short ne permettront pas toujours l'accès aux églises et aux monastères.

En règle générale, t-shirts, jeans, chemises et pantalons légers, ainsi qu'une cravate pour les soirées «huppées» constituent un bon choix. Un chandail ainsi qu'un coupe-vent ou une veste légère pour les soirées fraîches sont également conseillés, et l'indispensable parapluie est à ne pas oublier. Rappelez-vous en outre que Lisbonne bénéficie de très belles plages à proximité (Cascais, Estoril et la Costa da Caparica). Pour bien en profiter, n'oubliez pas maillot de bain, serviette de plage et lotion solaire. Enfin, les amateurs de plein air n'oublieront pas de s'équiper d'une bonne paire de chaussures de marche, la région de Sintra étant particulièrement propice à ce genre d'activité.

POSTE ET TÉLÉCOMMUNICATIONS

La poste

On peut se procurer des timbres dans les bureaux de poste, bien sûr, mais aussi dans les grands hôtels. La levée du courrier se fait partout sur une base quotidienne.

Deux grands **bureaux de poste** se trouvent dans le centre-ville :

Bureau et service de Poste automatisée
Praça dos Restauradores n° 58
lun-ven 8h à 22h
sam-dim et jours fériés 8h à 18h

Bureau principal
Praça do Comércio
Ouvert lun-ven 9h à 17h.

Les télécommunications

Le téléphone

Depuis peu, tous les numéros de téléphone dans la capitale comportent 7 chiffres, à l'exception des numéros commençant par le chiffre 60. Pour joindre le service d'information, composez le 118.

Pour téléphoner **au Portugal**, depuis le Québec, il faut composer le 011 351, l'indicatif régional, puis le numéro du correspondant. Depuis la France, la Belgique et la Suisse, il faut faire le 00 351, l'indicatif régional, puis le numéro du correspondant.

En appelant durant certaines périodes précises, vous pouvez bénéficier de réductions substantielles. Ainsi, depuis le Canada, la période la plus économique s'étend entre 18h et 9h tous les jours. En France, c'est entre 21h30 et 8h que vous économiserez, ainsi que le dimanche toute la journée. En Suisse et en Belgique, choisissez un moment entre 20h et 8h, ou faites votre appel le dimanche (toute la journée). Bien entendu, l'envoi d'une télécopie ne prend en général qu'une minute et vous coûtera beaucoup moins cher qu'une communication téléphonique. Nous avons mentionné dans ce guide tous les numéros de télécopieur des hôtels qui disposent de cet équipement pour vous permettre d'économiser.

Pour téléphoner **de Lisbonne à l'étranger**, vous n'aurez aucun mal à trouver partout des cabines fonctionnant avec des pièces de monnaie ou avec des cartes d'appels. D'autre part, la société Portugal Telecom dispose d'un bureau localisé sur le Rossio *(Praça Dom Pedro IV nº 68, côté nord-ouest de la place, à côté du disquaire Valentim de Carvalho)*, qui a l'avantage d'être ouvert tous les jours, de 8h à 23h. Vous pourrez y téléphoner et vous procurer des *cartões telefónicos* (cartes de téléphone) *(875 ESC pour 50 unités ou 2 100 ESC pour 120 unités)*.

Pour joindre le Canada depuis le Portugal, il faut composer le 001, l'indicatif régional et finalement le numéro du correspondant. Pour téléphoner en France, composez le 00 33, puis le numéro à 10 chiffres du correspondant en omettant le premier zéro. Pour téléphoner en Belgique, composez le 00 32, puis le numéro du correspondant. Pour appeler en Suisse, faites le 00 41 et le numéro du correspondant.

La plupart des hôtels facturent des frais d'appel beaucoup plus élevés que ceux réellement pratiqués par la société de téléphone portugaise. Vous pouvez donc économiser en téléphonant d'une cabine (voir ci-dessus), ou mieux, pour les Canadiens, les Français ou les Belges, en utilisant Canada Direct, France Direct ou Calling Card pour la Belgique. Le prix de la communication facturée par Canada Direct sera équivalent au prix facturé pour les appels du Canada vers le Portugal, plus les frais d'utilisation de la carte d'appels. Quant au prix de la communication facturé par France Direct ou par Belgacom, il sera légèrement plus élevé que celui facturé pour une communication de la France ou de Belgique vers le Portugal, mais moins élevé que le prix demandé par les hôteliers.

Pour les Canadiens, avec votre carte d'appels, composez le numéro sans frais au Portugal : ☎ 05 017 1226.

Pour les Français, avec votre carte «pastel» internationale ou en appelant en PCV, composez le numéro sans frais au Portugal : ☎ 0505 00 33.

Pour les Belges, avec votre Calling Card, composez le ☎ 0505 323 996# +votre numéro d'identification personnel (soit votre numéro de téléphone) suivi du # + votre code confidentiel suivi du #+ l'indicatif régional suivi du # + le numéro du correspondant suivi du #.

L'Internet

Pour un accès Internet au Portugal, contactez Telepac, la filiale de Portugal Telecom. Un service qui donne accès au Net pour 30 heures sur deux mois est proposé pour 6 900 esc. Ce qui est avantageux, c'est que Telepac offre des numéros d'accès locaux dans la plupart des villes du pays, ce qui évite les frais de communications interurbaines. Pour joindre Telepac, contactez le service commercial au ☎ 0800 200 079 ou par courrier électronique au internet.clientes@mail.telepac.pt. Telepac offre un support technique de qualité au ☎ 790 70 70. Normalement, vous devrez vous déplacer pour obtenir vos nom d'usager et mot de passe au siège social de Portugal Telecom *(Avenida Fontes Pereira Melo, Edifício Forum, 1 000 Lisboa, ☎ 314 25 27 ou 352 22 92, Métro Picoas).*

Évidemment, on peut aussi envoyer du courrier, et parfois aussi en recevoir, depuis différents cafés Internet mentionnés dans ce livre ou aux bureaux de Portugal Telecom mentionnés plus haut.

Quelques sites Internet

Sites de recherche portugais : www.cidadevirtual.pt
http//:cusco.viatecla.pt
www.ip.pt/top5
www.sapo.pt

Répertoire téléphonique
de Telecom (pages blanches) : telepac.pt

Cliquez ensuite sur l'icône du service 118.

LES SERVICES FINANCIERS

La monnaie

La devise locale est l'escudo (ESC; au Portugal, on utilise aussi parfois le signe $).

Au moment de mettre sous presse, les taux de change de l'escudo étaient les suivants :

Taux de change

10 ESC = 0,080 $CAN	1 $CAN = 125 ESC
10 ESC = 0,058 $US	1 $US = 172 ESC
10 ESC = 0,18 FF	1 FF = 28,6 ESC
10 ESC = 0,032 FB	1 FB = 5,125 ESC
10 ESC = 0,078 FS	1 FS = 133 ESC
10 ESC = 8,56 PES	I PES = 1,17 ESC
10 ESC = 994,48 LIR	1 LIR = 0,01 ESC

Afin de faciliter l'utilisation de ce guide une fois sur place, tous les prix indiqués sont en escudos.

Les banques

C'est dans les banques que l'on obtient généralement les meilleurs taux lorsqu'il s'agit de convertir des devises étrangères en escudos. Les heures d'ouverture de la majorité des institutions bancaires se lisent comme suit : du lundi au vendredi de 8h30 à 15h.

Les cartes de crédit et les chèques de voyage

Les cartes Visa et MasterCard (ou Eurocard) sont les plus reconnues. Il convient cependant de ne rien prendre pour acquis et de s'informer.

L'utilisation des chèques de voyage ne pose généralement pas de problème.

Par ailleurs, la plupart des guichets automatiques acceptent vos cartes Visa et MasterCard; de légers frais vous seront facturés (2 $ au Canada), mais on vous consentira en général un meilleur taux de change que dans les banques et bureaux de change. De plus, vous n'aurez pas à attendre, et les guichets automatiques fonctionnent tous les jours, du matin au soir!

 MAGASINAGE

Les amateurs de magasinage trouveront un peu partout dans la ville des produits artisanaux : tapis, poterie, cuir, céramique.

Évidemment, on aura maintes occasions de trouver des azulejos à l'unité. En dehors de ces articles propres au Portugal, il semble que les bonnes affaires se restreignent aux chaussures et aux articles de cuir. Les vins peuvent constituer un cadeau agréable à rapporter, particulièrement le porto. Cependant, on paiera au Portugal sensiblement le même prix qu'à Paris, et un peu moins cher qu'à Montréal.

Un peu partout dans le pays, mais surtout à Lisbonne, on trouvera une foison d'antiquaires et d'ébénistes. Leur boutique ravira les amateurs d'arts décoratifs.

Un nombre restreint de boutiques sont affiliées au système Tax Free For Tourists, qui permet à ceux qui quittent le territoire de la Communauté économique européenne de se faire rembourser la taxe sur les achats qu'ils rapportent avec eux. Lors de votre achat, un chèque Tax Free représentant la valeur de vos achats vous sera remis par le commerçant. Pour avoir droit au remboursement de la taxe, il faut que le montant total de l'achat soit supérieur à 11 700 ESC, et ce dans la même boutique. De plus, pour être valable, il faut que le chèque soit estampillé lors de votre passage à la douane, à l'intérieur des 90 jours suivant la date d'achat. Le comptoir de remboursement des taxes (Tax-Free Cash Refund) se trouve dans la zone internationale.

Il existe par ailleurs un système général de détaxe pour les non-résidents de la Communauté économique européenne. On obtient de l'information auprès de la Direction Générale des Contributions et Impôts, Serviço de Administração do IVA, Avenida João XXI, 76, 1000 Lisboa, ☎ 1 793 66 73.

JOURS FÉRIÉS ET CALENDRIER DES ÉVÉNEMENTS

Jours fériés

1er janvier	Jour de l'An
Variable	Mardi gras
Variable	Vendredi saint
Variable	Pâques
25 avril	Fête de la Liberté
1er mai	Fête du Travail

Variable	Corpus Dei
10 juin	Fête nationale
15 août	Assomption
5 octobre	Fête de la République
1er novembre	Toussaint
1er décembre	Restauration de l'Indépendance
25 décembre	Noël

 HÉBERGEMENT

La structure hôtelière diffère beaucoup d'une région à l'autre. Dans les métropoles que sont Lisbonne et Porto, on trouve des lieux d'hébergement de tous les types et pour tous les budgets, sauf le «logement chez l'habitant», coutume peu répandue dans les villes. Dans les régions riches en sites historiques, on trouvera généralement des *pousadas* (voir plus bas).

Au Portugal, l'hébergement «petit budget» ne représente pas toujours une très bonne valeur par rapport au prix qu'il faut payer. Par contre, dès que l'on accepte de payer un peu plus, aux environs de 8 000 ESC à 12 000 ESC, on trouve un lieu d'hébergement très confortable, offrant beaucoup de charme et un excellent rapport qualité/prix. **Le petit déjeuner est toujours compris dans le prix de la chambre.** Dans les très rares cas où il ne l'est pas, nous l'avons indiqué.

Les saisons ont une grande influence sur les prix. Vous trouverez plus bas les saisons tarifaires du réseau des *pousadas*. En combinant ces données avec nos explications sur le climat, vous pourrez trouver la période optimale pour vos vacances.

Le réseau de *pousadas*

Les *pousadas* (ou *posadas*) sont des établissements d'État gérés par l'ENATUR. On en rencontre trois types bien distincts. D'abord, les *pousadas* classées en monuments nationaux, au nombre de 14, les plus spectaculaires, ont été créées au sein même d'un bâtiment patrimonial, comme celles de Queluz, de Setúbal ou de Palmela. Si vous ne pouvez y loger, ne manquez pas d'y prendre un verre ou un repas. On trouve ensuite les *pousadas* situées dans des lieux historiques. Au nombre de huit, leur bâtiment est alors plus récent, mais il se trouve dans le périmètre immédiat de bâtiments patrimoniaux, comme la *pousada* de Batalha. Enfin, les *pousadas* régionales, au nombre de 21, sont en général très bien situées, souvent en pleine nature, jouissant de vues exceptionnelles. Elles permettent, par leur emplacement judicieux, de visiter tout le pays dans ses moindres recoins en offrant toujours la possibilité d'un hébergement de qualité.

Dans les environs immédiats de Lisbonne, couverts par ce guide, vous trouverez trois *pousadas*, soit celles de Queluz, Setúbal et Palmela. Au point de vue des tarifs, quatre catégories de prix ont été établies. En général, les *pousadas* régionales sont les moins chères. Par ailleurs, le réseau des *pousadas*, comme le font beaucoup d'hôteliers au Portugal, affiche trois tarifs différents selon les saisons :

Basse saison : du 1er novembre au 31 mars.

Moyenne saison : du 1er avril au 30 juin et du 1er au 31 octobre.

Haute saison : du 1er juillet au 30 septembre.

En basse saison, les tarifs pour une chambre à occupation double varient entre 10 300 et 18 000 ESC, en moyenne saison de 13 800 à 23 500 ESC, et en haute saison de 15 000 à 28 500 ESC. Comme pour la grande majorité des hôtels au Portugal, ces prix incluent le petit déjeuner. Un lit supplémentaire coûtera entre 3 200 et 8 500 ESC. Quant aux suites, comme celle de la tour du donjon d'Obidós, elles peuvent atteindre 48 500 ESC.

Toujours est-il que vous trouverez dans les *pousadas* un hébergement de grande qualité avec en plus un cachet unique, en raison d'une décoration influencée par les traditions régionales, d'un environnement soigné et d'une architecture en général très élégante. Dans la grande majorité des cas, le personnel pourra vous servir en français.

Côté repas, si l'on a su donner à chaque *pousada* une originalité dans sa décoration, on a moins bien réussi pour ce qui est de la restauration. On vous proposera des spécialités régionales; pourtant, après plusieurs repas dans une *pousada*, il vous semblera que l'on y répète toujours les mêmes gestes et que l'on y trouve toujours le même chariot de pâtisseries avec ses desserts aux œufs et au sucre. Ou encore, on propose parfois des plats vraiment originaux, mais, à 5 000 ESC l'assiette, le rapport qualité/prix n'y est plus. Toutefois en raison même de leur cadre exceptionnel, les salles à manger étant presque toutes de petits joyaux architecturaux, nous vous recommandons chaudement d'y prendre au moins une fois un repas lors de votre séjour au Portugal.

Le réseau des *pousadas* est une des grandes richesses touristiques du Portugal, et nous ne saurions trop vous recommander d'en profiter. Plusieurs ne disposant que de peu de chambres (parfois aussi peu que six), les réservations sont vivement recommandées.

Pour plus de renseignements sur les *pousadas* :

ENATUR
Avenida Santa Joana Princesa, 10
1749 Lisboa Codex
☎ 1-848 90 78, 848 12 21 ou 848 46 02
≉ 1-840 58 46 ou 848 43 49
Internet : www.pousadas.pt

Les hôtels

Lisbonne compte de nombreux hôtels de luxe, et quelques-uns ont un charme extraordinaire, tel l'hôtel Lapa ou le York House, ou encore, dans les environs de la capitale, le Quinta da Capela, mais beaucoup n'ont de luxe que leurs tarifs. Dans ce guide, pour chaque hôtel, nous avons décrit les avantages et désavantages de chacun d'entre eux en écarta soigneusement les établissements où le rapport qualité/prix inintéressant.

Residencial et *pensão*

Ces deux appellations réfèrent en fait à toute u
d'établissements, des plus économiques à ceux pr
prix moyens. À Lisbonne, les logements «petit bud
souvent à désirer en terme de confort et surtou
charme. Bien que nombreux, dans le présent g

sommes restreint à ne décrire que ceux qui offrent un minimum de services. La plupart des *residencais* et *pensões* à prix économique n'offrent en effet pas de rapport qualité/prix intéressant. Pour 1 000 ou 2 000 ESC de plus, il est souvent possible d'obtenir beaucoup mieux.

Le camping

Bien qu'on trouve au Portugal de nombreux terrains de camping, ces derniers sont plus limités en nombre dans les environs immédiats de la capitale. Vous trouverez toutes les coordonnées de ceux-ci dans la section «Hébergement» de chacun des chapitres.

RESTAURANTS ET GASTRONOMIE

Malgré le nombre infini d'établissements dont dispose Lisbonne, force est de constater que trop souvent les mêmes plats sont affichés au menu des restaurants. En dehors de Lisbonne, la situation est encore plus flagrante, les mets proposés se résumant alors à quelques plats dont l'éternel *bacalhau*. Nous nous sommes donc efforcé de rechercher pour vous tout ce qu'il pouvait y avoir d'original, sachant qu'après quelques jours où vous aurez consommé de la morue midi et soir vous nous en sauriez gré. Autre particularité, malgré les grandes découvertes, les Portugais semblent s'être peu intéressés aux cuisines exotiques, et, en comparaison d'autres capitales européennes, trouve aujourd'hui encore très peu de restaurants ethniques tugal.

rtugaise régionale recèle pourtant une très grande comme l'illustre l'excellent livre de Jean-Pierre Palla, publié aux Éditions du Laquet (1995),

cafés appliquent parfois des tarifs nsommez debout au bar, assis à e. Ce qui semble naturel aux prenant pour les Européens du Nord-Américains. Si vous désirez vous réveiller rapidement, prenez-le donc debout au bar. Vous participerez d'ailleurs ainsi à une tradition bien latine.

En règle générale, les heures de service dans les restaurants s'étendent de midi à 14h et de 19h à 22h. Le soir, dans les environs de Lisbonne, il faut faire particulièrement attention à ne pas se rendre au restaurant trop tard, sous peine de devoir se contenter d'un sandwich dans un café. Au centre-ville, on pourra trouver quelques endroits où se restaurer tard en soirée.

Classification des restaurants

$	moins de 1 600 ESC
$$	de 1 600 ESC à 3 200 ESC
$$$	de 3 200 ESC à 5 000 ESC
$$$$	de 5 000 ESC à 7 000 ESC
$$$$$	plus de 7 000 ESC

Service et tarifs

Partout, le service est compris dans le prix : restaurant, hôtel, taxi. Cependant, au restaurant, vous pourrez laisser entre 5 % et 10 % de l'addition lorsque vous jugez avoir bénéficié d'un service exceptionnel. Voilà une façon d'encourager les sourires et la gentillesse, qui sont malheureusement trop rares dans les restaurants du Portugal.

 SORTIES

On trouve de tout à Lisbonne, et, dans cette métropole, les nuits de fin de semaine ne semblent devoir jamais prendre fin (lire aussi la section «Sécurité», p 74). Ailleurs cependant, sauf en haute saison dans les stations balnéaires, on devra se résoudre à se coucher tôt ou à lire tout ce qu'on a voulu lire pendant l'année.

La vie gay au Portugal

Société profondément conservatrice, peu ouverte aux idées nouvelles, la population portugaise ne fait pas la vie facile à sa composante gay. On peut au moins se consoler du fait que l'absence de lieux gays en région est plus le fait de l'ignorance que le fait de l'intolérance comme c'est parfois le cas en France régionale. D'autre part, on peut se consoler du fait qu'il ne semble pas y avoir de violence dirigée contre les gays.

Depuis quelques années, il existe un noyau de militants gays qui luttent contre la discrimination et pour une meilleure acceptation des personnes ouvertement gays. En effet, l'International Gay & Lesbian Association comporte en son sein une section portugaise (www.ilga-portugal.org). Cette association organise entre autres un festival du film gay et lesbien à Lisbonne en septembre, dont la première édition a eu lieu en 1997. C'est aussi en 1997 qu'eut lieu le premier rassemblement pour la fierté gay au pays, le 28 juin, au Jardim do Principe Real, qui regroupa 3 000 personnes.

Bien entendu, dans la foulée de toute l'animation nocturne que connaît Lisbonne, et à un moindre niveau Porto, on trouve plusieurs boîtes gays ou mixtes; les boîtes les plus en vue se targuent d'ailleurs d'être fréquentées par les gays. Cependant, à l'aube, tout le monde rentre bien dans les rangs dans les milieux professionnels, dans les familles, en un mot dans le moule hétérosexuel imposé par la société. La nuit n'est plus alors qu'un leurre, et il faudra sans doute encore bien des années pour que cette minorité invisible puisse afficher au grand jour sa différence et participer pleinement à la construction d'une société sans discrimination.

Quelques publications et magazines gays :

Trivia : journal mensuel d'information
Revista Lilás : revue qui s'adresse aux lesbiennes

Quelques associations :

ILGA-Portugal-Associação LesBiGay
Apartado 21281
1131 Lisboa Codex

Associação Abraço
Travessa do Noronha nº 5, 4ᵉ étage
1200 Lisboa
☎ 603 835 ou 395 79 21

Quelques liens :

Ilga
www.ilga-portugal.org

Portugal Gay
http://ip.pt/~ip001704

DIVERS

Clubs sportifs

De nombreux clubs sportifs existent au Portugal, et il n'est un secret pour personne que les Portugais sont de grands amateurs de football. Pour le touriste qui désire se maintenir en forme durant son séjour à Lisbonne, les choses sont cependant moins aisées, car peu d'infrastructures existent encore à ce jour pour les accueillir. Vous trouverez ci-dessous quelques adresses de clubs où vous pourrez pratiquer divers sports, malheureusement pour un prix prohibitif quant aux services fournis.

Clube de Ginásio
Piscine, volley-ball, aérobie, danse.
Rua das Portas de Santo Antão, nº 110-124
Accès à la piscine 800 ESC ou abonnement mensuel à 7 500 ESC.

Clube de Ginásio Português
Aérobie, musculation, escrime, yoga, judo, aïkido, danse
1, Praça do Ginásio Português
☎ 385 60 45 ou 385 60 49

Squash Soleil
Squash, natation, musculation, gymnastique
Au rez-de-chaussée du Centro Commercial Amoreiras.

Accès à la piscine 1 700 ESC par séance ou forfait pour 10 séances 15 300 ESC.
☎ 383 29 07 ou 383 29 08

Centro Viva em Forma
Lisboa Sheraton Hotel
Natation, musculation, gymnastique
Rua Latino Coelho n° 1
Accès aux appareils de musculation 1 200 ESC par séance ou forfait pour 10 séances 10 800 ESC.
☎ 314 73 53

O Ginásio Holiday Inn
Gymnastique, natation, musculation
Avenida António José de Almeida n° 28-A, 11e étage
Accès à la piscine et au gymnase 1 500 ESC par séance.
☎ 793 52 22, poste 1184

Décalage horaire

En hiver, le Portugal vit à la même heure que la France, et le décalage est de six heures avec le Québec. Quand il est midi à Montréal, il est 18h à Lisbonne. À l'été 1996, le Portugal a cessé d'appliquer l'heure d'été. En été, il y a donc une heure de décalage entre la France et le Portugal, et cinq heures entre le Québec et le Portugal.

Électricité

Les prises électriques sont de type ronde et fonctionnent à une tension de 220 volts (50 cycles). Les voyageurs nord-américains doivent se munir d'un adaptateur et d'un convertisseur.

Femme seule

Une femme voyageant seule ne devrait pas rencontrer de problèmes. En général, les hommes sont respectueux des femmes. Bien sûr, un minimum de prudence s'impose; par exemple, évitez de vous promener seule dans des endroits mal éclairés (voir aussi p 74).

La langue

Latine au même titre que l'italien et l'espagnol, elle semble incompréhensible au premier abord pour les francophones, pas tellement lorsqu'on la lit mais surtout lorsqu'on l'entend. Et pourtant! Il ne faut connaître qu'un ensemble de repères dans la prononciation et un certain nombre de décalages systématiques quant à l'espagnol pour arriver à la parler, au point de se faire dire «*O senhor fala muito bem português*». Comme dans tous les pays, voyager au Portugal en connaissant quelques rudiments de la langue nationale amplifie le plaisir de la découverte. Il est sûr par ailleurs que la langue révèle beaucoup du caractère d'un peuple et de son bagage culturel.

On dit souvent du portugais qu'il s'agit d'une langue ancienne. Peut-être que l'éloignement et le conservatisme l'ont en effet gardé proche de ses origines latines. On constate par ailleurs que cette langue présente beaucoup de ressemblances avec l'occitan parlé encore dans le sud de la France.

Partout en Europe, lundi est le jour de la Lune (lundi, *Monday*, *Montag*, *lunedi*...), et tous les autres jours rappellent une planète..., sauf au Portugal. L'Église, pourchassant les références païennes, a depuis des siècles imposé une façon de dire les jours qui s'oriente autour du dimanche. C'est ainsi que «dimanche» se dit *domingo*, puis «lundi» *segunda feira* (le deuxième de la fête), «mardi» *terceira feira*, etc. Cette coutume est probablement ce qui déroute le plus le voyageur : à la porte d'une musée ouvert du lundi au vendredi, on verra «*seg-ses 9h - 17h*» ou encore «*2⁰ - 6⁰ 9h - 17h*»!

Nous avons inclus à la fin de ce guide une introduction à la prononciation du portugais et un court lexique. Pour vous faire l'oreille, vous pouvez, avant votre voyage, ressortir vos disques de João Gilberto même si la prononciation brésilienne diffère un peu, ou encore écouter la radio portugaise à Paris ou Radio Centre-Ville à Montréal.

Poids et mesures

Le système métrique est en vigueur au Portugal.

Police et numéro d'urgence

Le numéro d'urgence à composer est le **115**; un préposé vous indiquera les démarches à suivre.

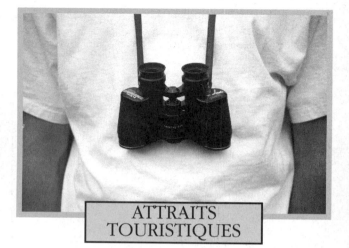

ATTRAITS TOURISTIQUES

 ituée à l'embouchure du Tage, la ville de Lisbonne borde ce majestueux fleuve sur près de 16 km.

Étendu sur la rive la plus escarpée, son quartier historique, comprenant le Castelo et l'Alfama, se concentre au sommet et sur le flanc de l'une des sept collines (São Viçente, Santo André, Castelo, Santana, São Roque, Chagas et Santa Catarina) qui forment le noyau de la ville. Le centre-ville, quant à lui, se partage entre les quartiers dits «haut» et «bas». Au niveau administratif, la capitale est divisée en 53 *freguesias*, chacun de ces «quartiers» portant un nom : Lapa, Sé, Graça, São Mamede, etc. Tandis qu'au nord la banlieue s'étale jusqu'à l'aéroport, localisé à 8 km du centre-ville, du côté ouest de la rive, la ville se prolonge jusqu'à la municipalité de Belém, ancien avant-port de la ville et banlieue royale. À mi-chemin entre ces quartiers, le Ponte 25 de Abril relie les deux rives du Tage depuis 1966. Au nord-est, la ville s'ouvre sur de nombreux quais, lieux où se regroupaient récemment encore de nombreuses usines et raffineries. Ayant fait l'objet d'une complète restructuration, cette zone accueille aujourd'hui l'Exposition mondiale de Lisbonne, EXPO 98.

Vous trouverez ci-dessous quelques propositions d'attraits classifiés selon le temps ainsi que selon divers intérêts :

Visite «éclair»

● Le **Castelo** (p 107), le **Mosteiro dos Jerónimos** et l'**Igreja Santa Maria** (p 152) et la **Torre de Belém** (p 155).

Si vous disposez de 2 à 3 jours

● Amateur d'églises, ne manquez pas l'**Igreja Santa Maria** (p 152) et l'**Igreja da Madre de Deus** (p 117).

● Amateur de musées, ne manquez pas le **Museu Calouste Gulbenkian** (p 131).

● Amateur de plein air, ne manquez pas le **Parque da Pena** (p 195).

● Amateur de palais, ne manquez pas le **Palácio Nacional de Sintra** (p 169).

● Amateur d'azulejos, ne manquez pas le **Museu Nacional do Azulejo** (p 116) et l'**Igreja e Mosteiro de São Vicente da Fora** (p 114).

● Amateur de «style manuélin», ne manquez pas le **Mosteiro dos Jerónimos** (p 152) et la **Torre de Belém** (p 155).

Si vous disposez de 3 à 5 jours

● Amateur d'églises, ne manquez pas l'**Igreja Santa Maria** (p 152), l'**Igreja São Roque** (p 124), l'**Igreja da Madre de Deus** (p 117) et la **Sé Patriarcal** (p 106).

● Amateur de musées, ne manquez pas le **Museu Calouste Gulbenkian** (p 131), le **Museu Nacional de Arte Antiga** (p 146), le **Museu Nacional dos Coches** (p 149).

● Amateur de plein air, ne manquez pas le **Parque da Pena** (p 195), le **Parque de Monserrate** (p 196), le **Castelo dos Mouros** (p 174) et la **Serra da Arrábida** (p 198).

artez à la découverte du Chiado grâce à l'Elevador de Santa Justa. - Câmara Municipal de Lisboa

La Sé, cathédrale fortifiée de Lisbonne. - Tibor Bognár

Lisboa, «Fille du Tage». - T.B.

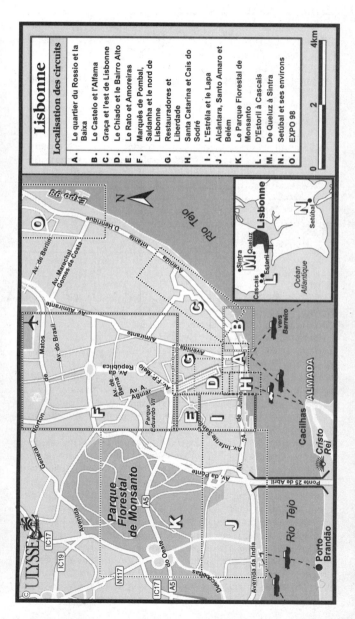

Lisbonne
Localisation des circuits

A. Le quartier du Rossio et la Baixa
B. Le Castelo et l'Alfama
C. Graça et l'est de Lisbonne
D. Le Chiado et le Bairro Alto
E. Le Rato et Amoreiras
F. Marquês de Pombal, Saldanha et le nord de Lisbonne
G. Restauradores et Liberdade
H. Santa Catarina et Cais do Sodré
I. L'Estrêla et le Lapa
J. Alcântara, Santo Amaro et Belém
K. Le Parque Florestal de Monsanto
L. D'Estoril à Cascais
M. De Queluz à Sintra
N. Setúbal et ses environs
O. EXPO 98

● Amateur de palais, ne manquez pas le **Palácio Nacional de Sintra** (p 169), le **Palácio da Pena** (p 195) et **Palácio Nacional de Queluz** (p 163).

● Amateur d'azulejos, ne manquez pas le **Museu Nacional do Azulejo** (p 116), l'**Igreja e Mosteiro de São Vicente da Fora** (p 114), le **Pavilhão dos Desportos** (p 131) et la façade du magasin **Viúva Lamego** (p 301).

● Amateur de «style manuélin», ne manquez pas le **Mosteiro dos Jerónimos** (p 152), l'**Igreja de la Conceição Velha** (p 105), la façade de l'**Estação do Rossio** (p 100) et la **Torre de Belém** (p 155).

CIRCUIT A : LE QUARTIER DU ROSSIO ET LA BAIXA

Voir carte p 99.

La visite de Lisbonne débute au cœur de la ville sur le **Rossio ★ (1)**, également appelé Praça de Dom Pedro IV en l'honneur du premier souverain du Brésil. Cette place, dont l'existence est connue depuis le XIIIᵉ siècle, doit sa configuration actuelle au célèbre marquis de Pombal. Aujourd'hui, magasins, banques, hôtels et cafés bordent cette *praça* où circulent à toute heure piétons et automobilistes dans un bruit incessant. Prenez le temps d'en faire le tour car elle est bordée de quelques jolies boutiques. Ainsi au nº 21 de la place (côté ouest), n'hésitez pas à pénétrer dans l'étroite tabagie **Tabacaria Mónaco** afin d'y admirer son joli décor intérieur. Un plafond garni de belles fresques y surplombe un élégant comptoir en bois foncé. Tout près, au nº 23, l'amusante petite façade de style Art nouveau du **Café Nicolas** mérite également un coup d'œil. Au moment de mettre sous presse cependant, le célèbre établissement était fermé pour restauration, et des travaux d'embellissement de la façade étaient en cours. Plus loin encore, du côté sud de la place, aux nᵒˢ 7-9, une **bijouterie** aux élégants lettrages annonçant *Joias* et *Pratas* séduit les passants par sa façade du plus pur style Art nouveau. Ensuite, n'hésitez pas à passer sous l'arche (Arco do Bandeira) qui se dresse à côté de la bijouterie afin de vous rendre brièvement dans la Rua dos Sapateiros. Du côté droit de la rue, au nº 229,

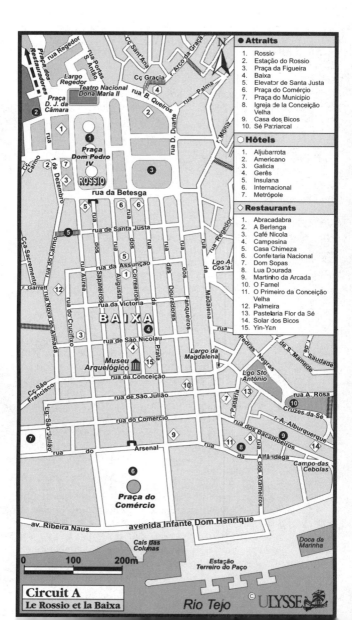

● **Attraits**

1. Rossio
2. Estação do Rossio
3. Praça da Figueira
4. Baixa
5. Elevator de Santa Justa
6. Praça do Comércio
7. Praça do Município
8. Igreja de la Conceição Velha
9. Casa dos Bicos
10. Sé Patriarcal

○ **Hôtels**

1. Aljubarrota
2. Americano
3. Galicia
4. Gerês
5. Insulana
6. Internacional
7. Metrópole

◇ **Restaurants**

1. Abracadabra
2. A Berlenga
3. Café Nicola
4. Campesina
5. Casa Chimeza
6. Confeitaria Nacional
7. Dom Sopas
8. Lua Dourada
9. Martinho da Arcada
10. O Farnel
11. O Primeiro da Conceição Velha
12. Palmeira
13. Pastelaria Flor da Sé
14. Solar dos Bicos
15. Yin-Yan

Circuit A
Le Rossio et la Baixa

Rio Tejo   © ULYSSE

vous pourrez contempler la décoration Art nouveau de la façade du *cinématografo* (aujourd'hui un cinéma porno!). Petit détail amusant en ce qui concerne les motifs géométriques qui ornent le sol du Rossio : la rumeur veut qu'on les doive à la fantaisie des prisonniers (emprisonnés autrefois dans le *castelo*), auxquels les autorités locales imposaient des travaux forcés. Les initiateurs du projet ne se doutaient probablement pas qu'une véritable mode allait s'ensuivre et que, plus tard, de nombreux trottoirs de la ville se couvriraient ainsi de ces élégants motifs.

Du côté nord de la place, vous pourrez observer le **Teatro Nacional Dona Maria II** *(programme ☎ 347 22 46 ou 347 22 47)*, de style néo-classique et datant de la première moitié du XIXe siècle. C'est à cet endroit qu'avait lieu au Moyen Âge la proclamation des autodafés. Au sommet du fronton, la statue de Gil Vicente est là pour nous rappeler qu'il fut le père du théâtre portugais. Au centre de la place, du haut de son piédestal, trône la statue du premier souverain du Brésil, Dom Pedro IV, connu dans l'histoire du Brésil sous le nom de Dom Pedro I. En ce qui la concerne, une étrange rumeur locale se répandit autrefois dans le tout Lisbonne. Pendant longtemps, en effet, on prétendit que cette statue n'était autre que la représentation de l'empereur Maximilien du Mexique, et non de celui qu'elle était censée honorer. Selon la rumeur, la statue était à l'origine destinée à être acheminée au Mexique, mais, à la suite de l'annonce de l'assassinat de l'empereur Maximilien, elle aurait été retravaillée à l'image du souverain brésilien. L'énigme devint à ce point sujet de controverse et palabres qu'un expert brésilien du nom de Stanislav Herstal décida d'escalader l'effigie afin de vérifier le fondement de la rumeur. Le constat qu'il s'agissait bien d'une représentation de Dom Pedro I mit fin une fois pour toutes à cette amusante histoire. Toujours sur la place, de part et d'autre, deux élégantes fontaines de style baroque, quant à elles bel et bien sculptées en France, complètent joliment le décor des lieux.

Accolée au Rossio, la petite **Praça João da Câmara** mérite une courte visite pour admirer la façade de l'**Estação do Rossio ★ (2)** *(à gauche du Théâtre National)*. Construite en 1887, de style néo-manuéline, elle ressemble plus à un palais qu'à une gare. Remarquez sa curieuse entrée centrale, qui semble imiter deux fers à cheval entrecroisés.

Estação do Rossio

À l'opposé de la gare et parallèle au Rossio s'étend la **Praça da Figueira ★ (3)**. Bien que cette place soit très animée elle aussi, la restriction de son accès aux bus et taxis dans sa partie nord en fait un endroit plus calme où il est bon de flâner. Elle est surtout réputée pour ses nombreux cafés-terrasses d'où s'offre aux visiteurs une belle vue sur le château. En son centre s'élève une statue représentant le Roi Dom João I, fondateur de la seconde dynastie du Portugal, celle des Avis.

Outre la présence de quelques imposants édifices de style rococo, l'attrait principal du quartier **Baixa ★ (4)** réside surtout dans son aspect commercial. Comme en témoigne leur appellation, de par le passé, certaines rues de la basse ville (Baixa) regroupaient un seul et même genre de commerce (ex. : Rua Aurea, aussi appelée Rua do Ouro, où s'affairaient jadis surtout des bijoutiers; Rua dos Sapateiros, ou «rue

La Baixa

Situé entre le Rossio et la Praça do Comércio, le quartier Baixa (quartier bas) offre la particularité de regrouper un ensemble de bâtiments disposés dans un rectangle où se croisent, à la manière d'un damier, des rues parfaitement parallèles et perpendiculaires. Cet étonnant aménagement est en quelque sorte le résultat de la terrible catastrophe de 1755. Après la destruction totale des quartiers bas de la ville par le tremblement de terre, le marquis de Pombal, aidé de trois architectes, s'attacha à reconstruire la ville avec des méthodes résolument modernes, voire révolutionnaires pour l'époque. La plupart des édifices, élevés sur trois ou quatre étages et munis d'ouvertures régulières, souvent avec balcons, illustrent ce que l'on a dénommé par la suite «le style pombalien». Lisbonne devint ainsi une des premières villes modernes d'Europe.

des cordonniers», etc.). Aujourd'hui, elles comptent un grand nombre de boutiques en tout genre, allant de la bijouterie à la pharmacie en passant par les échoppes de vêtements. Parmi ses quelques rues piétonnières, la plus agréable pour la promenade est probablement la **Rua Augusta**. Outre le fait qu'elle longe de nombreuses vitrines élégantes, elle offre avec son imposant Arco da Vitória une perspective intéressante. Perpendiculaire à celle-ci, la **Rua de Santa Justa** mérite également une visite pour son **Elevador de Santa Justa ★ (5)**. Cet étonnant ouvrage fut construit par l'ingénieur Raul Mesnier du Ponsard, qui reçut en 1899 l'autorisation de la Ville de construire et d'exploiter pendant 99 ans un ascenseur vertical afin de faciliter l'accès au Largo do Carmo. Inauguré en 1902, il sera dès 1905 loué à la société d'État Carris, qui en prendra ensuite possession en 1939. L'ascenseur se présente comme une tour métallique s'élevant dans le ciel sur environ 45 m de hauteur, surmontée d'une grande plate-forme quelque peu démesurée par rapport à sa base. À l'origine, c'est à ce dernier endroit qu'étaient installées les machines à vapeur actionnant l'ascenseur. L'élévateur, rattaché au Largo do Carmo par un pont de 25 m, permet aux Lisbonnins d'accéder en quelques minutes au quartier du Chiado (voir p 63). La tour, garnie d'une décoration néo-gothique, semble vouloir imiter un beffroi. Lors de votre ascension vers le Chiado *(150 ESC)*, rendez-vous au sommet de la plate-forme par l'escalier en colimaçon *(escalade déconseillée aux personnes sujettes au vertige)*, où vous pourrez bénéficier d'une **superbe vue** ★★ sur la ville, le château, l'Igreja do Carmo (voir p 81) et, bien sûr, le majestueux Tage. Finalement, si vous aimez vous prélasser au grand air, rendez-vous dans la petite Rua de São Nicolau : vous y trouverez plusieurs terrasses agréables.

Si vous êtes passionné d'histoire et si votre emploi du temps n'est pas restreint, n'hésitez pas à prendre rendez-vous pour une visite guidée au **Museo Núcleo Arqueológico** *(entrée libre, visite guidée seulement sur réservation; jeu 15h à 17h, sam 10h à 12h et 15h à 17h; Rua dos Correeiros n° 21, ☎ 321 17 00)*, installé au cœur même de la Baixa. Vous pourrez y voir de beaux objets anciens couvrant la période romaine jusqu'au XVIIIᵉ siècle. Un véritable plaisir pour les archéologues en herbe.

Parmi les belles places de la ville, la **Praça do Comércio** ★★ **(6)** mérite une attention toute particulière tant pour son charme que pour les nombreux événements historiques qui s'y sont déroulés. C'est à cet endroit que s'élevait, avant la catastrophe de 1755, le Paço da Ribeira (Palais de la Rive), un prestigieux palais érigé pour le roi Dom Manuel I, enrichi et modifié de nombreuses fois. Celui-ci abritait à l'époque une des plus importantes bibliothèques d'Europe. Aujourd'hui, cette grande place rectangulaire est entourée d'une série de bâtiments classiques construits au XVIIIᵉ siècle, répartis de manière symétrique et munis de galeries à arcades. La douceur du jaune pastel des édifices atténue quelque peu la rigueur architecturale du style pombalin et donne à l'ensemble une grande élégance. Ils renferment, aujourd'hui comme autrefois, divers services administratifs. Au centre de la place, on peut admirer une belle **statue équestre de Dom José I**, roi régnant au moment de la reconstruction des édifices. L'œuvre fut réalisée par le célèbre sculpteur Machado de Castro (voir aussi p 106). Vous remarquerez, aux pieds de la statue, un médaillon qui représente le ministre Pombal, rappelant ainsi de manière quelque peu ironique le rôle fondamental que joua ce dernier dans la reconstruction de la ville. Au moment de mettre sous presse, d'important travaux étaient en cours sous la place. La Ville a en effet pris l'heureuse initiative de construire un tunnel ainsi qu'un stationnement afin d'alléger la circulation sur la place, qui servait autrefois de parking. Des pavés traditionnels devraient la couvrir lors de votre visite.

Toujours sur la place, du côté nord, un imposant **Arc de triomphe** ★ de style baroque marque l'entrée de la Rua Augusta. Cet arc, qui ne fut terminé qu'en 1873, nous montre quatre personnages illustres juchés sur des piédestaux (Vasco da Gama, Nuno Alvares, le mythique Viriathe et l'incontournable Pombal) qui semblent convier les visiteurs à pénétrer de manière royale au cœur de Lisbonne. C'est près de là qu'en 1908 furent assassinés le roi Dom Carlos I ainsi que son fils héritier, Dom Luis Filipe. À l'opposé, le **Cais das Colunas** (quai aux colonnes), appelé ainsi à cause des colonnes de marbre placées de part et d'autre de l'escalier, offre une **belle vue** ★ sur le Tage avec, au loin, le pont suspendu et la statue du Christ-Roi. C'est à cet endroit que l'osmose entre le Tage et Lisboa est la plus forte, et en ces lieux aussi

Cinématografico

que le Portugal et le Monde firent connaissance. Il est agréable de venir y passer un moment car le lent mouvement des marées sur l'escalier qui s'enfonce dans le fleuve semble hésiter entre le large et la cité. Des rois s'y enfuirent, des caravelles chargées de richesses s'y amarrèrent, tel un va-et-vient constant entre la gloire et le malheur. Peut-être est-ce là qu'est née la *saudade*, la fameuse nostalgie portugaise?

Située tout près, la petite **Praça do Municipio** ★ (7) mérite une brève visite surtout pour son beau **pilori torsadé** ★, surmonté d'une **sphère armillaire** (voir encadré). Face au pilori, la massive **façade néo-classique** de l'hôtel de ville (Câmara Municipal) domine la place. La République y fut proclamée le 5 octobre 1910. Lors de notre passage, d'importants travaux de réfection étaient en cours, tant sur la place qu'à l'hôtel de ville, dont la toiture fut la proie des flammes. Si vous aimez l'Art nouveau, ne manquez pas d'admirer tout à côté, sur le minuscule Largo de São Julião, l'intéressant **vitrail** ainsi que l'élégante **façade** de l'édifice voisin du Banco Borges & Irmão. Quant à ceux qui préfèrent le style rococo, ils pourront observer un bel exemple à l'angle de la Rua da Conceição et de la Rua do Crucifixo, où un immeuble résidentiel expose son «extravagante» façade peinte d'une jolie couleur verte.

Retournez à présent vers la Praça do Comércio afin d'emprunter la Rua da Alfândega, où vous pourrez admirer, sur votre gauche, l'**Igreja de la Conceição Velha** [8] ★ *(tram 18; de la Praça dos Restauradores, bus 39; du Rossio, bus 46, arrêt Alfândega)*. On portera surtout attention aux deux **fenêtres de façade** ★ et au **portail de style manuélin** ★, seuls vestiges de l'ancienne église de la Miséricorde, détruite par le tremblement de terre.

En poursuivant un peu plus loin dans la Rua da Alfândega, vous aboutirez au Campo das Cebolas, où se trouve la **Casa dos Bicos** ★ (la maison des Pointes) (9) *(de la Praça da Figueira, tram 17, arrêt Alfândega; de la Praça do Comércio, bus 39A; du Rossio, bus 46, arrêt Campo das Cebolas)*. Cette demeure, à la curieuse façade garnie de pierres taillées en pointes de diamant (d'où son nom), appartenait autrefois au vice-roi des Indes, Afonso de Albuquerque. À moitié détruite lors du tremblement de terre, elle fut reconstruite à l'époque de Pombal. À nouveau endommagée par un incendie, elle subit de nouvelles transformations dont l'ajout des deux derniers étages.

Bien que non en conformité avec l'architecture du rez-de-chaussée (surtout dans la proportion et dans la décoration des fenêtres), l'ensemble demeure assez agréable. Remarquez juste à côté, à droite, l'intéressante demeure (un peu défraîchie) aux très nombreux balcons en fer forgé. Il s'agit d'un bel exemple de style pombalin.

En suivant la Rua dos Bacalhoeiros, puis à droite la Rua da Madalena jusqu'au Largo da Madelena, vous pourrez soit prendre le tram nº 28 ou tout simplement emprunter la même montée à pied pour vous rendre à la cathédrale. Lors de votre «ascension»vers la Sé, vous remarquerez, sur le Largo de Santo António da Sé, l'église du même nom. Elle renferme une statue représentant saint Antoine de Padoue, qui, comme le veut la coutume, est amenée chaque année en procession à travers le quartier de l'Alfama.

La **Sé Patriarcal** ★★★ (10) *(de la Praça Luís de Camões, tram 28, arrêt la Sé; de la Praça da Figueira, bus 37, arrêt la Sé)*, édifiée vers 1147 sur ordre d'Afonso Henriques, est un des plus vieux monuments de la capitale. Certains historiens prétendent qu'elle fut érigée à l'emplacement même d'une ancienne mosquée, mais le sujet reste controversé. À la suite de plusieurs tremblements de terre (1337, 1344, 1531 et 1755), de nombreuses transformations furent effectuées à la cathédrale. Ainsi, malgré son aspect extérieur demeuré pour l'essentiel de style roman (remarquez ses créneaux rappelant sa fonction défensive et son gigantesque portail particulièrement profond), la Sé s'est vu ajouter de nombreux éléments de styles différents, entre autres gothique (la rosace et le déambulatoire) et baroque (la sacristie).

À l'intérieur, après avoir contemplé son élégante nef centrale, remarquez à gauche de l'entrée, là où se trouvent les fonts baptismaux, les **beaux azulejos** couvrant les murs et surtout l'amusant panneau montrant saint Antoine, qui prêche aux poissons. Dans la chapelle voisine, une intéressante **crèche**, œuvre de Machado de Castro, retient aussi l'attention. Dans une chapelle située à droite du chœur (quatrième chapelle dans le déambulatoire), vous pourrez encore observer les **tombeaux de Lopo Fernandes Pacheco** et de sa femme, décédés au XIVe siècle. Avec le déambulatoire, il s'agit là des seuls vestiges datant d'avant le tremblement de terre de 1755 à être restés intacts.

Enfin, ne manquez surtout pas de visiter le **cloître roman** ★★ *(100 ESC; lun-sam 9h30 à 17h; accès par le déambulatoire)*, construit au XIIIe siècle, où vous pourrez admirer un ensemble de belles rosaces soutenues par d'élégantes colonnes géminées, toutes sculptées de façon différente. Fait extraordinaire, de récentes fouilles archéologiques visant à mettre au jour les assises de la première cathédrale de Lisbonne (datant de l'après-conquête sur les Maures) ont permis de découvrir les fondations d'une villa romaine de l'époque de l'empereur Auguste. Une passerelle métallique surplombant le chantier permet au visiteur de contempler ces impressionnantes ruines. La cathédrale abrite aussi un petit musée d'Art sacré, le **Museu António** *(400 ESC; lun-sam 10h à 17h; à droite de l'entrée principale)*, qui expose vêtements, peintures et objets reliés au culte.

Finalement, en sortant de la cathédrale, rendez-vous à l'**Espace Oikos** *(11h à 17h; Rua Augusto Rosa 40)* afin d'admirer les anciennes écuries du cloître. Aujourd'hui transformés en un très beau et très moderne centre multiculturel, les lieux sont voués à la coopération avec les pays en voie de développement.

 CIRCUIT B : LE CASTELO ET L'ALFAMA

Voir carte p 109.

Le **Castelo de São Jorge** ★★ **(1)** *(de la Praça da Figueira, bus 37, arrêt Castelo)* est, avec la Torre de Belém, le monument le plus connu des Lisbonnins. Lorsque le roi Afonso Henriques investit la forteresse en 1147, chassant ainsi les Maures, il s'empara du berceau même de la ville. C'est en effet en ces lieux et sur le versant correspondant à l'actuel Alfama que se développa Lisbonne. D'abord ville romaine, ensuite cité fortifiée wisigothe et par la suite ville mauresque (dès 716), les vieilles fortifications connurent bien des occupants. Aujourd'hui, l'enceinte de murailles abrite encore le vieux quartier de **Santa Cruz**, où boutiques de souvenirs et restaurants accueillent chaque année une foule de touristes dans une ambiance quelque peu artificielle. Pour la visite des lieux, il est conseillé de passer par la porte fortifiée São Jorge, donnant sur la Rua do Chão da Feira, car elle permet d'accéder à l'ancienne place d'armes devenue aujourd'hui un agréable belvédère. Au centre de la place, la statue du roi Afonso

Henriques trône fièrement. En escaladant les terrasses ombragées faisant face à la statue, on remarquera, sur la gauche, ce qui reste de l'**ancien palais royal d'Alcáçova**, édifié lui-même sur l'ancien palais maure. C'est à cet endroit que pendant longtemps la dynastie d'Avis résida, jusqu'à ce qu'une nouvelle résidence soit construite au bord du Tage. Actuellement, le bâtiment sert surtout à l'organisation de réceptions. Aussi, tout près, observez l'ancienne chapelle du palais (S. Miguel), rarement ouverte, ainsi que la maison de l'ancien gouverneur de la place, actuellement transformée en un superbe restaurant (Restaurante Casa do Leão, voir p 238). Pour la visite du château, poursuivez votre chemin à travers les terrasses en direction de l'est. De l'autre côté du pont-levis, à l'intérieur du château même, deux places munies d'escaliers permettent l'accès au chemin de ronde *(ascencion déconseillée aux personnes sujettes au vertige)*, d'où de **magnifiques vues** ★★ sur la ville et le Tage s'offrent à vous. Les 11 tours qui se rattachent au château sont autant de belvédères donnant sur la ville. Malgré la valeur historique des lieux, on sera surpris d'apprendre que le site fut très longtemps laissé à l'abandon et devint même un quartier ainsi qu'une prison. Bien que son classement comme monument national eût lieu en 1910, il fallut attendre jusqu'en 1938 avant de voir le début d'importants travaux de restauration.

Pour une visite plus approfondie du quartier, on ne manquera pas de se rendre, en contrebas, à l'agréable **Praça Largo Contador-Mor (2)**, bordée de nombreuses maisons aux façades recouvertes d'azulejos. En poursuivant votre descente, vous arriverez au **Largo das Portas do Sol**, lequel jouxte une petite esplanade d'où une **superbe vue** ★★ sur l'est de la ville permet d'admirer au loin le dôme immaculé de l'église Santa Engrácia qui se découpe sur le fond du ciel.

Sur le Largo das Portas do Sol même, vous pourrez visiter le **Museu Escola de Artes Decorativas (3)** *(800 ESC; mer-lun 10h à 17h; Largo das Portas do Sol nº 2, ☎ 886 21 83; de la Praça Luís de Camões, tram 28; de la Praça da Figueira, bus 37, arrêt Miradouro Santa Luzia)*, aménagé dans l'ancienne demeure des vicomtes de Azurara. Ce petit palais fut acheté en 1947 par Ricardo do Espírito Santo Silva dans le but d'y exposer sa collection d'objets et, par la suite, d'y établir une fondation consacrée aux arts décoratifs. L'intérieur renferme une collection particulièrement riche en mobilier des XVIIe et

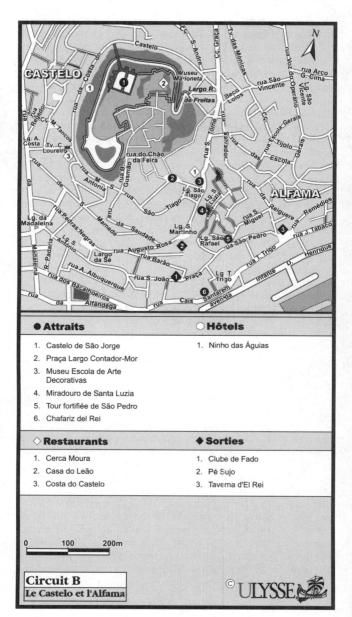

● Attraits

1. Castelo de São Jorge
2. Praça Largo Contador-Mor
3. Museu Escola de Arte Decorativas
4. Miradouro de Santa Luzia
5. Tour fortifiée de São Pedro
6. Chafariz del Rei

○ Hôtels

1. Ninho das Águias

◇ Restaurants

1. Cerca Moura
2. Casa do Leão
3. Costa do Castelo

◆ Sorties

1. Clube de Fado
2. Pé Sujo
3. Taverna d'El Rei

0   100   200m

Circuit B
Le Castelo et l'Alfama

© ULYSSE

XVIIIe siècles agrémentée de magnifiques bibelots. Parmi ces derniers, ne manquez pas d'admirer l'impressionnant *seviço de viagem*, un ensemble d'argenterie conçu pour les voyages et disposé dans un coffret aménagé à cet effet. Par ailleurs, l'impressionnante tapisserie tournaisienne représentant un cortège de girafes ainsi que l'élégante tapisserie de Chine en lin, en soie et en fil d'or méritent également toutes deux admiration. Enfin, pour prolonger cette visite dans des lieux aussi raffinés, n'oubliez pas de vous rendre à la cafétéria du musée. En plus du cadre agréable, vous pourrez profiter de sa jolie petite terrasse.

Tout à côté du Largo das Portas do Sol, le **Miradouro de Santa Luzia (4)** *(de la Praça Luís de Camões, tram 28; de la Praça da Figueira, bus 37, arrêt Miradouro Santa Luzia)* mérite une autre halte. De là, une **belle vue d'ensemble ★★** sur le quartier de l'Alfama permet de mesurer la complexité de ce véritable labyrinthe. L'endroit, flanqué d'une petite église, comporte plusieurs terrasses aménagées d'une manière agréable (consommations disponibles sur place). De nombreuses personnes âgées s'y retrouvent pour jouer aux cartes. En plus de la vue, de beaux **azulejos ★** y sont visibles. Ne manquez pas ceux représentant une vue générale de la ville (sur le mur sud du belvédère) ainsi que ceux figurant la prise de Lisbonne en 1147 (sur le mur droit de l'église).

Pour vous rendre dans l'Alfama, du Miradouro de Santa Luzia, commencez votre descente par l'escalier situé immédiatement à l'arrière de l'Igreja Santa Luzia (de la Praça Luís de Camões, tram 28; de la Praça da Figueira, bus 37, arrêt Miradouro Santa Luzia).

Le plaisir de la découverte de l'**Alfama ★** (carte p 109) réside surtout dans l'effet du hasard et dans les nombreuses réactions qu'il suscite. Surprise, lorsqu'en s'engouffrant dans une de ces innombrables ruelles étroites, on réalise subitement que le passage n'est possible que pour une seule personne à la fois! Plaisir, lorsqu'au bout d'une ruelle, on aboutit soudainement à une petite place aux maisonnettes décorées d'azulejos et garnies de géraniums. Désespoir, lorsqu'au bout d'une longue montée, on découvre un nouvel escalier dont l'issue semble incertaine. Aventure, lorsque tout en déambulant ainsi dans l'inconnu, seules les odeurs de cuisine et les cris des enfants semblent nous guider. Bien qu'une exploration de l'Alfama ne

L'Alfama

Alfama : déformation du mot arabe *alhaman*, désignant la présence de fontaines d'eau chaude. Son nom provient en effet du temps des Maures, alors que jaillissait sur le Largo do Chafariz de Dentro une source d'eau chaude. Le quartier de l'Alfama est, avec celui de Santa Cruz, le plus vieux de la capitale. Bien qu'aujourd'hui essentiellement populaire, l'endroit fut d'abord habité par de riches commerçants maures, suivis, après la reddition de la ville, des nobles portugais. Le tremblement de terre de 1755, qui détruisit la plupart des demeures bourgeoises, allait cependant changer la nature du quartier. La noblesse, s'installant progressivement dans les quartiers périphériques (surtout à Belém), allait laisser la place aux marins, artisans et ouvriers qui, peu à peu, comblèrent l'espace de manière quelque peu anarchique. Surpeuplé et dépourvu de services, le quartier allait connaître une longue période d'appauvrissement, devenant ainsi un peu la honte des Lisbonnins bien nantis. Cependant, avec la montée progressive du tourisme, la ville allait découvrir un nouvel intérêt pour ce quartier. Bien que celui-ci semble aujourd'hui en voie de restauration, de nombreuses «maisonnettes» sont encore dans un état de délabrement avancé, et la visite des ruelles étroites, pas toujours très propres, conviendra surtout aux personnes à la recherche de l'âme populaire portugaise.

nécessite point d'itinéraire, il est conseillé de ne pas manquer une visite de l'ancienne **tour fortifiée de São Pedro (5)** *(Largo de São Rafael)*, seul élément encore visible de l'ancienne enceinte arabe qui protégeait la ville. Derrière celle-ci, dans la Rua da Judiaria, admirez au sommet de la tour une jolie fenêtre géminée. Aussi, en revenant en bordure du Tage, au Largo do Terreiro do Trigo, on pourra contempler, au pied d'une demeure à l'architecture surprenante, l'élégante **fontaine publique Chafariz del Rei ★ (6)** *(Rua Cais de Santarém)*. Construite sur l'ordre de Dom Dinis, elle est une des plus anciennes fontaines publiques de Lisbonne. À l'angle de la Rua da Regueira et de la Rua dos Remédios, on peut également admirer une belle **porte manuéline**.

CIRCUIT C : GRAÇA ET L'EST DE LISBONNE

Voir carte p 113.

En longeant le Tage vers l'est, on aboutit au **Museu Militar** ★ **(1)** *(300 ESC; mar-dim 10h à 17h, entrée libre les mercredis; Largo do museu de Artilharia, ☎ 888 21 31; de la Praça do Comércio, bus 39A ou 81, arrêt Estação Santa Apolónia; du Rossio, bus 46, arrêt Estação Santa Apolónia)*, aménagé dans un remarquable édifice où les amateurs de pièces d'artillerie et d'armement en tout genre trouveront de quoi satisfaire leur curiosité. Certaines collections sont présentées dans des **salles** remarquablement décorées où dorures, plafonds peints, boiseries sculptées et tableaux de grands peintres portugais méritent à eux seuls le déplacement. Une grande cour intérieure agrémentée de verdure et aux murs décorés de jolis azulejos, où sont exposés plusieurs pièces d'artillerie, mérite également une visite.

Parmi les nombreuses expressions lisbonnins, celle de *«obras de Santa Engrácia»* est probablement l'une des plus savoureuses. Cette expression s'emploie pour désigner un ouvrage en cours qui semble mettre une éternité à s'achever. Elle trouve son origine dans l'histoire même de la construction de l'**Igreja-Panteão de Santa Engrácia (2)** *(200 ESC; Campo de Santa Clara; de la Praça do Comércio, bus 39A, arrêt Estação Santa Apolónia; du Rossio, bus 46, arrêt Estação Santa Apolónia)*. Bien que son édification ait débuté au XVIIe siècle, il fallut en effet attendre les années soixante (de notre siècle!) pour voir la fin des travaux. À présent, elle exhibe fièrement son dôme, d'une blancheur presque immaculée, à la ville tout entière. Proclamée Panthéon National en 1966, elle compte de nombreux monuments funéraires élevés à la mémoire d'importantes personnalités portugaises (Afonso de Albuquerque, Camões, Vasco da Gama, etc.).

Tout à côté du panthéon, légèrement plus haut, vous atteindrez une mignonne petite place, le **Campo de Santa Clara (3)** *(de la Praça Luís de Camões, tram 28, arrêt Rua da Voz do Operário)*, avec en son centre un marché couvert. Outre les traditionnels étals de légumes, vous y trouverez divers brocanteurs établis tout autour du bâtiment (voir p 143). Plusieurs beaux édifices gouvernementaux, dont le majestueux tribunal militaire, bordent

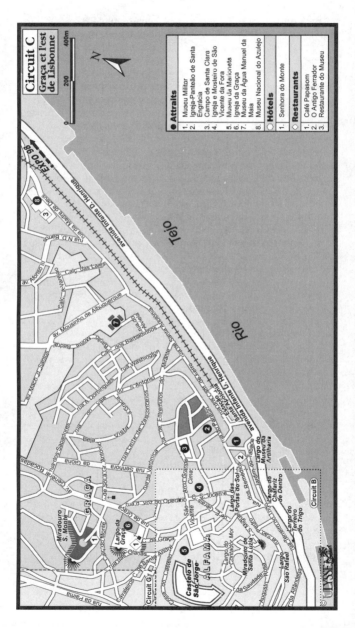

Circuit C
Graça et l'est
de Lisbonne

● **Attraits**

1. Museu Militar
2. Igreja-Panteão de Santa Engrácia
3. Campo de Santa Clara
4. Igreja e Mosteiro de São Vicente da Fora
5. Museu Da Marioneta
6. Igreja da Graça
7. Museu da Água Manuel da Maia
8. Museu Nacional do Azulejo

○ **Hotels**

1. Senhora do Monte

◇ **Restaurants**

1. Café Papasom
2. O Antigo Ferrador
3. Restaurante do Museu

© ULYSSE

la place, et un agréable petit parc complète l'aménagement des lieux. Aux nᵒˢ 124-126 de la place, ne manquez pas d'observer une très belle façade recouverte d'azulejos aux motifs en trompe-l'œil.

En prolongeant votre visite par la petite rue Arco Grande da Cima, qui passe sous une jolie arche, vous aboutirez à l'**Igreja e Mosteiro de São Vicente da Fora (4)** *(Largo de São Vicente; de la Praça Luís de Camões, tram 28, arrêt Rua da Voz do Operário)*, qui, comme l'indique son nom en portugais, est située en dehors des murailles. Cette église mérite le détour non seulement pour son bel **intérieur** de marbre et son maître-autel surmonté d'un grand baldaquin (observez aussi le parquet du chœur en bois du Brésil), mais aussi pour la présence des nombreux azulejos de son immense monastère. L'église fut construite sous Afonso Henriques en signe de remerciement à saint Vincent (saint patron de la ville) pour la prise de Lisbonne. Lors de votre accès au **cloître** ★ par le rez-de-chaussée *(300 ESC; lun-sam 10h à 13h et 15h à 17h; à droite de l'église)*, prenez le temps de jeter un coup d'œil sur l'immense citerne éclairée par le puits du cloître. Remarquez aussi l'intégration réussie des vestiges de l'ancien couvent (XIIᵉ siècle), sur lesquels le monastère et le cloître actuels furent construits. À l'étage, deux grands cloîtres se succèdent, tous deux décorés de nombreuses scènes champêtres sur **azulejos** ★. Parmi ces derniers, ne manquez pas d'admirer les surprenants azulejos représentant les *Fables de La Fontaine*, localisés dans le cloître sud. Le deuxième étage, quant à lui, abrite le plus long panneau d'azulejos existant au Portugal. Dans la conciergerie, de nombreuses scènes historiques, dont la prise de Lisbonne, sont également visibles. Au fond du cloître, l'ancien réfectoire a été transformé en une mausolée de la dynastie de Bragance. Les derniers souverains du Portugal y reposent, dont la dépouille de la reine Amélia (morte en 1951) et de son fils, dernier souverain du pays, le roi Manuel II (mort en exil en 1932). Avant de terminer cette visite, ne manquez pas le beau point de vue sur Lisbonne à partir de la terrasse accessible par le rez-de-chaussée *(en redescendant du cloître, prenez la sortie à gauche, puis l'escalier immédiatement à droite de la sortie)*.

En poursuivant votre visite par la Rua de São Vicente puis par la Rua de Santa Marinha, vous accéderez au Largo Rodrigues de Freitas, où se dresse le **Museu da Marioneta (5)** *(300 ESC;*

mar-ven 10h à 12h et 14h à 18h, sam-dim 11h à 18h; Largo Rodrigues de Freitas n° 19, ☎ *888 28 41).* Une visite guidée vous apprendra tout sur les personnages coquins de Lisbonne.

À deux pas de là, au Largo da Graça, vous pourrez profiter d'une remarquable **vue panoramique** ★★ sur la ville et le château depuis le Miradouro da Graça. Cette agréable esplanade fait face à l'**Igreja da Graça (6)**, dont l'intérieur mérite une petite visite afin de contempler son **baptistère manuélin** ★ ainsi que ses nombreuses chapelles décorées de *talhas douradas*.

Tout comme les azulejos, l'eau fait partie de la grande histoire de Lisbonne. L'aqueduc d'Águas Livres (voir p 157), le réservoir Mãe d'Água (voir p 128) et les nombreuses fontaines de la ville sont là pour nous le rappeler. Ainsi, nul amateur d'histoire ne saurait manquer d'aller visiter le remarquable **Museu da Água Manuel da Maia** ★ **(7)** *(300 ESC, visite guidée des deux sites cités ci-dessus sur demande seulement; lun et mer-sam 10h à 12h30 et 14h à 17h; Rua do Alviela n° 12,* ☎ *813 55 22; de la Praça do Comércio, bus 39A ou 81, arrêt Estação Santa Apolónia; du Rossio, bus 46, arrêt Estação Santa Apolónia; de la Praça Marquês de Pombal, bus n° 12, arrêt Estação Santa Apolónia),* localisé dans l'Est, au cœur du quartier de Xábregas. À l'aide de différents documents, photographies et machineries, vous pourrez y découvrir la complexe histoire de l'alimentation en eau de la ville. Ainsi, vous apprendrez qu'à l'origine la population s'alimentait librement en eau auprès de multiples petites sources réparties dans l'Alfama. La très belle fontaine Chafariz del Rei (voir p 111), déjà connue sous l'occupation musulmane, en est aujourd'hui un beau témoignage. Toutefois, les besoins augmentent et l'eau se faisant plus rare, la distribution d'eau devint rapidement réglementée, celle-ci étant dorénavant transportée à domicile dans des tonneaux de bois portés par des esclaves. Cette activité devint par la suite une véritable profession, métier surtout exercé par des travailleurs galiciens. Les règles de distribution étaient alors très strictes et faisaient l'objet d'une liste de personnes prioritaires à fournir en eaux, à commencer par les travailleurs, les femmes n'arrivant qu'en cinquième position! Plus tard encore, certaines sources s'étant taries et la demande augmentant, le roi Dom João V ordonna la construction de l'aqueduc Águas Livres afin d'amener l'eau des sources localisées à l'extérieur de la ville. C'est ainsi que, dès la moitié du XVIIIe siècle, par décret royal, les propriétaires des sources situées dans les environs de la capitale furent astreints à céder leur eau via un réseau d'aqueducs. En retour, ces derniers se voyaient octroyer un certain nombre de litres d'eau distribuée gratuitement jusqu'à leur résidence à Lisbonne. Dans certains cas, cette compensation est encore en application aujourd'hui! Par la suite, la demande augmentant toujours, un nouvel aqueduc, l'Aqueduto de Alviela, fut construit en 1871. La pression s'avérant insuffisante en certains endroits, on fit ensuite appel à des ingénieurs français de Rouen pour installer une **station de pompage** ★★, celle-là même que vous pourrez admirer aujourd'hui au musée. Si vous en avez la chance, allez voir les machines fonctionner (demandez au préposé), et n'hésitez pas à grimper au 1er étage afin d'admirer les énormes pistons hydrauliques se mettant en branle; il s'agit d'une véritable merveille! Aujourd'hui, en plus de l'aqueduc d'Alviela, un autre conduit prenant sa source dans le Tage ainsi qu'un tube d'alimentation connecté au barrage de Castelo do Bode alimentent Lisbonne en eau.

Les azulejos font partie intégrante du paysage portugais et constituent, par leurs nombreuses représentations historiques et sociales, un véritable livre ouvert sur le passé du Portugal. Si vous vous découvrez une véritable passion pour les azulejos, vous ne manquerez pas de visiter le couvent Madre de Deus, où se trouve le **Museu Nacional do Azulejo** ★★★ **(8)** *(300 ESC; mar 14h à 18h, mer-dim 10h à 18h; ☎ 814 77 47 ou 814 77 99; Rua da Madre de Deus 4; de la Praça do Comércio, bus 39A, arrêt Igreja Madre Deus; de la Praça do Comércio, tram 17)*. Fondé par la reine Dona Leonor (veuve de João II) au début du XVIe siècle dans le but de s'y retirer, le **Convento da Madre de Deus** ressemblait autrefois davantage à un palais qu'à un couvent, tant le luxe qui y régnait était grand. Au cours des siècles, le couvent ainsi que l'église attenante connurent de nombreuses modifications. C'est ainsi que, sous le règne de João III (1557-1578), on procéda à la surélévation des bâtiments afin de contenir les fréquentes inondations provoquées par les crues du Tage. Aussi, sous le règne de João V, d'importants travaux d'embellissement furent entrepris et une nouvelle sacristie fut construite. Malgré l'importance du tremblement de terre de 1755, l'édifice ne fut que partiellement touché. Un siècle plus tard, soit en 1867 plus exactement, après que le couvent eut été acquis par l'État, une grande partie du cloître ainsi que de l'église fut détruite par un incendie lors d'importants travaux de rénovation. Néanmoins, grâce à une souscription publique, l'ensemble sera rapidement reconstruit et restauré. C'est en 1959, sur l'initiative de la Fondation Gulbenkian, que naîtra l'idée de créer en ces lieux un musée de l'azulejo, chose définitivement accomplie en 1980 avec l'inauguration officielle du Museu Nacional do Azulejo.

À l'intérieur, au rez-de-chaussée, deux **cloîtres** se succèdent, le plus grand abritant un grand nombre d'azulejos ainsi que des panneaux explicatifs sur les différentes méthodes de fabrication. Avant de monter à l'étage, ne manquez pas d'aller visiter l'**Igreja da Madre de Deus** ★★★, attenante au grand cloître, où, dans un intérieur particulièrement remarquable, se mêlent harmonieusement sculptures et azulejos. Les *talhas douradas*, sculptures, peintures flamandes et portugaises ainsi qu'autres décorations de style baroque semblent vouloir rivaliser entre elles afin de mieux éblouir le visiteur. À l'entrée de l'église, du côté gauche, un remarquable panneau d'azulejos représente Moïse recevant la table des 10 commandements sur le mont Sinaï. Les lieux étant consacrés à la Vierge, le maître-autel accueille une belle représentation de la *Madre de Deus*. Après avoir accédé à l'étage par l'élégant **petit cloître** ★, entièrement recouvert d'azulejos d'un beau bleu intense, vous aboutirez dans une petite salle où vous ne manquerez pas de remarquer le panneau d'**azulejos hollandais** ★★ datant de 1740. Aux jolies couleurs brunes, chaque azulejo illustre un moment de la vie de Jésus, les personnages étant représentés de manière plutôt enfantine. Une véritable petite merveille!

La visite se poursuit par le *coro-alto* ★★ de l'église, où la décoration du plafond et des murs, entièrement recouverts de grandes peintures encadrées par une orgie de dorures, dépasse tout entendement. En sortant du *coro alto*, immédiatement à droite, vous verrez un grand panneau composé de 576 azulejos évoquant une vue panoramique du **Lisbonne d'avant 1755** ★, qui mérite également une mention. Enfin, ne quittez pas ces lieux avant d'avoir contemplé l'ensemble d'azulejos illustrant les activités du **Chapeleiro António Joaquim Carneiro** ★★ dit Odito, une surprenante fresque sociale écrite en ancien portugais.

CIRCUIT D : LE CHIADO ET LE BAIRRO ALTO

Voir carte p 119 et 121.

Bien que le centre du Chiado comporte une jolie petite place appelée Largo do Chiado, ce quartier trace des limites géographiques assez floues. Pour l'essentiel, on peut néanmoins considérer qu'il se trouve entre la Rua do Carmo et la Praça Luís de Camões. Du Rossio, débutez votre visite par l'ascension de la **Rua do Carmo**. Avec la Rua Garrett, qui la croise, cette rue a longtemps été considérée par les Lisbonnins comme l'endroit où se rassemblent les commerces les plus raffinés de la capitale. En août 1988 cependant, un terrible incendie qui dura plusieurs jours détruisit la totalité des immeubles de la Rua do Carmo ainsi qu'une partie de ceux de la Rua Garrett, réduisant en poussière plusieurs magasins luxueux datant du début du siècle. La Ville de Lisbonne, avec le concours du célèbre architecte Álvaro Siza Vieira, a reconstruit le plus d'immeubles possible en tentant de respecter l'esprit qui animait ce quartier. Ainsi, en vous promenant sur la Rua do Carmo, vous pourrez observer de nombreuses façades ayant échappé à la disparition complète et qui font l'objet de mesures de sauvegarde afin de les intégrer dans le nouvel ensemble. Lors de votre passage devant le numéro 87A *(du côté droit de la rue en montant)*, arrêtez-vous un instant pour admirer la minuscule petite Luvaria Ulisses, une très jolie petite ganterie datant du début du siècle.

Avant de poursuivre votre exploration par la Rua Garrett, empruntez, sur votre droite, la Calçada do Sacremento afin de vous rendre sur le paisible petit **Largo do Carmo**, autrefois animé par le passage du tram 25. En plus d'une élégante fontaine, vous y verrez la miraculeuse **Igreja do Carmo ★ (1)**, dont seule la voûte s'est effondrée lors du grand tremblement de terre de 1755. Aujourd'hui, avec ses arcs qui semblent défier le ciel, elle se dresse encore fièrement comme pour signifier qu'elle surveille encore de près les quartiers bas de la ville. Construite vers la fin du XIVᵉ siècle sous l'impulsion de Nuno Álvares Pereira (grand officier de la Couronne), en l'honneur de la victoire de la bataille d'Aljubarrota (voir p 19), elle fut pendant longtemps l'église la plus importante de Lisbonne. Un musée à ciel ouvert, le **Museu Arqueológico do Carmo** *(Largo do Carmo, ☎ 346 04 73; du Rossio, prenez*

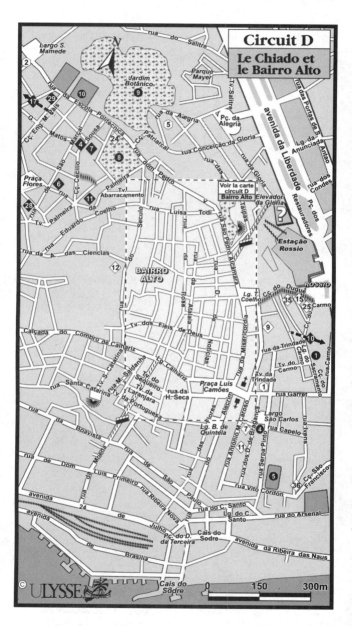

Circuit D - Le Chiado et le Bairro Alto

● Attraits

1. Igreja do Carmo
2. Largo do Chiado
3. Praça Luís de Camões
4. Teatro Nacional de São Carlos
5. Galeria Nacional do Chiado
6. Igreja São Roque
7. Miradouro de São Pedro de Alcântara
8. Praça do Príncipe Real
9. Jardim Botânico da Faculdade de Ciências
10. Museu de Ciênça

○ Hôtels

1. Borges
2. Casa de São Mamede
3. Globo
4. Londres
5. Príncipe Real

◇ Restaurants

1. A Brasileira
2. Adega do Teixeira
3. Ali-a-Papa
4. Bachus
5. Bizzaro
6. Brasserie de l'Entrecôte
7. Café no Chiado-Ciber Chiado
8. Casa Nostra
9. Cervejaria da Trindade
10. Chacuteria Francesa
11. Chez Degroote
12. Consenso
13. El Último Tango
14. Estadio Silva Seixas
15. Flor do Duque
16. Guillaume Tell
17. Hell's Kitchen
18. Huá Li Tou
19. Janela do Bairro
20. Majong
21. Massima Culpa
22. Novo Bonsai
23. O Capuchinho
24. O Paço do Principe
25. O Sol
26. O Tacão Pequeno
27. Pap'Açôrda
28. Pastelaria São Roque
29. Pato Baton
30. Pedro das Arábias
31. Pizzeria Mama Rosa
32. Poeta na Bicha
33. Porta Branca
34. Rua em Rua
35. Securas
36. Tagide
37. Tapas-Bar El Gordo
38. Tavares Rico

◆ Sorties

1. A Capela
2. A Tasca-Tequila Bar
3. Adega do Ribatejo
4. Agua no Bico
5. Bachus Bar-Restaurante
6. Bar-106
7. Bricabar
8. Cafediário
9. Café Webs
10. Céu de Lisboa
11. Finalmente
12. Frágil
13. Fremitus
14. Gráfico's
15. Keops
16. KGB
17. Memorial
18. Mezcal
19. O Forcado
20. Páginas Tantas
21. Pavilhão Chinês
22. Pedro Quinto
23. Pintaí
24. Portas Largas
25. Solar do Vinho do Porto
26. Suave
27. Targus
28. Tatoo
29. Trumps

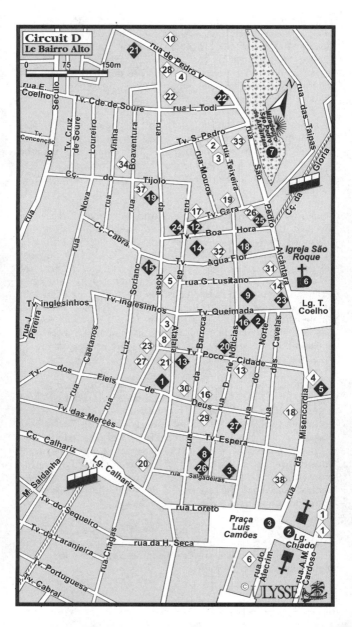

Circuit D
Le Bairro Alto

0   75   150m

l'Elevador Santa Justa), y exposait autrefois des vestiges wisigoths et romains ainsi que des sculptures arabes, et même une fenêtre manuéline provenant du Mosteiro dos Jerónimos (voir p 152). Toutefois, au moment de mettre sous presse, l'accès du musée était fermé pour cause de travaux. Bien que la réouverture soit annoncée pour 1998, l'affectation des lieux demeure incertaine.

Avant de retourner dans la Rua Garrett, les amateurs d'azulejos ne manqueront pas de se rendre aux n°s 28-34 de la Rua da Trindade *(du côté nord du Largo)*, où se dresse une superbe **façade d'azulejos** ★ ornée de personnages allégoriques symbolisant des thèmes tels que l'eau, la terre, le commerce et l'industrie.

Retournez à présent dans la **Rua Garrett** afin de vous rendre sur le Largo do Chiado, la place la plus célèbre du quartier. Au passage, dans la rue, arrêtez-vous aux n°s 50-52 pour y observer l'intérieur de l'Ourivesaria Aliança. Cette orfèvrerie est un des témoins des très nombreuses boutiques de luxe qui ornaient autrefois le quartier. Plus loin, au n° 77, remarquez la vitrine de la boutique Paris em Lisboa, parée de jolies enseignes et d'une rampe de protection cuivrée de style Art nouveau. Finalement, n'hésitez pas à pénétrer dans la mercerie Ramiro Leã, au n° 83, afin de contempler son magnifique ascenseur d'inspiration Art nouveau ainsi que sa cage d'escalier garnie de vitraux et de fresques.

Largo do Chiado (2) *(du Baixa, Rua da Conceição, tram 28; du Rato, tram 24 ou bus 15, arrêt Praça Luís de Camões)*. C'est sur cette place, autrefois fréquentée par la gent littéraire, que se trouve le célèbre café A Brasileira (voir p 247). Des poètes portugais aussi célèbres qu'António Ribeiro et Fernando Pessoa fréquentèrent régulièrement cet établissement. Sur la terrasse, vous pourrez vous faire photographier aux côtés de Pessoa (de bronze bien sûr!), à moins que vous ne préfériez vous rendre au centre de la place, où une statue de António Ribeiro, célèbre poète portugais de la Renaissance, s'élève.

Pour compléter en beauté la place, deux églises se font face : celle de **Nossa Senhora do Loreto** (de la communauté italienne) et celle de **Nossa Senhora de l'Encarnação**, toutes deux à la façade fraîchement restaurée.

La **Praça Luís de Camões (3)** *(du Baixa, de la Rua da Conceição, tram 28)* est celle qui suit immédiatement notre «parcours littéraire». En son centre trône en effet l'effigie du plus célèbre des poètes portugais, Luís de Camões (voir p 39). Entourée d'immeubles délabrés, voire abandonnés, cette place mériterait certainement un meilleur sort. Les bâtiments qui s'y trouvent révèlent une certaine harmonie, et la présence des arbres qui bordent la place, combinée avec la vue sur les deux églises qui encadrent le Largo do Chiado, en fait un endroit assez agréable. N'hésitez pas à vous attarder quelques instants en ces lieux afin d'observer l'intense vie de quartier qui s'y déroule.

Plus bas, sur la Rua Serpa Pinto, le **Teatro Nacional de São Carlos (4)** *(Largo de São Carlos, programme ☎ 346 84 08, billetterie ☎ 346 59 14; du Baixa, Rua da Conceição, tram 28, arrêt Rua Vitor Cordon)*, construit vers la fin du XVIIIe siècle, est un bel édifice italianisant qui mérite un coup d'œil. L'intérieur a été conçu selon le modèle de la Scala de Milan.

Les personnes qui apprécient la peinture ou l'architecture moderne doivent absolument visiter le tout nouveau musée du Chiado. Aménagée dans l'ancien musée d'Art contemporain, la **Galeria Nacional do Chiado ★★ (5)** *(400 ESC; mar 14h à 18h, mer-dim 10h à 18h; Rua Serpa Pinto n° 4-6, ☎ 343 21 48 ou 343 21 49; du Baixa, Rua da Conceição, tram 28, arrêt Rua Vitor Cordon)* expose plusieurs peintures et sculptures d'artistes portugais importants tels que Columbano, Silva Porto, João Voz, Soares dos Reis, Malhoa, etc. Malgré son appellation, le musée possède une collection qui couvre surtout la période du XIXe siècle et le début du XXe siècle. Quant à l'aménagement intérieur, réalisé par le bureau Wilmotte (un bureau d'architectes français déjà connu pour la conception du mobilier des Champs-Élysées, à Paris), il intègre admirablement structures métalliques et verre aux pierres et aux briques dont certaines datent du XVIIe siècle. Malgré un financement important de la part de l'État français dans les travaux de reconstruction du quartier du Chiado, les inscriptions des écriteaux sont en anglais et en portugais seulement! On ne manquera pas de remarquer dès l'entrée le *Gato Felix* de José de Almada Negreiro ainsi qu'au premier étage les panneaux intitulés *Bar de Marinheiro* et *Jazz*, faisant partie d'un ensemble de 12 panneaux Art déco provenant d'un cinéma espagnol aujourd'hui disparus, lesquels ont été sauvés de justesse de la destruction. Le musée est en partie aménagé dans l'ancien couvent de São Francisco da Cidade. Après l'abandon du couvent par l'Église et diverses affectations, les bâtiments deviendront une usine à *bolachas* (biscuits) de 1855 à 1898. Seul témoin impressionnant de cette période, les quatre fourneaux visibles dans la salle José-Augusto França ont été parfaitement intégrés dans le décor. Parmi les autres œuvres, on ne manquera pas d'admirer les remarquables tableaux de l'artiste Eduardo Viana. Une agréable cafétéria avec terrasse où sont exposées des sculptures modernes s'y trouve. N'hésitez pas à vous rendre au dernier étage, où une très large terrasse vous offre une vue partielle sur le Tage. Dans l'ensemble, très moderne, le décor du musée s'avère un peu froid, et l'on ne peut que déplorer de nombreux espaces perdus.

Le **Bairro Alto** ★★, aujourd'hui une fois de plus en pleine transformation, était jadis (aux XVIᵉ et XVIIᵉ siècles) d'abord composé de demeures bourgeoises, voire de palais s'étalant devant de petites places publiques et des parcs. Par la suite, le quartier s'emplit d'habitations populaires, où logeaient des artisans et de petits commerçants. En soirée, la prostitution locale y florissait, donnant au quartier mauvaise réputation. Connu ces dernières années pour son activité nocturne (restaurants familiaux et nombreuses tavernes à fado), le quartier voit s'établir depuis peu un nombre grandissant de boutiques, de discothèques et de restaurants à la mode qui attirent une jeunesse en quête de *movida*.

En vous promenant dans la Rua da Rosa, faisant face au Largo, ou plus loin, dans la Rua da Atalaia, prenez le temps de flâner dans le Bairro afin de vous imprégner de la vie tranquille qui y règne. En empruntant les mêmes rues les soirées de fin de semaine (lire aussi la section «Sécurité», p 74), vous pourrez observer combien le quartier semble soudainement transformé. Bars, boîtes de nuit, tavernes à fado et restaurants de nuit y fleurissent comme par enchantement.

Plus loin, à la limite du Chiado, l'**Igreja São Roque** ★★ **(6)** *(Largo Trindade Coelho; de la Praça dos Restauradores, Funicular da Glória à côté du Palacio Foz, ou bus 100)*, avec sa façade quelconque, apparaît d'abord peu invitante. Cependant, son intérieur retiendra l'attention, et l'on ne manquera pas d'en faire la visite. Édifiée au XVIᵉ siècle pour les Jésuites, puis partiellement détruite par le tremblement de terre de 1755 et reconstruite peu après, cette église est une des plus richement décorées de la capitale. Sa nef et son plafond en bois peint en trompe-l'œil sont très élégants. Tandis que la décoration des murs comporte de nombreuses boiseries sculptées et des bas-reliefs en marbre, plusieurs chapelles s'y succèdent, toutes décorées de manière différente. Parmi ces dernières, la **Capela de São João Baptista** ★★★ *(première chapelle à gauche à partir du chœur)* est une véritable merveille d'art italien. Commandée par le roi Dom João V et élaborée à Rome par un grand nombre d'artisans et artistes, elle fut transportée par bateau en ces lieux, morceau par morceau. Améthystes, bronzes, lapis-lazulis, ivoire, argent, albâtre et bien d'autres richesses encore donnent à cette chapelle l'aspect d'un véritable musée d'art sacré. Il s'agit là presque d'un condensé de tout ce que l'art baroque italien peut offrir. Avant de quitter cet endroit féerique, rendez-vous à la deuxième chapelle, à droite à partir du chœur, pour observer ses très beaux **azulejos** ★★ d'époque Renaissance provenant de Séville.

Attenant à l'église, le **musée d'Art sacré** ★ *(150 ESC, dim entrée libre; mar-dim 10h à 17h; entrée par l'église ou de l'extérieur, juste à droite de l'église, ☎ 346 03 61 ou 342 08 50)* mérite également une visite pour sa très riche collection d'argenterie religieuse. Outre ces nombreux objets d'art en or et en argent, on peut y admirer toutes sortes de parures sacerdotales et surtout une intéressante Vierge du XIVe siècle en argent provenant d'Allemagne.

Près de là, dans la Rua de São Pedro de Alcântara, vous pourrez profiter d'un superbe point de vue au **Miradouro de São Pedro de Alcântara** ★ **(7)** *(à droite en sortant du Funicular da Gloria; de la Praça dos Restauradores, Funicular da Glória, à côté du Palacio Foz)*. De cet agréable endroit aménagé en un petit jardin, vous pourrez observer en face le château, en contrebas le centre-ville et au loin le Tage.

En reprenant la Rua de São Pedro de Alcântara tout en la remontant jusqu'à la hauteur de la Rua da Escola Politécnica, vous atteindrez sur votre gauche la jolie **Praça do Príncipe Real (8)** *(de la Praça dos Restauradores, prenez le Funicular da Glória puis le bus 100 ou 58, arrêt Príncipe Real)*, où est aménagé un petit parc dans lequel il est agréable de flâner. En vous promenant au cours de l'après-midi, vous pourrez y voir un grand nombre de personnes du quartier jouer aux cartes sur les petites tables qui y sont disposées. En son centre se trouve par ailleurs un extraordinaire pin parasol sous lequel il fait bon s'abriter. Un agréable restaurant (voir p 248), situé tout à côté, permettra au visiteur de se restaurer tout en admirant les alentours. Juste en face, à l'angle de la Rua da Escola Politécnica et de la petite Calçada da Patriarcal, le **Palacete Ribeiro da Cunha**, datant de 1877, aujourd'hui propriété de l'Université de Lisbonne, constitue un très bel exemple de demeure bourgeoise. En plus de jeter un coup d'œil sur sa jolie façade arabisante, n'hésitez pas à vous rendre à l'intérieur afin d'y admirer son joli patio couvert, d'influence arabisante lui aussi *(entrée par la porte de droite, juste après l'entrée principale)*.

Si vous êtes à la recherche de calme et de verdure, rendez-vous un peu plus loin, toujours sur la même rue, au **Jardim Botânico da Faculdade de Ciências (9)** *(200 ESC; hiver lun-ven 9h à 18h, sam-dim 10h à 18h, été ouvert jusqu'à 20h; Rua da Escola Politécnica n⁰ 58; de la Praça dos Restauradores, empruntez le Funicular da Glória puis le bus 58, arrêt Rua da Escola Politécnica)*. Une allée plantée de part et d'autre de palmiers semble inviter gracieusement le visiteur à pénétrer dans cet agréable jardin aménagé à côté de l'ancienne Faculté des Sciences. Sis dans un espace accidenté, il offre également quelques vues intéressantes sur la ville. Pour ceux qui désirent rejoindre l'Avenida da Liberdade, une seconde sortie donne sur la Rua da Alegria.

Localisé tout à côté, le **Museu da Ciênça (10)** *(entrée libre; lun-ven 10h à 13h et 14h à 17h, sam 15h à 18h; Rua da Escola Politécnica n⁰ 58, ☎ 396 15 21 ou 396 15 22; de la Praça dos Restauradores, prenez le Funicular da Glória puis le bus 58, arrêt Rua da Escola Politécnica)* intéressera surtout les amateurs de sciences exactes. Ainsi, tout au long de la visite, ils auront l'occasion de tester au moyen de nombreux appareils divers principes de base énoncés par la physique et la chimie. Bien que les panneaux explicatifs y soient en langue portugaise seulement, cette petite exploration dans le domaine scientifique constitue un agréable divertissement.

Façade décorée d'azulejos

CIRCUIT E : LE RATO ET AMOREIRAS

Voir carte p 129.

Ce quartier, surtout développé après le tremblement de terre de 1755, était jadis réputé pour sa fabrique royale de faïence ainsi que pour sa grande usine de soie. Créée en 1767, sous l'impulsion du marquis de Pombal, la Real Fábrica de Louça sera l'une des premières grandes manufactures du pays. C'est de cette dernière que sortira un grand nombre d'azulejos. Aujourd'hui, le Rato est surtout devenu un quartier commerçant, délimité par la zone comprise entre le Bairro Alto et l'Amoreiras.

Véritable centre du Rato, le **Largo do Rato (1)** *(de la Praça dos Restauradores, prenez l'Elevador da Glória puis le bus 15, arrêt Rato)* est devenu un lieu de passage incessant à cause de son accès direct au Bairro Alto. Tout autour de sa place, on peut trouver un grand nombre de magasins en tout genre (divers articles à prix intéressant) ainsi que de nombreux établissements de style casse-croûte.

En remontant la Rua das Amoreiras, vous apercevrez sur votre droite la **Praça das Amoreiras (2)**, une jolie petite place arborée et dotée d'un parc où il est agréable de flâner. Pour y accéder, on doit passer sous une partie de l'Aqueduto das Águas Livres (voir p 157). Au passage, vous remarquerez de beaux **panneaux d'azulejos** qui en garnissent les piliers.

Toujours sur la Praça das Amoreiras, le **Museu Arpad Szenes-Vieira da Silva (3)** *(300 ESC, lun entrée libre; lun et mer-sam 12h à 20h, dim 10h à 18h; Praça das Amoreiras 56-58, ☎ 388 00 44; de la Praça dos Restauradores, prenez l'Elevador da Glória puis le bus 15, arrêt Rato)* expose surtout les œuvres de ces deux peintres célèbres et abrite quelques expositions temporaires.

Tout à côté de la Praça da Amoreiras, le réservoir **Mãe d'Água** *(visite guidée sur demande au musée Água Manuel da Maia; Rua do Alviela n° 12, ☎ 813 55 22)* représente le dernier chaînon du système d'alimentation en eau de la capitale. Raccordé directement à l'impressionnant aqueduc d'Águas Livres (voir p 157), il fut construit en 1834 afin d'en récolter

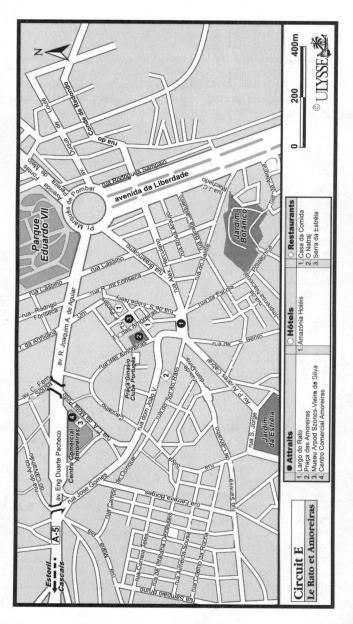

Circuit E
Le Rato et Amoreiras

● **Attraits**
1. Largo do Rato
2. Praça das Amoreiras
3. Museu Arpad Szenes-Vieira da Silva
4. Centro Comercial Amoreiras

◇ **Hôtéis**
1. Amazónia Hotéis

◇ **Restaurants**
1. Casa da Comida
2. O Natraj
3. Serra da Estrêla

© ULYSSE

l'eau. Avec une capacité de 5 500 m³, il pouvait approvisionner en eau jusqu'à 64 fontaines au moyen de trois conduits souterrains qui traversaient la ville. Aujourd'hui encore, trois fontaines sont branchées à ce système, dont celle placée au centre du argo do Carmo et celle localisée sur le Largo Dr. José Figueiredo, face au Museu Nacional de Arte Antiga. À l'exception d'une jolie fontaine, l'attrait des lieux se limite à son grand bassin d'eau surplombé d'élégantes voûtes.

En poursuivant votre exploration plus au nord, dans le quartier d'Amoreiras, vous ne pourrez manquer d'être surpris à la vue des constructions futuristes du **Centro Comercial Amoreiras ★ (4)** *(du Rossio ou de la Praça dos Restauradores bus 11, arrêt Amoreiras, ou, de la Praça dos Restauradores, prenez l'Elevador da Glória puis le bus 15, arrêt Amoreiras)*. Ces bâtiments d'aspect très moderne où le mélange des formes et des couleurs offre un étrange arrière-goût d'Art déco sont l'œuvre de l'architecte Tomás Taveira. Véritable temple du magasinage (prix élevés cependant), il compte plus de 200 boutiques, 47 restaurants et cafés (voir p 249), ainsi que plusieurs cinémas. Même si l'ensemble est critiqué par certains, nous pensons qu'une visite de cet endroit s'impose afin de pouvoir mesurer l'ampleur du contraste par rapport au reste de la ville. Saisissant, affreux, génial ou simplement agréable, à vous d'en décider!

★ CIRCUIT F : MARQUÊS DE POMBAL, SALDANHA ET LE NORD DE LISBONNE

Voir carte p 132 et 133.

Le grand **Parque Eduardo VII ★** est peut-être le lieu le plus caractéristique de ce quartier qui semble plutôt se résumer à un grand carrefour routier (la Praça Marquês de Pombal). La visite du parc commence de manière idéale à son sommet, soit au milieu de l'Avenida Alameda Cardeal Cerejeira *(du Rossio, bus 2, arrêt Marquês da Fronteira)*. De là, une grande terrasse donnant sur un tapis de verdure offre un beau **point de vue ★★ (1)** en plongée sur le parc, avec au loin la Praça Marquês de Pombal, la Baixa et le Tage. Un jardin à la française en décore le centre. Bien qu'il ait été créé en l'honneur de la visite d'Édouard VII d'Angleterre, ce tapis «écologique» semble plutôt être déroulé aujourd'hui en hommage au marquis de Pombal, qui trône à son extrémité. À l'opposé de la vue, de l'autre côté de l'Avenida Cardeal, se dresse un bâtiment en forme de château. Malgré son aspect relativement agréable, ce dernier n'est autre qu'une prison et, bien sûr, il est préférable d'en éviter la visite!

Dans le parc, du côté droit en descendant l'esplanade, se trouve l'**Estufa fria et quente** ★ (2) *(80 ESC; été tlj 9h à 17h30, hiver tlj 9h à 17h)*. Conçue en 1910 et installée à l'origine dans une ancienne carrière, cette serre abrite deux jardins, dont un aux essences exotiques. Une végétation exubérante provenant de pays aussi différents que l'Australie, le Pérou et la Chine y pousse sous un astucieux toit de lattes en bambou, créant ainsi un microclimat favorable au développement des espèces. De nombreuses allées sinueuses dessinées au cœur de cette jungle domestiquée permettent une visite des plus agréables.

En continuant votre exploration du parc, toujours en vous dirigeant vers le centre-ville mais du côté gauche cette fois, vous apercevrez l'éclatant **Pavilhão dos Desportos** ★ (3) (Palais des Sports), de style baroque. Cet édifice mérite un détour afin d'en admirer les murs extérieurs, recouverts de panneaux d'**azulejos** ★★. Pour la plupart, ils représentent des scènes historiques dont celle de la célèbre bataille d'Ourique (voir p 18). Une attention particulière sera portée au magnifique panneau intitulé *Cruzeiro do Sul*. Cinq personnages féminins, mi-anges, mi-fées, y semblent indiquer la voie de la découverte à la caravelle qui s'élance sur la mer. Situé juste à côté du pavillon, dans le parc, un espace aménagé pour des pique-niques permettra aux visiteurs de se restaurer et de se reposer avant de retourner à l'activité fiévreuse de la ville.

La **Praça Marquês de Pombal (4)** *(de nombreux bus à partir de la Praça dos Restauradores et du Rato)*, aussi appelée Rotunda, n'est autre qu'un grand rond-point routier, au centre duquel s'élève un beau monument dédié à la gloire du marquis de Pombal et à ses talents d'homme d'État. Malgré l'élégance de la place et l'intérêt des nombreuses sculptures qui garnissent le socle, il est quelque peu regrettable qu'on ne puisse accéder facilement au centre de celle-ci.

Le **Museu Calouste Gulbenkian** ★★★ (5) *(500 ESC; mar-dim 10h à 17h; Avenida de Berna 45, ☎ 795 02 36 ou 793 51 31;*

du Rossio, bus 31, 41 ou 46, arrêt Gulbenkian ou métro São Sebastião ou Palhavã), situé dans le quartier de la Praça de Espanha, dans un beau parc agrémenté de nombreuses sculptures modernes (Parque de Palhavã), renferme de nombreux objets décoratifs tels que tableaux, sculptures, faïences et bibelots provenant surtout d'Europe et d'Orient. Dans ce bâtiment moderne, chaque objet est magnifiquement mis en valeur; toutes les œuvres se succèdent dans des salles représentant chacune une époque. Pratiquement toutes les salles sont d'un grand intérêt et méritent la visite. Vous pourrez y admirer de très belles antiquités égyptiennes, puis une intéressante collection de monnaies anciennes, surtout romaines et grecques. Vient ensuite une collection d'objets (faïences, tapis, livres, etc.) provenant du Proche et du Moyen-Orient, puis une salle présentant objets et peintures d'Extrême-Orient. Enfin, la visite s'achève par une série de salles consacrées à l'art européen qui exposent des œuvres couvrant des périodes aussi vastes que celle de la Renaissance à celle dite Art nouveau, en passant par des peintures et objets décoratifs des XVIIIᵉ et XIXᵉ siècles. Une importante bibliothèque ainsi qu'une salle d'exposition temporaire complètent ce

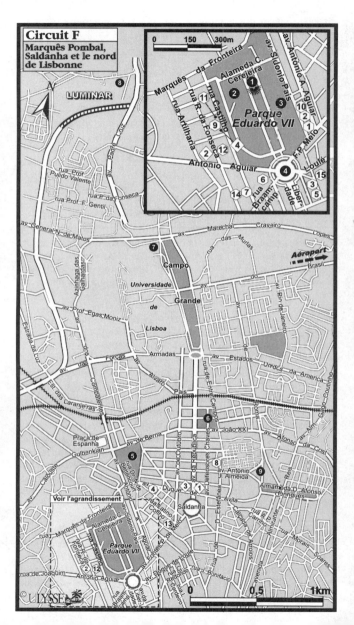

musée où la technologie moderne a été admirablement mise au service de l'art.

Fondation Calouste Gulbenkian

La Fondation Calouste Gulbenkian doit son origine à un riche homme d'affaires d'origine arménienne, Calouste Sarkis Gulbenkian. Ayant fait fortune dans le commerce du pétrole, après avoir vécu à Londres et à Paris, il s'installe à Lisbonne dès 1942. Grand amateur d'art, il va réussir à collectionner une quantité impressionnante (plus de 6 000 pièces) de véritables œuvres d'art. À sa mort, en 1955, il légua une partie importante de ses avoirs à l'État ainsi qu'à sa fondation, qui organise aujourd'hui de nombreuses expositions et concerts et qui possède même une troupe de ballet.

Tout près, dans le même parc, le **Centro de Arte Moderna** *(billet combiné avec le musée, même horaire; Rua Dr. Nicolau de Bettencourt)* présente des œuvres (peintures et sculptures) d'artistes contemporains portugais ou étrangers travaillant au Portugal.

Si vous êtes intéressé par la tauromachie, rendez-vous à la **Praça de Touros (6)** *(Praça de Touros; du Rossio bus 21, arrêt Campo Pequeno, métro Campo Pequeno)*, où vous pourrez voir le curieux bâtiment abritant l'arène. Construit en 1892, il affiche avec ses bulbes et ses nombreux arcs outrepassés en plein cintre un style nettement mauresque. Entre mai et octobre, des «représentations» ont lieu deux fois par semaine. Les passionnés d'histoire se rendront au **Museu da Cidade (7)** (Musée de la ville) *(330 ESC; mar-dim 10h à 13h et 14h à 18h; Campo Grande 245, ☎ 759 16 17; de la Praça Figueira, bus 7; du Rossio, bus 1 ou 36, arrêt Campo Grande-Norte ou métro Campo Grande)*, où une exposition retrace l'histoire de la ville depuis la préhistoire jusqu'à la naissance de la République. Une intéressante maquette représentant la ville avant le tremblement de terre de 1755 y est exposée.

Le **Museu Nacional do Traje** ★ **(8)** (Musée du Costume) *(400 ESC; mar-dim 10 h à 18; Largo Júlio de Castilho-Parque do Monteiro-Mor, Lumiar, ☎ 759 03 18; de la Praça Figueira, bus 7; du Rossio, bus 36, arrêt Lumiar)* présente un très grand nombre de tissus et de costumes qui datent de la période allant du IVe au XIVe siècle. Dans les ateliers entourant le musée, vous pourrez observer les différentes techniques de tissage.

L'**Instituto Nacional de Estatística (9)** loge dans un bel immeuble Art déco qui rutile de ses ferrures vertes et de son verre doré. Il ferme la perspective au fond de l'avenue António José de Almeida.

CIRCUIT G : RESTAURADORES ET LIBERDADE

Voir carte p 137.

À la mort du cardinal Dom Henrique, en 1580, le Portugal tombe sous le joug espagnol. Le 15 décembre 1640 cependant, soit 60 ans plus tard, une révolte fomentée par la noblesse porte au pouvoir le duc de Bragance (João IV), restaurant de ce fait l'indépendance du pays. C'est en souvenir de ces événements qu'est érigé en 1886 sur la **Praça dos Restauradores (1)** un obélisque flanqué de deux bronzes. Cette place sans grand intérêt, devenue un important carrefour routier et le lieu de passage de nombreux bus, a surtout vu s'établir de nombreux hôtels, banques et agences de voyages, ainsi qu'un grand stationnement souterrain.

L'édifice le plus remarquable de la place est le **Palácio Foz** *(du côté gauche de la place en direction de la Praça Marquês de Pombal)*. C'est dans cet ancien palais datant du début du XIXe siècle que se trouve l'Office de tourisme (ICEP) (voir horaire p 58). Sa belle façade nous prouve, une fois de plus, le savoir-faire des architectes italiens. L'édifice eut en effet pour architecte l'Italien Francisco Fabri. Situé juste à côté, dans la Calçada da Glória, l'**Elevador da Glória** mène directement les Lisbonnins dans le Bairro Alto. Ce funiculaire, bien que le deuxième à être construit (1885), est le premier à avoir été équipé d'un moteur électrique. C'est l'unique funiculaire de la ville qui était muni autrefois d'un long banc placé sur le toit, offrant de cette manière des places supplémentaires. En guise d'anecdote, sachez également qu'en soirée la voiture était éclairée par des bougies. Aujourd'hui, il transporte jusqu'à trois millions de personnes par an.

Les amateurs d'Art déco remarqueront sans aucun doute l'immense façade de l'ancien **Teatro Eden** ★, situé à côté du

Palácio Foz. Décorée en son sommet de belles fresques, elle a heureusement été protégée de la démolition, contrairement au reste du bâtiment, qui abrite aujourd'hui l'hôtel Orion et le magasin Virgin. Il s'agit là d'un bel exemple de préservation d'éléments patrimoniaux.

Dans le prolongement de la Praça dos Restauradores, l'immense **Avenida da Liberdade ★ (2)** est probablement la plus longue et plus large avenue du Portugal. Avec ses 90 m de largeur, les instigateurs du projet ont visiblement voulu en faire une voie d'entrée fastueuse et romantique vers la ville, mais ils n'avaient probablement pas imaginé qu'elle se transformerait un jour en un grand axe de circulation bruyant. Quoi qu'il en soit, elle demeure aujourd'hui encore une impressionnante avenue arborée où s'imposent par-ci par-là quelques beaux immeubles bourgeois. Parmi ceux-ci, se dressent l'élégante façade de l'immeuble localisé aux n°s 206-216, au rez-de-chaussée scandaleusement abîmé par la présence du concessionnaire d'automobiles Fiat, et la charmante devanture mauresque de l'édifice aux n°s 226-228, garnie de superbes vitraux. Tandis que les Lisbonnins aiment à s'y promener, à la recherche d'un cinéma ou d'une des nombreuses agences de voyages qui s'y trouvent, les touristes y déambulent vers les hôtels. Sous les arbres des contre-allées, on peut encore trouver en certains endroits des terrasses bordées de pelouse où, malgré le bruit, il fait bon se désaltérer (voir aussi p 251). Signe du grand raffinement de l'époque, vous remarquerez, à même les trottoirs de l'Avenida, les nombreuses mosaïques représentant des marins.

En traversant la Praça dos Restauradores en son centre, vous aboutirez à la Travessa Santo Antão, qui débouche elle-même sur la **Rua das Portas de Santo Antão.** Sur cette agréable rue piétonnière, très riche en restaurants, se trouve la **Casa do Alentejo ★ (3)** *(Rua das Portas de Santo Antão n° 58)*. Ce club social, dont une partie est ouverte au public, est aménagé dans une étonnante demeure bourgeoise datant de la fin du XIXe siècle avec un décor intérieur de style mudéjar (très en vogue à cette époque). Après avoir poussé la porte d'entrée, vous vous retrouverez directement dans un opulent patio intérieur, aux allures arabesques, invitant à la rêverie. Accédez ensuite à l'étage par le majestueux escalier enjolivé d'azulejos, et, une fois arrivé au sommet, rendez-vous dans la grande salle située à gauche de l'escalier. Là, dans un décor rococo, stucs,

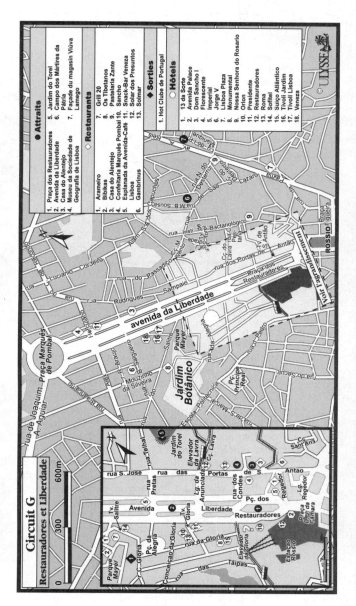

Circuit G
Restauradores et Liberdade

0   300   600m

● **Attraits**

1. Praça dos Restauradores
2. Avenida da Liberdade
3. Casa do Alentejo
4. Museu da Sociedade de Geografia de Lisboa
5. Jardim do Torel
6. Campo dos Mártires da Pátria
7. Façade du magasin Viúva Lamego

♦ **Restaurants**

1. Arameiro
2. Biblikas
3. Casa do Alentejo
4. Confeitaria Marquês Pombal
5. Esplanada da Avenida-Café
6. Gambrinus
7. Grill 20
8. Os Tibetanos
9. Pastelaria Zante
10. Sancho
11. Snack-Bar Veneza
12. Solar dos Presuntos
13. Solmar

♦ **Sorties**

1. Hot Clube de Portugal

○ **Hôtels**

1. 13 da Sorte
2. Avenida Palace
3. Dom Sancho I
4. Florescente
5. Imperial
6. Jorge V
7. Lisboa Plaza
8. Lisboa
9. Monumental
10. Nossa Senhora do Rosário
11. Orion
12. Presidente
13. Restauradores
14. Roma
15. Sofitel
16. Suíço Atlântico
17. Tivoli Jardim
18. Tivoli Lisboa
19. Veneza

© ULYSSE

La sphère armillaire

Symbole souvent utilisé dans l'art manuélin, la sphère armillaire se présente sous la forme d'un globe, à l'intérieur duquel sont disposés plusieurs cercles reproduisant le parcours des astres dans l'univers. C'est le roi Dom Manuel qui adopta cette figure comme emblème officiel de la Cour.

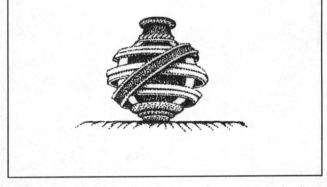

dorures, lustres de cristal et beau parquet garnissent les lieux transformés de cette manière en une vraie salle de palais! Tandis que, juste à côté, on a aménagé un restaurant (voir p 252) dont les beaux azulejos méritent à eux seuls la visite, une autre petite salle (sans intérêt celle-là, située à droite, au fond de la grande salle) sert de cafétéria.

Dans la même rue, en continuant votre balade plus au nord, vous parviendrez au **Coliseu dos Recreios** *(situé entre la Travessa Santo Antão et la Rua dos Condes, du côté droit en remontant la rue vers le nord)*. Il s'agit d'une immense salle de spectacle où l'on présente, entre autres, de nombreux concerts. L'endroit renferme également le **Museu da Sociedade de Geografia de Lisboa (4)** *(entrée libre; lun, mer et ven 11h à 13h et 15h à 18h; Rua das Portas de Santo Antão n° 100, ☎ 342 50 68)*, un musée ethnographique d'outre-mer qui, dans un décor plutôt vieillot, expose toutes sortes d'objets ramenés lors des grandes explorations portugaises.

En prolongeant votre visite vers le nord, vous aboutirez au Largo da Anunciada, où se trouve l'Elevador da Lavra *(Calçada da Lavra)*. Ce funiculaire, le premier construit à Lisbonne, fut inauguré en 1884 et connut dès le jour de sa mise en service un véritable succès. C'est ainsi que, le 19 avril 1884, il transporta 3 000 passagers durant 16 heures d'affilée. Autrefois, afin d'éviter tout accident, le conducteur devait signaler son passage en soufflant régulièrement dans une corne! Grâce à cet ouvrage, les Lisbonnins (et les touristes) peuvent encore se rendre au **Jardim do Torel (5)** *(en sortant du funiculaire, empruntez la Rua Câmara Pestana vers la gauche, puis la Travessa do Torel à gauche de nouveau, pour finalement rejoindre la Rua Júlio de Andrade, à droite cette fois)*, un agréable jardin aménagé au centre d'un vieux quartier plein de charme (visite déconseillée la nuit). De là, de beaux **points de vue** sur le nord de la ville s'offrent à vous. Toutefois, avant de s'y rendre, les passionnés de photographie ne manqueront pas d'emprunter la **Calçada do Lavra** *(à mi-chemin de la montée du funiculaire)* afin d'immortaliser quelques belles prises de vues particulièrement romantiques.

Par la suite, vous pouvez prolonger votre visite dans la Rua de Júlio de Andrade jusqu'au **Campo dos Mártires da Pátria (6)**, une immense place agrémentée d'un parc. Sur la place même, une statue érigée en l'honneur d'un célèbre docteur portugais, le Dot Sousa Martins, fait l'objet d'un culte du miracle. Là, tout autour du socle, après avoir déposé la photo d'un proche malade ou décédé, de nombreuses femmes viennent s'agenouiller pour la prière, espérant ainsi bénéficier des bonnes grâces du docteur.

Si les azulejos sont votre passion et si la marche n'est pas un obstacle pour vous, poursuivez votre visite en empruntant la Rua Manuel Bento Sousa puis la Rua de São Lazaro, d'où l'amusante petite Calçada do Desterro vous mènera directement à la très passante Avenida Almirante Reis. Là, à l'angle du Largo do Intendente Pina Manique, un bel immeuble de coin exhibe fièrement ses **azulejos** d'inspiration Art nouveau ainsi que ses amusants éléments de **ferronnerie** en forme de libellules, scarabées et cygnes. Rendez-vous à présent directement sur le Largo do Intendente Pina Manique même, où vous aurez l'occasion d'admirer la **façade ★★ (7)** du magasin Viúva Lamego (voir p 297). Il s'agit d'une véritable petite merveille qui saura rapidement vous faire oublier la fatigue de cette longue excursion. La station de métro Intendente, toute proche, vous conduira immédiatement au centre-ville, clôturant ainsi ce long circuit.

 CIRCUIT H : SANTA CATARINA
ET CAIS DO SODRÉ

Voir carte p 141.

Comme presque partout à Lisbonne, la visite de ce quartier peut se faire selon plusieurs itinéraires différents. En voici un qui, en plus d'être la prolongation de la visite du Chiado, vous fait utiliser l'amusant Elevador da Bica.

Du Largo do Chiado, empruntez la très animée Rua do Alecrim vers le sud, puis, dans la descente, faites une petite halte littéraire au **Largo Barão de Quintela (1)**, où le romancier José Maria Eça de Queirós est immortalisé par une **sculpture intitulée *La Vérité*.** En continuant votre descente, vous franchirez un petit pont sous et sur lequel roulent les typiques trams de Lisbonne, lieu idéal pour de belles prises de vue. Remarquez aussi, juste avant celui-ci, les nombreuses clôtures en fer forgé qui semblent protéger les demeures à proximité du pont.

En poursuivant toujours votre descente en direction de la Praça do Duque da Terceira, vous aboutirez au **Cais do Sodré (2)** *(de la Praça da Figueira tram 15, de la Praça do Comércio tram 18, arrêt Cais do Sodré)*, un des points névralgiques de la capitale. Outre une gare ferroviaire *(Estação Cais do Sodré)* d'où partent de nombreux trains en direction des stations balnéaires de Setúbal et Cascais, une gare maritime permet aux voyageurs de traverser le Tage en direction de Cacilhas (voir aussi p 69). Quelques bars et restaurants sont établis le long du quai, et vous pourrez consommer une boisson ou prendre un bon repas à l'une de leurs agréables terrasses.

Revenez à présent sur vos pas afin de rejoindre la Rua da Ribeira Nova puis, plus loin, la Rua da Moeda. Cette dernière vous mènera directement à l'**Elevador da Bica (3)**, que vous utiliserez pour une amusante montée jusqu'au Largo Calhariz. Une fois arrivé là, rendez-vous à la **Biblioteca Camões (4)** *(mar-sam 10 h à 18 h; Largo do Calhariz nº 17, entrée face à l'arrêt de tram, de la Rua da Conceição tram 28 ou de la Praça da Figueira bus 100, arrêt Calhariz)*, où une très belle **cage**

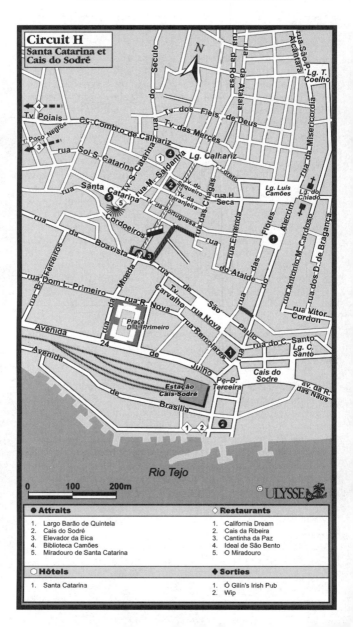

La Sétima Colina

Lors de votre passage dans le Bairro Alto ou le Chiado, si vous entendez parler de la Sétima Colina (la septième colline), sachez qu'il s'agit de l'un des nombreux programmes organisés par la ville pour célébrer la proclamation de «Lisbonne, capitale européenne de la culture» en 1994. **José-Augusto França** (historien d'art), qui en est le concepteur, a voulu ainsi dévoiler à l'Europe la grande richesse architecturale de sa ville en choisissant de mettre en valeur un parcours allant du Cais do Sodré (quai) au Largo do Rato. Composé d'un enchaînement de cinq rues traversant des quartiers aux composantes sociales très différentes, ce trajet ne forme en fait qu'un seul axe. Riche en architecture, il présente tout au long de sa traversée un grand nombre de styles et d'époques différentes, allant du style mudéjar au style néoclassique du XIXe siècle en passant par le style baroque de l'intérieur de l'église São Roque, datant du XVIIe siècle. Grâce à ce programme, un grand nombre de bâtiments ont été et sont toujours restaurés ou rafraîchis, donnant de l'éclat au charme un peu désuet de Lisboa.

---

d'escalier ★ au plafond entièrement boisé et aux murs décorés d'azulejos enchantera une fois de plus les amoureux de ce type de décoration.

Poursuivez votre visite par la Rua Marechal Saldanha, où une série de ruelles perpendiculaires comptent parmi les plus pittoresques de la ville. Ainsi, ne manquez pas de vous arrêter un moment face à la **Travessa da Laranjeira** ainsi que face à la **Travessa da Portuguesa**, toutes deux véritables sujets de cartes postales. Enfin, plus loin, le **Miradouro de Santa Catarina ★ (5)**, que surveille de près le démon de la mer *Adamastor*, si bien décrit dans les *Lusiades de Camões*, complète cette balade par une agréable vue sur le Tage et sur le Ponte 25 de Abril.

CIRCUIT I : ESTRÊLA ET LAPA

Voir carte p 144 et 145.

Du Largo do Rato, en descendant la **Rua de São Bento** tout en vous dirigeant vers le palais de l'Assemblée, vous remarquerez la présence de nombreuses boutiques d'**antiquaires** et de **brocanteurs**. Cette rue est en effet connue des Lisbonnins pour le beau choix d'objets anciens que l'on peut y acheter. Cette promenade devrait donc ravir les collectionneurs et amateurs d'antiquités. Tout en bas de la rue, sur le côté droit, se trouve le **Palácio da Assembleia Nacional (1)** *(du Rato, bus 6 et 49, arrêt São Bento; de la Baixa, Rua da Conceição, tram 28, arrêt Rua São Bento)*, aménagé dans l'ancien couvent de São Bento. Sa façade monumentale de style néo-classique, à l'écart de la place qu'elle surplombe, donne l'impression de dominer les lieux. La résidence de fonction du premier ministre se trouve derrière le Palácio, dans le domaine attenant.

Un petit détour par la Rua Nova da Piedade vous permettra d'aboutir à la petite **Praça das Flores (2)**, joliment bordée d'arbres, et de découvrir un quartier agréable où il fait bon flâner à toute heure. Tout autour de la Praça, quelques excellents restaurants sont accessibles, alliant ainsi le plaisir de la visite à celle de la découverte culinaire.

Revenez à présent sur vos pas afin d'emprunter la Calçada da Estrêla, située à gauche de l'Assemblée nationale.

Malgré l'intense activité politique des lieux, le quartier de l'Estrêla est surtout apprécié pour son calme et ses espaces verts. Les amateurs de jardins romantiques ne manqueront pas de visiter le **Jardim da Estrêla ★ (3)** *(du Baixa, Rua da Conceição, tram 28, arrêt Estrêla; du Rato, de nombreux bus)*. Ce parc, l'un des plus anciens de la ville, est aussi, avec ses jolies sculptures, ses bassins, ses allées de peupliers, ses platanes et ses cèdres, l'un des plus romantiques que connaît Lisbonne. Un petit kiosque à musique, décoré de ferrures comparables à de la dentelle, complète à merveille le décor.

● **Attraits**	
1. Palácio da Assembleia Nacional	5. Palácio dos Valenças
2. Praça das Flores	6. Casa Visconde de Sacavém
3. Jardim da Estrêla	7. Museu Nacional de Arte Antiga
4. Basílica da Estrêla	

○ **Hôtels**	
1. As Janelas Verdes	3. York House
2. Da Lapa	

◇ **Restaurants**	
1. Assóporco	10. O Leão da Estrêla
2. Casa México	11. Pastelaria Apolo XI
3. Conventual	12. Picanha
4. Embaixada	13. Siesta Brava
5. Flor da Estrêla	14. Umpuntocinco
6. Foxtrot	15. Xêlê Bananas
7. Frej Contente	16. Xico's Bar Restaurante
8. Gingro's Café	17. York House
9. Joe Spaghetti	18. Zutzu

◆ **Sorties**	
1. A Lontra	5. Café Central
2. A Última Ceia	6. Café Santos
3. Akade Nykos	7. Foxtrot
4. Até Qu'Enfim	

En face du parc, la **Basílica da Estrêla ★ (4)** *(du Baixa, Rua da Conceição, tram 28, arrêt Estrêla; du Rato, de nombreux bus)*, de style baroque, fut édifiée entre 1779 et 1790 sur ordre de Dona Maria I en remerciement de l'accomplissement de son vœu. Elle souhaitait en effet un héritier pour le trône. Contrairement à l'extérieur, assez élégant, l'intérieur, sans charme évident, est surtout décoré de marbre rose et bleu, lui conférant une certaine froideur. Le tombeau de la défunte reine s'y trouve.

Même si le quartier **Lapa ★** ne compte que peu d'attraits particuliers, il est fascinant de s'y promener pour découvrir de nombreux hôtels particuliers, appelés *palacetes* (petits palais), souvent entourés de beaux jardins. La plupart des petits palais visibles aujourd'hui logent des ambassades, des consulats ou des sociétés.

Pour une visite intéressante à pied, commencez-la par la Rua de São Domingos a Lapa, où, au n° 37, se trouve l'ancien et joli palais **Porto Covo**. Datant du XVIIᵉ siècle, il abrite actuellement l'ambassade de Grande-Bretagne. Plus loin, sur la Rua do Pau da Bandeira, au n° 4, est situé le **palácio dos Valenças (5)**,

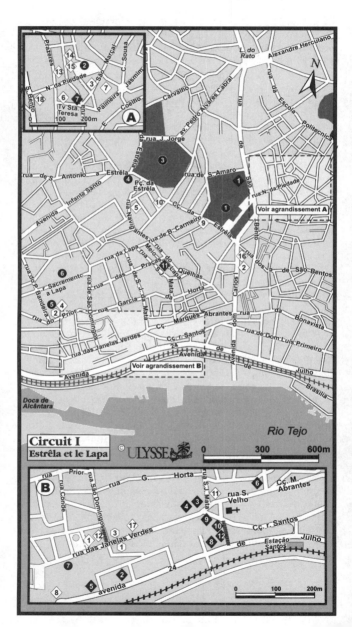

datant de 1870. Bien que ce palais soit transformé aujourd'hui en un hôtel luxueux (Hotel da Lapa, voir p 218), les propriétaires ont su astucieusement conserver sa façade. Une salle située à l'étage, servant pour les banquets, possède encore sa riche décoration, où dorures, stucs et faux marbres baignent dans la lumière feutrée des vitraux d'époque. Continuez à présent dans la Rua do Pau da Bandeira jusqu'à son croisement avec la Rua do Sacremento a Lapa, que vous emprunterez sur votre droite. Au n° 27 de la rue, vous pourrez contempler un élégant immeuble, celui logeant la Fundação Luso-Americana, agrémenté d'un joli jardin. Juste en face, la **Casa Visconde de Sacavém ★ (6)**, aux fenêtres et aux portes curieusement décorées d'un mélange d'azulejos et d'autres éléments en céramique, mérite à elle seule le déplacement. En poursuivant la découverte du quartier par les rues Garcia de Orta et São João da Mata, puis par la Rua das Janelas Verdes, vous vous retrouverez près des quais et du musée d'Art ancien, bouclant ainsi votre petit tour d'horizon du quartier.

Les personnes ne désirant pas marcher pourront prendre le tram 25, qui traverse le quartier; de la Baixa, rendez-vous au Largo do Corpo Santo, où se trouve le terminus du tram.

Le **Museu Nacional de Arte Antiga ★★ (7)** *(500 ESC; mar 14h à 18h, mer-dim 10h à 18h; Rua das Janelas Verdes n° 9, ☎ 367 60 01 ou 396 41 51; de la Praça Figueira, bus 40, arrêt Rua Presidente Arriaga, de la Praça do Comércio tram 15, arrêt Cais da Rocha)*, aménagé en partie dans un palais autrefois habité par le marquis de Pombal, renferme une riche collection d'œuvres couvrant la période du XIVe au XIXe siècle. Parmi celles-ci, vous pourrez admirer des sculptures, des tapisseries, des meubles, de l'orfèvrerie, des céramiques et, surtout, de très nombreuses peintures provenant de grandes écoles européennes. Parmi les pièces maîtresses, ne manquez pas d'observer le triptyque intitulé *La Tentation de saint Antoine* ★ du peintre Jérôme Bosch et, dans la collection d'orfèvrerie, le magnifique **Ostensoir de Nostra Damas de Belém ★**, chef-d'œuvre de l'orfèvrerie manuéline. La plupart des œuvres exposées au musée proviennent des collections royales et, surtout, des confiscations effectuées lors de la fermeture des couvents en 1834. Il s'agit là de la plus importante collection d'art ancien au Portugal.

CIRCUIT J : ALCÂNTARA,
SANTO AMARO ET BELÉM

Voir carte p 148 et 151.

Pour se rendre à Belém, le tram 15 longe les bords du Tage et passe par le quartier de l'Alcântara. Autrefois un quartier très ouvrier, où anciens entrepôts et bâtiments industriels se côtoyaient, il est aujourd'hui à l'image du Bairro Alto, en transformation progressive. C'est ainsi qu'un nombre de plus en plus grand de ces bâtisses sont reconverties en discothèques, bars ou restaurants à la mode. Une virée dans ces lieux le soir (voir p 284) plongera le visiteur dans une drôle d'atmosphère, où une faune branchée déambule à travers ce quartier industriel à la recherche de nuits agitées. Pendant la journée, le passage du tram entre les gigantesques piliers de béton qui soutiennent le Ponte de 25 Abril procure une tout aussi étrange sensation. De cet endroit, la vue en contre-plongée sur le pont surplombant les maisons est saisissante et mérite une brève halte.

Cependant, avant d'explorer ce secteur, les visiteurs férus d'histoire se rendront dans le quartier de l'Alcântara pour observer l'imposante façade du **Palácio das Necessidades (1)** *(Largo das Necessidades; de la Praça Figueira, bus 40, arrêt Praça da Armada)*. Si c'est dans ce palais que vécut presque toute la dynastie de Bragance, c'est là également qu'elle vécut une série de drames (mort de Pedro V du typhus, décès de la reine Maria II à 27 ans, assassinat de Carlos I et de son fils) qui devaient prendre fin avec la fuite de Manuel II, dernier roi du Portugal. En s'embarquant ainsi pour l'exil, la monarchie portugaise s'éteignit en 1910. Actuellement siège du ministère des Affaires étrangères, les lieux sont fermés au public.

S'il fallait choisir une voie royale pour pénétrer dans la ville, ce serait certainement par le **Ponte 25 de Abril ★★ (2)** *(passage en voiture 250 ESC; de la Praça Marquês de Pombal, empruntez la Rua Joaquim António de Aguiar et suivez les panneaux indicateurs pour Alcântara ou Sétubal; en bus, de la Praça Marquês de Pombal, bus 53, arrêt au poste de péage)* que l'on y accéderait. Ce pont est à la capitale ce qu'est la tour Eiffel à Paris ou le Golden Gate à San Francisco. Nul ne pourrait en effet concevoir aujourd'hui la ville sans cet ouvrage d'art. Érigé de 1962 à 1966 et inauguré sous Salazar (il s'appelait autrefois

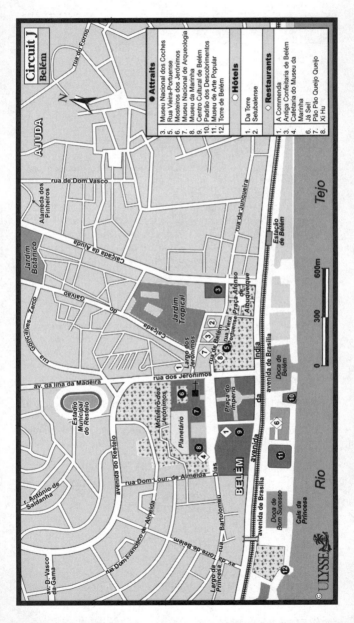

Circuit J
Belém

● **Attraits**

3. Museu Nacional dos Coches
5. Rua Vieira-Portuense
6. Mosteiros dos Jerónimos
7. Museu Nacional de Arqueologia
8. Museu da Marinha
9. Centro Cultural de Belém
10. Padrão dos Descobrimentos
11. Museu de Arte Popular
12. Torre de Belém

○ **Hôtels**

1. Da Torre
2. Setubalense

◇ **Restaurants**

1. A Commenda
3. Antiga Confeitaria de Belém
4. Cafetária do Museu da Marinha
6. Já Sei!
7. Pão Pão Queijo Queijo
8. Xi Hu

le pont Salazar), il connut immédiatement un grand succès auprès des Lisbonnins. Il est vrai que, jusqu'à cette époque, il fallait soit remonter longuement le Tage pour pouvoir le traverser, soit prendre un des nombreux traversiers qui effectuent le passage constant d'une rive à l'autre. À partir de la Révolution des œillets, le pont fut rebaptisé «Ponte 25 de Abril» afin de célébrer cette journée historique. Sur le plan technique, il s'agit là d'un chef-d'œuvre pour l'époque, et il fut pendant longtemps le plus long pont suspendu d'Europe. Sa travée centrale mesure 1 013 m, et sa hauteur est de 70 m au-dessus de l'eau. À ce jour, pas moins de 140 000 voitures franchissent chaque jour le pont, provoquant parfois des embouteillages de plusieurs heures. Sur le plan du tourisme, outre le fait qu'il permet un accès rapide aux belles plages de la baie de Setúbal, il offre de **magnifiques vues ★★** sur Lisbonne et le Tage. Sa traversée en soirée est particulièrement recommandé, car, à ce moment-là, la ville brille de mille feux, renforçant ainsi son image romantique. Actuellement, avec l'appui financier de la Communauté économique européenne, d'importants travaux sont en cours sur le pont, où l'on procède à l'installation d'un tablier inférieur pour le passage de la voie ferrée. Lorsque cet ouvrage sera terminé, Lisbonne sera enfin directement reliée au sud du pays par le train.

Autrefois un faubourg et un avant-port d'où partaient les caravelles, le quartier de **Belém ★★★** doit son nom à la contraction du mot «Bethléem». Le quartier, l'un des plus riches en monuments et en musées, s'est surtout développé grâce aux richesses rapportées des Indes. La cour et les nobles ainsi enrichis y firent construire de somptueux palais dont la majorité a miraculeusement résisté au tremblement de terre de 1755.

Le **Museu Nacional dos Coches ★★ (3)** *(450 ESC; mar-dim 10h à 17h30; Praça Afonso de Albuquerque, ☎ 361 08 50; de la Praça da Figueira, tram 15, arrêt Rua de Belém ou bus 14 et 43, arrêt Altinho)* est un musée consacré principalement aux carrosses royaux. La royauté portugaise ayant accumulé de nombreux carrosses d'apparat, la reine Dona Amelia décida de les rassembler dans l'ancien manège royal du palais de Belém afin d'y aménager un musée. Ouvert depuis 1905, il renferme l'une des plus riches et des plus complètes collections de carrosses royaux au monde. On y trouve des carrosses datant de la période allant du XVIIe au XIXe siècle. Certains sont si richement décorés que l'on a peine à croire qu'ils aient servi de moyens de locomotion. Parmi les plus extravagants, ne manquez pas d'observer les trois carrosses baroques romains utilisés en 1716 lors du voyage de l'ambassade royale auprès du pape Clément XI. Le plafond de la grande salle, surchargé de médaillons et de peintures, ajoute encore à l'exubérance des lieux. À l'étage, plusieurs tribunes permettent d'avoir une bonne vue d'ensemble.

Si les intérieurs richement décorés vous attirent, faites un détour par le quartier de l'Ajuda pour visiter le **Museu do Palácio Nacional da Ajuda ★ (4)** *(500 ESC; jeu-mar 10h à 16h30, fermé lors des réceptions officielles; Calçada da Ajuda, ☎ 363 70 95 ou 362 02 64; de la Praça da Comércio, tram 18, arrêt Calçada da Ajuda; de la Praça da Figueira, bus 60, arrêt Largo da Ajuda)*, une résidence royale de 1862 à 1910. La construction de l'actuel palais débuta en 1802; il devait à l'origine s'avérer deux fois plus grand, mais resta inachevé pour des raisons financières. Lorsque Dom Luís I s'y installa en 1862, il ne se doutait probablement pas qu'un an plus tard sa très «dépensière» épouse italienne (Dona Maria Pia) allait en faire un véritable musée d'arts décoratifs. Manquant d'intérêt pour le mobilier ancien et véritablement passionnée par la décoration moderne, elle allait garnir ce palais d'objets et de meubles provenant des meilleurs ateliers européens. La visite des salles constitue donc un véritable patchwork des productions décoratives européennes du XIXe siècle. Ne manquez pas de voir la véranda du jardin d'hiver, offerte par le vice-roi d'Égypte, qui est peut-être la pièce la plus étonnante et la plus moderne. L'extérieur du palais, de style néo-classique et d'aspect massif, est sans grand intérêt. Le palais étant fréquemment fermé pour des réceptions officielles lors de visites de chefs d'État étrangers, assurez-vous qu'il est bien ouvert avant de vous y rendre.

Avant d'accéder au monastère des Hiéronymites, effectuez un petit détour par la **Rua Vieira-Portuense (5)**, où vous pourrez admirer une jolie rangée de vieilles demeures populaires qui bordaient autrefois les quais. Aujourd'hui rafraîchies, elles abritent des cafés, des restaurants et quelques boutiques. Au passage, remarquez celles localisées entre les nos 52 et 40, à l'étage en encorbellement soutenu par de petites colonnes et formant un passage couvert. D'autre part, en traversant la Rua de Belém, rendez-vous à l'arrière du restaurant Pão Pão Queijo Queijo :

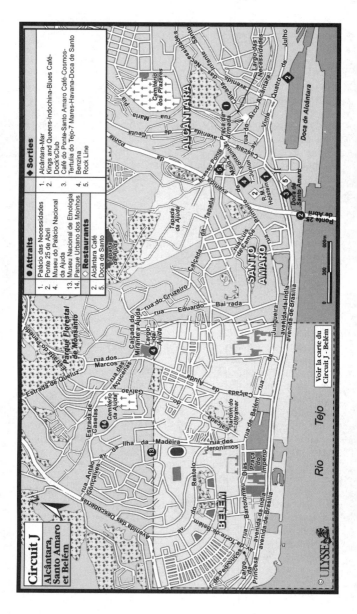

Circuit J

Alcântara, Santo Amaro et Belém

● **Attraits**

1. Palácio das Necessidades
2. Ponte 25 de Abril
13. Museu do Palácio Nacional da Ajuda
13. Museu Nacional de Etnologia
14. Parque Urbano dos Moinhos

◇ **Restaurants**

2. Alcântara Café
5. Doca de Santo

◆ **Sorties**

1. Alcântara-Mar
2. Kings and Queens–Indochina–Blues Café-Dock'sClub
3. Café do Ponte-Santo Amaro Café-Cosmos-Tertulia do Tejo-7 Mares-Havana-Doca de Santo
4. Benzina
5. Rock Line

Voir la carte du Circuit J - Belém

© ULYSSE

vous y verrez le *pelourinho de Belém*, curieusement niché dans une minuscule rue.

S'il ne fallait visiter qu'un seul lieu à Lisbonne, il s'agirait sans conteste du **Mosteiro dos Jerónimos** ★★★ (6) (monastère de l'ordre des Hiéronymites) *(Praça do Império, ☎ 363 00 34; de la Praça da Figueira, tram 15 ou bus 43, arrêt Mosteiro Jerónimos)*. Sa construction, débutée en 1502 par Boytac sur ordre de Dom Manuel I, dura près de 100 ans. Dom Manuel I et ses successeurs purent, grâce à la découverte de la route des Indes et à son apport en richesses, investir des sommes fabuleuses dans l'édification des bâtiments et engager à cette fin les meilleurs artisans et architectes de l'époque. Parmi eux : l'Espagnol João de Castilho (architecte du couvent du Christ, à Tomar) et le sculpteur français Nicolas Chantereine, qui, d'après certains historiens, aurait été le premier à introduire au Portugal des éléments de type Renaissance. L'ensemble, composé de l'église Santa Maria et du monastère doté d'un cloître, constitue un véritable chef-d'œuvre où l'union entre art manuélin et style Renaissance atteint un degré d'osmose proche de la perfection. Le site est classé patrimoine mondial par l'UNESCO.

Avant de pénétrer dans l'**Igreja Santa Maria** ★★★ *(entrée libre; mar-dim 10h à 17h, visite interdite durant les offices)*, on portera une attention toute particulière à ses deux portails. Le **portail sud** ★★, garni de sculptures où se mêlent statuettes et motifs marins disposés de part et d'autre du portail, démontre un travail d'une grande finesse. De chaque côté, deux fenêtres richement décorées complètent cet ensemble féerique. Au **portail ouest** ★★, également merveilleusement travaillé, vous pourrez observer deux admirables statues représentant le roi Manuel et la reine Maria (œuvres du Français Chantereine), ainsi que de nombreuses scènes religieuses. À l'intérieur, la haute voûte garnie d'un réseau complexe de nervures est soutenue par des colonnes d'une grande finesse (œuvre de João de Castilho). Sa largeur étonne lorsqu'on apprend qu'elle a résisté au tremblement de terre. Sa construction fut une véritable prouesse technique. Dans le chœur ainsi que les transepts sont disposés différents tombeaux soutenus par des éléphants et contenant les dépouilles de plusieurs rois. À l'entrée, sous le *coro-alto*, on peut observer de chaque côté les tombeaux merveilleusement sculptés du célèbre poète Camões et de l'explorateur Vasco da Gama. Du *coro-alto (accès par le cloître* *seulement)*, on peut admirer le bel ensemble de nervures qui tapisse les voûtes de la nef centrale. Le dôme actuel qui coiffe l'église date du XIXe siècle et remplace le clocher de forme pyramidale qui s'effondra lors du tremblement de terre de 1755.

La découverte des lieux se poursuit par la visite du **cloître** ★★★ *(400 ESC; mar-dim 10h à 17h; entrée contiguë à la porte ouest de l'église, ☎ 363 00 34)*, qui, avec celui de Batalha, est un des plus beaux du pays. En y pénétrant, on a en effet l'impression d'entrer dans un lieu magique. On y trouve sur deux niveaux une profusion de baies profondes richement sculptées et garnies de colonnes aussi gracieusement travaillées. Tandis que l'étage inférieur, d'inspiration gothique, est l'œuvre de Boytac, le supérieur, moins élaboré, est l'œuvre de João de Castilho. La visite du cloître est particulièrement intéressante en fin d'après-midi, lorsque la lumière feutrée du jour colore la pierre d'un ton ocre. À ne pas manquer lors de votre visite : la belle décoration de la voûte du **réfectoire** ★ ainsi que son ornement d'azulejos.

Aménagé dans le long bâtiment (XIXe siècle) contigu à l'église de Santa Maria, le **Museu Nacional de Arqueologia (7)** *(350 ESC, entrée libre dim 10h à 14h; mar 14h à 18h, mer-dim 10h à 18h; Praça do Império, ☎ 362 00 00)* intéressera surtout les passionnés de la période paléolithique jusqu'à l'époque romaine. De nombreuses pièces (statuettes, poteries, etc.) découvertes sur le territoire portugais y sont exposées.

Toujours dans le même bâtiment *(entrée au bout de celui-ci, dans l'aile ouest du monastère)*, le **Museu da Marinha** ★★★ **(8)** *(300 ESC; hiver mar-dim 10h à 17h, été ouvert jusqu'à 20h; Praça do Império, ☎ 362 00 10)* est un des musées de la marine les plus complets du monde. Maquettes de bateaux, instruments de navigation et cartes marines y sont présentés d'une manière originale et intéressante. À ne pas manquer : la salle des barges royales, où une impressionnante barge ayant servi à la reine Maria I est exposée. Dans la même salle se trouve également l'hydravion *Santa Cruz*, qui fut le premier avion à traverser l'Atlantique Sud (1922) et dont une copie située à l'extérieur du musée (dans le parc, en face de la tour de Belém) commémore l'événement.

Art manuélin

Faisant face au musée de la marine, le nouveau **Centro Cultural de Belém (9)** *(Praça do Império, information en portugais seulement ☎ 361 24 00; de la Praça da Figueira, tram 15 ou bus 43, arrêt Mosteiro dos Jerónimos)* étonne tant par ses dimensions que par ses lignes futuristes. En effet, ce colosse d'aspect cubique, édifié en 1993 par les architectes Vittorio Gregotti et Manuel Salgedo, détonne quelque peu avec les environs immédiats. Vous y trouverez diverses salles de spectacle et d'exposition, ainsi que plusieurs boutiques et restaurants. Le défi ici est de ne pas se perdre dans ce véritable labyrinthe.

Sur le quai, en face du musée du Mosteiro dos Jerónimos, se dresse le gigantesque et élégant monument **Padrão dos Descobrimentos ★★ (10)** *(Avenida de Brasília)*. Celui-ci fut érigé en 1960 par le sculpteur Leopoldo de Almeida à l'occasion du 500ᵉ anniversaire de la mort d'Henri le Navigateur. Derrière ce dernier, figurant en tête avec une petite caravelle à la main, suivent plusieurs personnages portugais importants (explorateurs, rois, cartographes, écrivains, etc.) ayant participé de près ou de loin aux grandes découvertes portugaises. Une brève montée (en ascenseur) au sommet du monument vous permettra de bénéficier d'une **belle vue** sur le Mosteiro dos Jerónimos et de mieux apprécier l'intéressante **mosaïque** *(au pied du monument)* représentant une mappemonde sur laquelle sont indiqués les grandes étapes de l'aventure portugaise ainsi que le nom des navigateurs.

Plus loin, toujours sur le quai, juste avant la tour de Belém, se trouve le **Museu de Arte Popular (11)** *(400 ESC; mar-dim 10h à 12h30 et 14h à 17h; Avenida de Brasília, ☎ 301 16 75)*. Ce musée expose costumes, meubles, céramiques et autres objets provenant des différentes régions du Portugal et reliés au folklore portugais.

Parmi les nombreux attraits de Lisbonne, le plus emblématique est certainement la **Torre de Belém** ★★★ **(12)** *(400 ESC; mar-dim 10h à 17h; Praça do Império, ☎ 362 00 34; de la Praça da Figueira, tram 15 ou bus 43, arrêt Largo da Princesa)*. Bâtie pour défendre l'accès au fleuve et, à l'origine, placée au milieu de celui-ci, cette belle tour de style manuélin fut construite entre 1515 et 1521 sur ordre du roi Manuel I. Le raz-de-marée qui suivit le tremblement de terre de 1755 déplaça d'importantes masses de sable qui vinrent par la suite changer le cours du fleuve. La berge se trouva ainsi presque accolée à la tour. Sur le plan de l'architecture, il s'agit d'un merveilleux mélange de styles associant le mauresque (voir les petites coupoles des tourelles de l'architecte Francisco Arruda) au roman (voir les fenêtres géminées) ou au style Renaissance italien (voir, à l'étage, les fenêtres à balconnets ornées de la croix du Christ). Pour en parachever la décoration, déjà bien riche pour une ancienne prison (elle servit en effet de pénitencier jusqu'en 1828), l'ensemble est garni de nombreux motifs de cordages (chers au style manuélin) et de blasons sculptés représentant la croix des chevaliers de l'ordre du Christ. À l'intérieur, l'attention se portera surtout sur l'admirable niche sculptée, renfermant la Vierge avec le Christ dans ses bras, et surmontée de la sphère armillaire (voir p 105). Remarquez la présence de motifs de grappes de raisins qui lui ajoute un élément aussi inhabituel qu'exotique.

En poursuivant votre visite plus au nord, dans le quartier de Restelo, où semblent pousser chaque jour de nouvelles tours d'appartements, vous atteindrez le **Museu Nacional de Etnologia (13)** *(droit d'entrée variant selon l'exposition; mar 14h à 18h, mer-dim 10h à 18h; Avenida da Ilha da Madeira,*

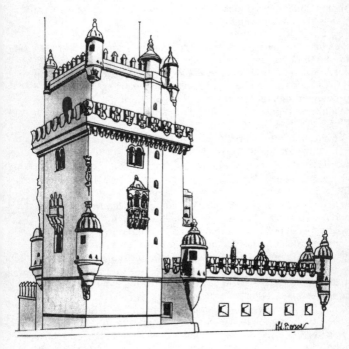

Torre de Belém

☎ *301 52 64; du Rossio bus 32, arrêt Avenida da Ilha da Madeira)*, où l'on présente des expositions temporaires. Lors de votre séjour à Lisbonne, pour connaître le thème de l'exposition en cours, consultez l'*Agenda Cultural* (voir p 290).

Finalement, ceux qui apprécient le grand air se rendront au nouveau **Parque Urbano dos Moinhos (14)** *(hiver 9 h à 17h30, été jusqu'à 20h; Estrada de Caselas, de la Praça do Comércio tram 18, arrêt terminus Cemiterio Ajuda)*, un joli jardin aménagé au sommet d'une colline d'où vous pourrez profiter de **belles vues** ★ sur le Tage et même, par temps clair, sur la mer au loin. Vous y trouverez deux jolis **moulins à vent**, un petit lac artificiel, une aire de jeux pour enfants ainsi qu'un casse-croûte. Pour y accéder, prenez le tram 18, qui fait un parcours d'autant plus intéressant qu'il traverse plusieurs quartiers, à composition sociale très différente.

CIRCUIT K : LE PARQUE FLORESTAL DE MONSANTO

Voir carte p 158.

Localisé en bordure du Parque Florestal de Monsanto, le majestueux **Aqueduto das Águas Livres** ★★ **(1)** *(visite guidée sur demande au musée Água Manuel da Maia; Rua do Alviela nº 12, ☎ 813 55 22; Bairro Alto da Serafina; du Rossio bus 2, de la Praça do Comércio bus 13, arrêt Serafina)* est probablement le monument le plus impressionnant de Lisbonne. Bien qu'un projet de création d'un aqueduc ait été envisagé dès 1571, il faudra attendre jusqu'en 1729 pour voir se concrétiser des plans précis sur l'édification de l'ouvrage. Par un décret royal datant de 1731, c'est le roi Dom João V qui autorise le début des travaux, lesquels sont entrepris dès 1732. Ainsi, pendant près de 16 ans, pas moins de 5,8 km de conduits vont ainsi être installés afin d'alimenter en eau la capitale. La section la plus impressionnante de l'ouvrage est sans conteste celle de l'aqueduc qui surplombe la vallée de l'Alcântara, véritable prouesse technique pour l'époque. En effet, avec ses 35 arches, la construction s'étire sur près de 1 km, s'élevant jusqu'à 65 m de hauteur en son point le plus haut. C'est en 1748 que l'aqueduc fut mis en service pour la première fois, amenant ainsi l'eau de source localisée à une altitude de 178 m jusqu'au bassin de Mãe Água, édifié à 94 m au-dessus du niveau de la mer. Fait remarquable, ce n'est qu'en 1967 que

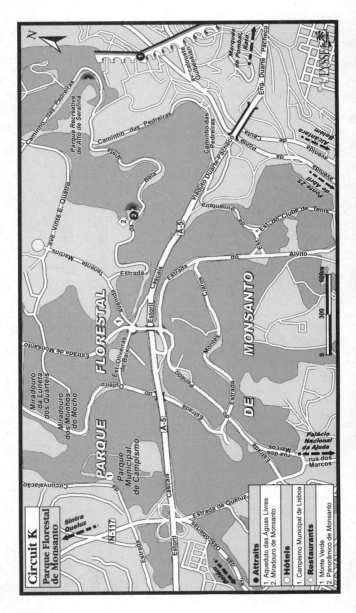

l'on cessa d'utiliser l'eau de cet aqueduc dans le système de distribution d'eau.

Situé dans la partie nord-ouest de la capitale, le **Parque Florestal de Monsanto** *(accès à partir du Bairro Alto da Serafina, du Rossio bus 2 ou de la Praça do Comércio bus 13, arrêt Serafina; accès par Cruz das Oliveiras, du Rossio bus 11, arrêt Cruz das Oliveiras)* s'étend sur plusieurs collines et couvre près d'un cinquième de la superficie de la municipalité de Lisbonne. Reboisée et aménagée en parc entre 1938 et 1942, cette gigantesque aire de détente abrite aujourd'hui quelques bâtiments ministériels et militaires, divers clubs sportifs privés, une grande antenne de radio ainsi que plusieurs belvédères offrant une vue intéressante sur Lisbonne et le Tage. Parmi ceux-ci, le **Miradouro de Monsanto (2)** *(Estrada da Bela Vista, accessible à pied ou en voiture seulement)* a, en plus d'un joli panorama, l'avantage de comporter un restaurant où vous pourrez vous restaurer tout en bénéficiant d'une vue agréable. Le Parque Florestal de Monsanto intéressera donc surtout les amoureux de plein air ou les amateurs de pique-niques. Nous déconseillons l'exploration des lieux en début de soirée, certains secteurs du parc étant réputés pour être fréquentés par des prostituées et peu sûrs.

 CIRCUIT L : D'ESTORIL À CASCAIS

Voir carte p 160 et 162.

Estoril

Fréquentée autrefois pour le bienfait de ses eaux curatives, Estoril s'est surtout développée à partir des années cinquante, durant lesquelles elle vit s'installer plusieurs personnalités dont quelques rois déchus, comme Humberto d'Italie et Juan d'Espagne (père de l'actuel roi d'Espagne). Si la construction d'un impressionnant casino, précédé d'un élégant parc bordé d'hôtels luxueux, lui permit d'attirer une clientèle de luxe, ses compétitions sportives renommées (Open de Tennis, Grand Prix de Formule I, concours de régates) lui valurent sa réputation internationale. Toutes ces attractions, combinées avec une vie culturelle intense (théâtres, concerts, festivals, etc.) et un climat doux en hiver, lui attirèrent pendant longtemps un public

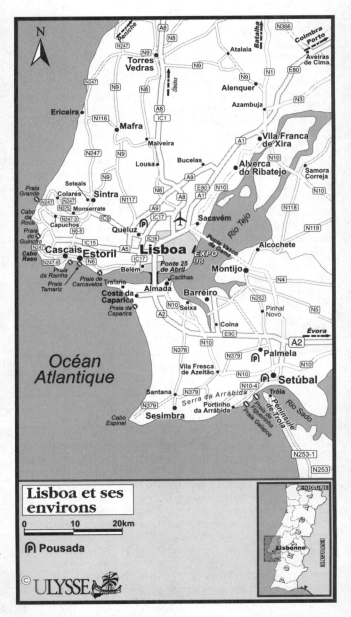

Lisboa et ses environs

0   10   20km

Ⓟ Pousada

© ULYSSE

la Calçada da Lavra, la Lisbonne romantique vous dévoilera tout son charme. - M. Rigole

Le quartier populaire de l'Alfama et sa constante animation. - T.B.

sophistiqué, composé surtout de personnalités telles qu'artistes, politiciens, gens d'affaires et stars sportives. Aujourd'hui, Estoril fait figure de station balnéaire un peu démodée où anciens hôtels prestigieux et palais sont les témoins d'une époque un peu folle. Au niveau touristique, excepté le **casino** et son **parc** ainsi que les multiples **demeures** luxueuses qui bordent ses avenues, il n'y a pas d'attraits particuliers. Estoril conviendra surtout aux personnes qui apprécient un séjour confortable et classique dans un cadre sophistiqué un peu artificiel. Les prix pratiqués dans cette station sont, en règle générale, exagérément élevés par rapport à la qualité de l'environnement proposé (voir p 159).

Cascais

Du prospère petit village de pêcheurs qu'était autrefois Cascais, il ne reste aujourd'hui que peu de traces. Victime de sa position stratégique, par deux fois saccagée par les troupes étrangères (en 1580 par l'occupant français et en 1589 par les Anglais), la ville eut également à subir le terrible tremblement de terre de 1755, la réduisant une fois de plus à néant. Malgré cette succession de déboires et grâce à son climat doux à longueur d'année, Cascais devient la principale bénéficiaire de la mode des bains, qui surgit dès la fin du XIX\ e siècle. Dès l'automne en effet, la Cour, en quête d'un printemps éternel, s'installe en ces lieux, avec derrière elle la noblesse portugaise et une foule de courtisans. Entre 1930 et 1950, de nombreuses résidences secondaires y sont ainsi construites, procurant une certaine richesse à la ville et une renommée outre-frontière. Vers les années soixante-dix, alors que le tourisme de masse amorce sa croisade, Cascais, victime encore une fois de sa position géographique, sera parmi les premières stations à subir son assaut dévastateur. Ville éloignée de moins de 30 km de la capitale et facile d'accès, Cascais voit les visiteurs d'un jour déferler toute l'année, la transformant en une des stations les plus fréquentées du pays. Dès lors, pour qui aime l'animation et les bains de foule, Cascais est l'endroit rêvé. Même si les prix pratiqués ici sont plus raisonnables qu'à Estoril, Cascais reste une station balnéaire assez chère (voir aussi la section «Parcs et plages», p 194).

Au niveau des attraits touristiques, outre ses quelques **rues piétonnières** joliment pavées qui méritent une flânerie, Cascais

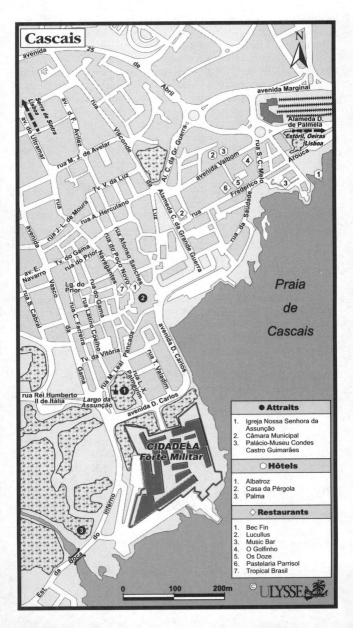

ne possède que peu de monuments intéressants. En voici néanmoins quelques-uns qui justifient une brève visite :

L'**Igreja Nossa Senhora da Assunção (1)** *(Largo do Assunção, tout près de la citadelle de Cascais)*, pour ses beaux **azulejos** et son bel autel en *talha dourada*.

La **Câmara Municipal (2)**, pour son élégante **façade** garnie d'azulejos.

Palácio-Museu Condes Castro Guimarães (3) *(250 ESC visite guidée, dim entrée libre 10h à 12h30; mar-dim 10h à 12h30 et 14h à 17h; à l'ouest de la ville, sur la route N247-8, longeant le littoral, Estrada da Boca do Inferno)*. Cachée au fond d'une petite baie surmontée d'un pittoresque pont de pierre, cette curieuse demeure fait irrémédiablement penser à un palais de conte de fées. Datant du début du siècle, cette noble résidence fut transformée par la ville en musée-bibliothèque et abrite aujourd'hui meubles et bibelots portugais datant pour la plupart des XVIIIe et XIXe siècles et, bien sûr, une collection importante de volumes anciens.

 CIRCUIT M : DE QUELUZ À SINTRA

Voir carte p 160 et 167.

Queluz

Situé à mi-chemin entre la capitale et Sintra, le **Palácio Nacional de Queluz ★★★** *(400 ESC, dim entrée libre 10h à 13h; mer-lun 10h à 13h et 14h à 17h; accès par la IC19, Largo do Palácio Nacional)* est considéré par beaucoup comme le Versailles portugais, et pour cause! Sa gracieuse façade à l'accent rocaille, adoucie par de tendres couleurs portugaises, en fait un des plus élégants palais baroques du pays. Aussi, tout comme à Versailles, le palais est précédé de jardins parfaitement ordonnés, dignes de la plus pure tradition française.

Palácio Nacional de Queluz

C'est à l'initiative de l'infant Dom Pedro, fils de João V, que les travaux débutent en 1747. L'architecte portugais Mateus C'est àVicente de Oliveira en édifie la façade ainsi que l'aile dans laquelle se trouve la salle du trône. Après une brève période d'interruption en raison du tremblement de terre de 1755, les travaux sont confiés à l'architecte français Jean-Baptiste Robillon, qui, avec l'aide de son confrère portugais, achève les bâtiments principaux. De 1786 à 1807, Dona Maria I apporte plusieurs ajouts à la décoration intérieure et fait construire un pavillon, complétant ainsi l'édifice tel qu'il est visible actuellement. Le palais de Queluz devient résidence royale avec l'accession au trône de Dom Pedro III et est habité jusqu'en 1807, date de l'invasion des troupes napoléoniennes et de la fuite de la famille royale au Brésil. Le palais de Queluz est la dernière grande œuvre de prestige réalisée par la famille royale. Malgré l'opulence de sa décoration et la fraîcheur de ses jardins, Queluz garde en mémoire la triste fin de la reine Dona Maria I, atteinte de folie vers la fin de son règne. Aujourd'hui, l'édifice appartient à l'État et sert de résidence aux personnalités étrangères en visite officielle. Un excellent restaurant (voir p 266) a également été aménagé dans l'aile des anciennes cuisines du palais. La visite des **appartements du palais** ★★ intéressera surtout ceux qui apprécient particulièrement le mobilier et les objets d'époque. Parmi les nombreuses salles que l'on peut admirer, ne manquez pas de vous rendre dans la **salle du trône** ★★★. De forme ovale et ornée de nombreux miroirs, elle rappelle la galerie des glaces du château de Versailles. Tandis que quatre atlantes semblent soutenir son plafond joliment décoré, d'imposants lustres en cristal de Venise peuvent y être admirés. De mai à octobre, des concerts hebdomadaires sont présentés les fins de semaine *(généralement vers 18h)*, ajoutant ainsi encore à la féerie des lieux *(renseignements sur les concerts* ☎ *435 00 39 ou 436 38 61,* ≈ *435 25 75).* Parmi les autres salles accessibles, le **cabinet de toilette de la reine** ★ et la **chambre Dom Quichotte** ★, tous deux munis de superbes parquets, méritent également l'admiration. Enfin, dans le petit oratoire localisé tout à côté de la chambre Dom Quichotte, allez observer le magnifique **calvaire** ★★ indo-portugais en ivoire, un véritable petit chef-d'œuvre!

La visite des lieux ne saurait se terminer sans une balade dans ses magnifiques **jardins** ★★. Outre le **bassin de Neptune** ★, œuvre de l'architecte Robillon, vous pourrez y admirer de nombreuses statues en albâtre, des potiches en céramique ainsi qu'une amusante fontaine garnie d'hydres qu'accompagnent des statuettes représentant des singes habillés. En arrière-plan, l'élégante **façade des cérémonies** ★★ complète ce décor majestueux qui semble sortir tout droit d'un conte de fées. En contrebas des jardins, vous pourrez voir un canal dans lequel coule un modeste ruisseau. De très beaux **azulejos** ★ recouvrent les murets du canal et du petit pont surplombant la rivière Jamor.

Sintra ★★★

Avec Buçaco et la Serra de Monchique, la Serra de Sintra constitue l'un de ces endroits magiques où s'épanouit une végétation extraordinairement dense et riche en espèces. Outre une flore tropicale, vous y trouverez l'un des plus charmants palais du Portugal, le **Palácio Nacional de Sintra**, ainsi qu'un autre édifice, le **Palácio da Pena**, à l'architecture de fantaisie. Même si ces deux monuments nationaux sont souvent cités comme attraits incontournables, nombreuses sont les autres attractions (nobles demeures, *quintas*, couvents, jardins, etc.) qui méritent aussi une visite et rendent cette région parmi les plus intéressantes des environs de la capitale. Sintra est ainsi un véritable éden, et nombreux sont les nobles, écrivains et artistes qui ont loué sa beauté. Parmi ceux-ci, figurent Lord Byron et William Beckford, deux écrivains anglais célèbres, l'un pour son poème intitulé *Childe Harold's Pilgrimage* («Le Chevalier Harold») et l'autre pour son «*Journal Intime au Portugal et en Espagne*». Sintra se compose aujourd'hui de trois quartiers bien distincts. Les visiteurs arrivant de Lisbonne par train débarqueront à Estefânia, quartier qui constitue la ville moderne. Ceux en provenance de la capitale par la route passeront, pour leur part, par le quartier de São Pedro, réputé pour ses antiquaires (hors de prix toutefois!) et son marché bimensuel. Enfin, dans le quartier historique, appelé Sintra Vila ou Vila Velha, se trouve le cœur du merveilleux écrin que constitue la région de Sintra. Si vous n'appréciez pas le climat humide, évitez les journées de ciel ennuagé, car la Serra da Sintra est alors souvent noyée dans une épaisse brume et est la première à «accueillir» la pluie. Si, lors de votre visite, tel cas devait se produire, vous pourrez toujours vous consoler avec les délicieuses petites pâtisseries cuisinées sur place, les *queijadas*.

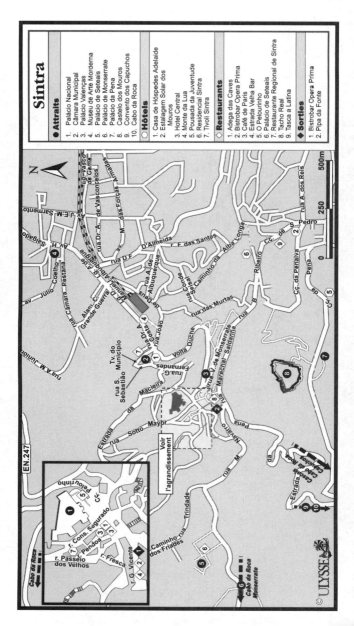

Sintra

● **Attraits**

1. Palácio Nacional
2. Câmara Municipal
3. Palácio Valenças
4. Museu de Arte Moderna
5. Palácio de Seteais
6. Palácio de Monserrate
7. Palácio da Pena
8. Castelo dos Mouros
9. Convento dos Capuchos
10. Cabo da Roca

○ **Hôtels**

1. Casa de Hóspedes Adelaide
2. Estalagem Solar dos Mouros
3. Hotel Central
4. Monte da Lua
5. Pousada da Juventude
6. Residencial Sintra
7. Tivoli Sintra

◇ **Restaurants**

1. Adega das Caves
2. Bistrobar Opera Prima
3. Café de Paris
4. Estrada Velha Bar
5. O Pelourinho
6. Palácio de Seteais
7. Restaurante Regional de Sintra
8. Tacho Real
9. Tasca a Latina

◆ **Sorties**

1. Bistrobar Opera Prima
2. Pipa da Fonte

© ULYSSE

Palácio da Pena

Il s'agit de galettes sucrées à base de fromage. Fabriquées depuis le XIIIe siècle, elles font la fierté des habitants!

Si votre temps est limité, ne manquez surtout pas de visiter le **Palácio Nacional ★★★** (1) *(400 ESC, visite guidée de 30 min non commentée, dim entrée libre 10h à 13h; 10h à 13h et 14h à 17h, fermé mer; au centre de Sintra, Terreiro da Rainha Dona Amélia)*, une merveilleuse demeure d'été autrefois habitée par les rois du Portugal. Bien que certains lui trouvent, non sans raison, un manque d'unité, il s'agit d'un palais assez unique. Son mélange de styles, allant du gothique au mudéjar en passant par le manuélin, lui confère un certain caractère, rehaussé par deux énormes cheminées à la fois surprenantes et élégantes. Actuellement, certaines salles du palais sont réservées au président de la République aux fins de protocole.

Avant d'y pénétrer, prenez le temps d'examiner son aspect extérieur. Celui-ci dévoile, en effet, l'évolution des styles dans l'histoire portugaise. Les bâtiments centraux, assis sur un ancien palais maure dont il ne reste aujourd'hui quasiment plus de traces, sont les parties les plus anciennes. Datant de la fin du XIVe siècle, ils furent édifiés sur ordre de João I. Ce dernier, en agrandissant les constructions existantes, désirait en faire une résidence d'été pour la dynastie d'Avis. On peut encore apercevoir quelques éléments de style gothique, même si l'ensemble a subi d'importantes modifications par la suite. En guise d'anecdote, l'édifice n'était pas encore achevé que déjà de grandes décisions royales s'y prirent, par exemple l'ordre d'expédition pour la prise de Ceuta, au Maroc. Observez ensuite l'aile droite, ajoutée au XVIe siècle sous le règne du roi Dom Manuel I. Ces fenêtres géminées, d'influence mudéjar, démontrent l'attrait qu'exerça sur la bourgeoisie le style hispano-mauresque, très à la mode à l'époque. Les deux gigantesques cheminées coniques, situées à l'arrière, en sont également un bel exemple. Enfin, touche purement portugaise, les fenêtres manuélines rappellent avec leurs motifs de cordages l'influence qu'eurent les grandes expéditions sur l'architecture. Ainsi, contrairement au Palácio da Pena, dont l'architecture extérieure semble mal appropriée au contexte portugais, le palais national de Sintra dégage tout un parfum d'histoire, et l'on peut facilement imaginer les drames ou événements joyeux qui s'y sont déroulés. Joie, lorsque Dom Sébastião y fut proclamé roi et lorsque Camões y lut pour la première fois les Lusiades. Drame, lorsque le roi Dom Afonso

VI, faible d'esprit, y fut retenu, tel un prisonnier, jusqu'à sa mort.

À l'intérieur, dans la cohue générale (ce palais est en effet l'un des plus visités du pays) et par groupe limité à 30 personnes, vous pourrez déambuler à travers un nombre impressionnant de salles, chacune ayant son caractère propre. Plusieurs patios aux allures mauresques y sont également visibles. Voici quelques pièces à ne pas manquer :

L'impressionnante **cuisine**, surtout pour admirer l'intérieur de ces cheminées qui ne lassent pas d'étonner par leur taille.

Le **Quarto de Hôspedes**, où vous pourrez observer un divan-lit, le premier au monde à avoir été créé, semble-t-il.

Les merveilleux **azulejos** ★ de la **Capela-Mor**, dont certains datent du XVe siècle.

La **Sala dos Brasões** ★★★ (Salle des Blasons), la plus belle salle du palais, pour admirer ses 74 blasons de la noblesse portugaise. De magnifiques **panneaux d'azulejos** ★★ représentant des scènes de chasse y sont également visibles.

La **Sala das Pegas** ★★ (Salle des Pies), comprenant un intéressant plafond peint représentant 136 pies tiennent dans leur bec une rose avec l'inscription *Por Bem* («pour le bien»). Ces étranges oiseaux, reproduits sur ordre de João I, représentent en fait les 136 dames d'honneur de la Cour. Ces dernières, en proie à des rumeurs au sujet d'une aventure galante qui aurait eu lieu entre l'une d'elles et le roi, se voient ainsi priées de ne colporter que la juste réalité : les actes du roi étant *Por Bem* du royaume!

La **Sala dos Cisnes** ★ (Salle des Cygnes), la plus grande salle du palais, avec 27 cygnes munis d'une couronne, chacun figurant dans une position différente. Ces peintures honorent le blason de la famille de Lancastre, dont l'épouse de João I est issue. Un superbe buffet ainsi que de beaux vases chinois y sont visibles.

La **Câmara Municipal (2)** *(Largo Dr. Virgílio Horta)* mérite une petite halte afin d'admirer sa très jolie **façade manuéline**.

Le **Palácio Valenças (3)** *(Rua Visconde da Monserrate)*, logeant aujourd'hui la bibliothèque de la ville, possède lui aussi une jolie façade ornée d'un imposant blason. Les archives de la Ville y sont gardées.

À deux pas de la gare se trouve le tout nouveau **Museu de Arte Moderna ★★ (4)** *(600 ESC; mar 14h à 18h, mer-dim 10h à 18h; Avenida Heliodoro Salgado, Estefânia, ☎ 9248170)*, occupant l'ancien casino de Sintra. Entièrement réaménagé, ce majestueux édifice néo-baroque datant de 1920 exhibe aujourd'hui fièrement sa façade joliment peinte aux couleurs pastel jaune et blanche, et étrangement couronnée d'un œil-de-bœuf servant d'écrin à une sculpture. À l'intérieur, pas moins de 400 œuvres modernes (peintures, sculptures, photographies et installations vidéo) sont exposées, allant de l'époque d'après-guerre jusqu'aux années quatre-vingt. Ainsi, vous pourrez y admirer des créations d'artistes aussi célèbres que Vieira da Silva, Bissière, Riopelle, Michaux et bien d'autres encore. Une importante section est également consacrée au pop art, mettant à l'honneur plusieurs maîtres de ce mouvement artistique dont Roy Lichtenstein et Tom Wesselman. Pour qui apprécient l'art moderne, ces lieux valent un véritable pèlerinage!

Seteais ★ *(à 2 km de Sintra)*

Situé dans la Serra de Sintra, à moins de 2 km du village de Sintra, le **Palácio de Seteais ★ (5)** *(sur la N375; 10 Rua Barbosa Bocage)*, un très élégant palais, se compose de deux édifices reliés entre eux par une imposante arche. Les bâtiments abritent aujourd'hui un luxueux hôtel que vous ne manquerez pas de visiter. Au XVIIIe siècle, les deux ailes constituaient chacune une propriété distincte. Tandis que l'aile droite formait une élégante *quinta* (Quinta da Alegria), l'aile gauche, plus récente, fut construite pour le consul de Hollande afin d'en faire sa résidence. C'est également ce dernier qui fit aménager la grande esplanade faisant face aux bâtiments. Les propriétés ne deviendront communes qu'au début du XIXe siècle, lorsque le marquis de Marialva acquiert la totalité des terrains et fait construire une imposante arche centrale afin de relier les deux ailes. Outre un **décor intérieur remarquable ★** où fresques, tapisseries anciennes et mobilier d'époque soulèvent l'admiration, nous vous conseillons une petite balade sur la

terrasse. De beaux jardins à la française y sont visibles, et une **vue panoramique**, romantique à souhait, s'offre à vous. Certains affirment que l'origine du nom du palais trouverait ici son explication, le mot «Seteais» étant la contraction de *Sete ais* (sept «aïe»), soit les sept répétitions du mot «aïe» provoquées par l'écho des vallées qui font face à la terrasse. Les sceptiques pourront juger sur place!

Du Palais de Seteais, en retournant vers Sintra, du côté droit de la route N375 *(Rua Barbosa Bocage)*, remarquez la belle résidence située au n° 9, munie d'une imposante grille d'entrée envahie par le lichen, et, plus bas encore, dans le tournant, la **somptueuse demeure ★** *(visite non autorisée)* située au n° 5. Cet étonnant palais, où se mélangent les styles néo-manuélin et mauresque, est une véritable petite merveille. Bien qu'il semble d'une autre époque, il date du début de ce siècle.

Monserrate ★★ *(à 4 km de Sintra)*

Établi sur un vaste domaine, le **Palácio de Monserrate (6)** *(sur la N375; lors de notre passage, des travaux étaient en cours pour une durée indéterminée, seul le jardin étant accessible au public)*fut bâti pour Francis Cook, un riche commerçant anglais ennobli du titre de premier vicomte de Monserrate. L'origine du nom semble provenir de l'existence d'une petite église du même nom, aujourd'hui disparue, qui aurait été construite en l'honneur d'un pèlerinage fait au XVIe siècle par un moine à Monserrate, en Catalogne. Tout au long des XVIIe et XVIIIe siècles, diverses constructions vont s'y succéder, dont une demeure néo-gothique habitée par le célèbre écrivain William Beckford. Dernière modification importante : en 1856, Francis Cook décide de faire construire un palais oriental, d'influence mongole, et de réaménager le jardin en parc, le **Parque de Monserrate ★★** (voir p 196).

Palácio da Pena ★ *(à 4 km de Sintra)*

Perché à 500 m de hauteur, sur un des sommets de la Serra da Sintra, le **Palácio da Pena ★ (7)** *(400 ESC, dim entrée libre 10h à 13h; mar-dim 10h à 13h et 14h à 17h; du centre-ville de Sintra, prenez l'Estrada da Pena)* ne manque pas d'attirer l'attention avec ses couleurs vives pour le moins provocantes dans un tel environnement.

Avant d'amorcer une brève description des lieux, pour une visite agréable, voici deux conseils qu'il convient de suivre. Premièrement, rendez-vous-y tôt le matin, car le site est rapidement pris d'assaut par des cohortes de touristes et de familles portugaises qui y défilent à longueur d'année. Deuxièmement, si vous êtes motorisé, lors de votre montée par l'Estrada da Pena, garez votre véhicule dès le premier stationnement rencontré, soit celui du Castelo dos Mouros *(à gauche de la route)*. Si vous détestez marcher, vous pouvez toujours essayer de trouver une place au second stationnement, situé plus haut, près de l'entrée du domaine. L'entrée du château même se trouve alors à moins de 500 m. Si vous haïssez vraiment la marche, il existe d'autres emplacements *(payants)* juste à côté du château, mais il vous faudra la «bénédiction des dieux» pour y trouver une place! Quelle que soit la solution choisie, préparez-vous pour un bain de foule mémorable! Si vous appréciez les balades au grand air, n'hésitez pas à vous rendre à pied au palais en traversant son magnifique **parc et ses jardins** ★★★ situés en contrebas (voir la section «Parcs et plages», p 195), où une flore extraordinaire vous attend.

On ne sait si ce sont ses formes fantasques ou son aspect de château de Bavière qui attirent tant de monde, mais il s'agit là d'un exemple des plus extravagants de ce qu'a pu produire l'architecture «prusso-portugaise». C'est en 1839 que Ferdinand II de Saxe-Cobourg-Gotha de Bavière, époux de Dona Maria II, achète les ruines d'un monastère afin de le transformer en résidence d'été. Un ingénieur prussien, le baron Ludwig Von Eschwege, est chargé du projet. Avec l'ancien monastère manuélin datant de 1503, l'ingénieur va édifier un véritable château où se mélangent allégrement un grand nombre de styles : mauresque, gothique, manuélin et Renaissance, le tout dans une enveloppe aux accents un brin germaniques! Bien qu'elles lui confèrent un cachet quelque peu «hollywoodien», les couleurs éclatantes que le palais arbore depuis peu ont néanmoins le mérite de lui donner un aspect moins sévère.

Après avoir observé attentivement son architecture extérieure extravagante, vous ne serez pas surpris de découvrir un intérieur tout aussi exubérant, où mobiliers et bibelots rococo s'entremêlent aux stucs et autres sculptures d'inspiration mauresque. La visite intéressera donc surtout ceux qui apprécient un intérieur riche, exception faite de la chambre de Dom Manuel II, pratiquement vide en comparaison des autres pièces du palais. Du couvent primitif, seul reste son cloître manuélin, dans lequel de beaux **azulejos** sont visibles; de plus, sa chapelle abrite un élégant **retable**, œuvre de Nicolas Chantereine.

Situé tout près du Palácio da Pena, le **Castelo dos Mouros** ★ **(8)** *(entrée libre; tlj 10h à 16h30 en hiver, jusqu'à 17h30 en été)* est un ancien château maure construit pendant les VIIIe et IXe siècles, dont les murailles, quasiment intactes, ont pu être conservées. Conquis par Afonso I en 1147, le château tombe par la suite dans l'oubli et est progressivement laissé à l'état d'abandon. Ce n'est que vers 1860 que Ferdinand de Saxe-Cobourg-Gotha décide de restaurer ses murailles et de reboiser les alentours du château. Aujourd'hui, tout en vous promenant à travers le site, vous pourrez voir les ruines d'une jolie chapelle romane et accéder au spectaculaire **chemin de ronde** du château. Le chemin étant en certains endroits littéralement accroché à flanc de collines escarpées, les amateurs de photos seront ravis d'y découvrir de nombreuses **vues panoramiques** ★ sur Sintra ainsi que sur le Palácio da Pena.

Capuchos *(à 9 km de Sintra)*

Le **Convento dos Capuchos (9)** *(tlj 10h à 17h en hiver, jusqu'à 18h en été; du Palácio da Pena, empruntez la N247-3 sur 8 km, puis prenez à droite et suivez les panneaux indicateurs sur environ 1 km)* n'est autre qu'un curieux monastère fondé en 1560, où vous pourrez admirer de minuscules cellules de moines creusées à même la roche et tapissées de liège afin de les protéger du froid. Lors de votre visite, ne laissez rien dans votre véhicule, car l'aire de stationnement n'est pas gardée et l'endroit est plutôt isolé. Cette excursion permet de découvrir l'épaisse et luxuriante forêt qui couvre la Serra da Sintra. Aussi, pour ceux qui désirent découvrir le site de Cabo da Roca, cette route constitue un agréable itinéraire.

Cabo da Roca *(à 19 km de Sintra)*

Bien que l'on aille jusqu'à vous proposer un certificat (moyennant la somme de 400 à 600 ESC, évidemment!) attestant votre présence en ce lieu le plus occidental de l'Europe continentale, le site de **Cabo da Roca (10)** (cap du Rocher) n'a rien de bien extraordinaire. Dominant la mer de ses 140 m, ce promontoire offre surtout de très beaux **points de vue** sur la côte, où la mer, souvent violente, vient se fracasser contre les falaises découpées : un paysage qui ravira donc les amateurs de paysages dramatiques. Un phare y a été construit, de même qu'un bureau de tourisme. Une excursion idéale pour ceux qui apprécient l'air iodé du bord de mer.

 CIRCUIT N : SETÚBAL ET SES ENVIRONS

Voir carte p 160.

Setúbal

Peu de choses sont encore connues à ce jour sur la période pré-romaine, mais il est aujourd'hui prouvé que la région fut, dès la préhistoire, habitée par des humains. En ce qui concerne la région côtière cependant, les traces les plus anciennes aujourd'hui visibles datent de l'époque romaine, soit entre les Ier et IVe siècles après J.-C. À l'époque, en effet, les Romains s'installent de chaque côté de la rive du Sado et fondent Cetóbriga, cité portuaire importante et lieu de salaison du poisson. Vers le Ve siècle cependant, un puissant raz-de-marée détruit la ville et transforme littéralement la configuration de l'embouchure du Sado. Ce dernier événement, combiné avec de fréquentes invasions barbares, laisse longtemps la région exempte d'activité humaine, les populations préférant se réfugier à l'intérieur des terres. Il faudra ainsi attendre la consolidation de la reconquête et la pleine confirmation de la souveraineté portugaise pour voir se développer de nouveau, au XIVe siècle, un bourg fortifié sur la seule rive droite du Sado cette fois. Par la suite, l'épopée des grandes découvertes va permettre au village de s'enrichir et de croître progressivement, son port servant alors de lieu d'embarquement pour plusieurs expéditions. Parmi les grandes réalisations qui vont suivre, mentionnons l'Igreja de Jesus, édifiée au XVe siècle, et le Castelo de São Filipe, datant du XVIe siècle.

Aujourd'hui, Setúbal est le troisième plus important port maritime du pays et a vu s'établir un nombre important d'usines, allant de la cimenterie à l'usine chimique en passant par les conserveries de poissons et les chaînes de montage automobile. De plus, la construction d'une autoroute reliant directement la ville à la capitale a suscité un accroissement considérable de la population; Setúbal, située à moins de 50 km de Lisboa, se transforme ainsi lentement en ville-dortoir. Tandis qu'en face du port, de l'autre côté du Sado, la péninsule de Tróia (voir p 178) crée avec l'embouchure du fleuve une vaste mer intérieure, d'immenses étendues de marais salants ainsi qu'une réserve faunique forment son estuaire. Outre la production de sel, de nombreux bancs d'huîtres y sont cultivés, dont la presque totalité sont exportées vers les autres pays européens. À l'ouest de Setúbal s'étend la très belle Serra da Arrábida, dont une partie a été aménagée en parc naturel, où de magnifiques paysages accidentés ainsi que de jolies plages cachées au fond des anses s'offrent à vous. Vous pourrez y déguster un fromage local absolument délicieux, le Queijo de Azeitão. Lors de votre visite de la ville et de ses environs, ne manquez pas de goûter les excellents vins de la région dont le moindre d'entre eux n'est pas le *moscatel*, un délicieux vin muscat, doux et liquoreux à souhait, appelé «Moscatel de Setúbal».

Malgré une taille respectable, la troisième ville du pays par sa population n'a en réalité que peu à offrir sur le plan du tourisme. Le nombre de curiosités touristiques du centre-ville y est en effet très limité, et, bien qu'il puisse s'avérer intéressant de faire une halte à sa très belle *pousada*, deux petites heures suffiront largement pour découvrir le cœur de la ville. D'autre part, les nombreuses rues très commerçantes dont plusieurs sont piétonnières raviront les personnes en manque de magasinage. L'entrée dans la ville s'effectue par l'Avenida Luísa Todi, du nom d'une célèbre cantatrice portugaise originaire de Setúbal.

Rendez-vous dans un premier temps par l'Avenida 22 de Dezembro au joyau de la ville, l'**Igreja Jesus ★ (1)** *(au moment de mettre sous presse, l'église ainsi que le musée étaient* *fermés pour cause de rénovation; Rua Acácio Barradas).* Datant de 1491, cette église mérite une visite surtout pour son remarquable **intérieur**, où Boytac, un des maîtres architectes qui a travaillé au monastère de Belém, réalisa pour la première fois un décor que l'on qualifiera par la suite de style manuélin. D'impressionnantes **colonnes torses** ★ ainsi que de nombreuses nervures en forme de cordages entourant voûtes et fenêtres y sont visibles. À l'extérieur, ne manquez pas d'admirer son beau portail gothique en marbre provenant de la Serra da Arrábida. Tout juste à côté, dans le cloître attenant à l'église, le **Museu de Setúbal** expose quant à lui une série de **primitifs** exécutés par un inconnu, communément désigné aujourd'hui sous le nom de «Maître de Setúbal».

En poursuivant sur l'Avenida 5 de Outubro, qui fait face à la Praça Miguel Bombarda, et en empruntant la deuxième rue située à votre droite, vous arriverez à la **Praça de Bocage**, du nom du célèbre poète portugais Manuel Barbosa de Bocage, né à Setúbal. Érigée au centre de cette charmante place, l'**Igreja de São Julião (2)** mérite une brève halte afin de contempler ses deux **portails manuélins**. En longeant l'église vers l'est, vous pourrez découvrir une série de petites ruelles dans lesquelles il est agréable de flâner. Elles forment le cœur du quartier historique de la ville. De plus, les personnes intéressées par le passé romain de la ville ne manqueront pas de se rendre jusqu'au **Posto de Turismo da Região de Setúbal** *(Largo Corpo Santo)*, près de l'Igreja de Santa Maria da Graça, afin d'y observer, au travers d'un astucieux plancher de verre, les fondations d'un édifice romain où l'on procédait à la salaison du poisson.

Situé en dehors du centre, le **Castelo de São Filipe ★★ (3)** *(Estrada de São Filipe)* est un des rares attraits de la ville qu'il convient de ne pas manquer. Pour y parvenir, rendez-vous à l'extrémité ouest de l'Avenida Luísa Todi, et, une fois rendu là, empruntez la dernière rue située à votre droite, puis la Rua de São Filipe, immédiatement à gauche. Poursuivez ensuite votre ascension en suivant les panneaux indicateurs pour la *pousada*. Édifié en 1590 sur ordre du roi Filipe I, mieux connu sous le nom de Filipe II roi d'Espagne, ce château-forteresse fut construit non pas pour protéger la ville, mais plutôt pour mieux surveiller la cité ainsi que la côte. Le roi d'Espagne craignait en effet beaucoup la marine anglaise, puissance avec laquelle le Portugal avait conclu des alliances de longue date. Les habitants de Setúbal, de leur côté, n'appréciaient guère la mainmise des Espagnols sur le pays. Aujourd'hui, la forteresse renferme une *pousada* (voir p 227) dont l'entrée ne manque pas d'impressionner! Après avoir franchi son imposante porte fortifiée, on accède au corps central de l'édifice par un long couloir voûté, dont une des arches est décorée de très beaux **azulejos** aux motifs baroques. Au sommet, une grande terrasse offre une **vue panoramique** ★ spectaculaire sur la ville et la péninsule de Tróia. Les bâtiments comportant aujourd'hui la *pousada* servaient autrefois à loger les corps de garde ainsi que le gouverneur de la région. À côté, une petite **chapelle** *(horaire malheureusement très irrégulier)* datant du XVIIIᵉ siècle possède un **intérieur remarquable** ★, entièrement revêtu d'**azulejos** simulant un décor baroque en trompe-l'œil. Au centre de la voûte, vous remarquerez l'emblème de João V, qui semble y avoir été placé pour exorciser le souvenir d'un affront jamais vraiment oublié.

Península de Tróia *(à 98 km de Setúbal)*

Faisant face à la ville de Setúbal, la longue **péninsule de Tróia (4)** (17 km) est constituée d'une étroite bande de sable, au bout de laquelle se trouve le village, ou plutôt le complexe touristique de Tróia. Bien que cet extraordinaire développement touristique soit dû, bien sûr, à ses belles plages, l'endroit n'est, en réalité, pas très intéressant. En effet, il existe de nombreuses autres plages, tout aussi belles et plus faciles d'accès, dans la région, et la vue des usines fumantes au loin sur la côte, ajoutée à celle des nombreuses tours en construction sur la péninsule même, n'a rien de très charmant. Seul attrait digne d'attention, diverses **ruines**, quoique limitées en quantité, y ont été mises au jour. Il s'agit de quelques modestes vestiges de Cetóbriga, l'ancienne cité portuaire romaine édifiée entre les Iᵉʳ et IVᵉ siècles, et détruite par un raz-de-marée au Vᵉ siècle. Vous pourrez y observer les restes de thermes et de plusieurs bâtiments ayant servi à la salaison, ainsi que ceux d'un temple.

Palmela ★ *(à 8 km de Setúbal)*

Bien que la découverte de grottes préhistoriques dans la région (près de Quinta do Anjo) ait permis de faire remonter la présence humaine à environ l'an 5000 av. J.-C., le bourg de Palmela restera surtout célèbre dans l'histoire portugaise pour sa forteresse et son sinistre donjon, dans lequel agonisa l'évêque d'Évora.

Construit par les Maures sur les fondations de constructions romaines, le château sera conquis par Dom Afonso I en 1148, puis repris par les Maures en 1165, ensuite définitivement assiégé par Dom Sancho I en 1166. Agrandi, modifié, détruit et reconstruit, le château fort va connaître au fil des siècles de très nombreuses modifications, si bien qu'aujourd'hui les vestiges remontent à une période s'échelonnant entre les XIVe et XVIIIe siècles. Avant d'amorcer votre ascension vers la forteresse, ne manquez pas d'admirer, au sommet du bourg, la très élégante façade de la **Câmara Municipal**, garnie d'une belle galerie à colonnades, ainsi que le **pilori** datant de 1645 qui y fait face.

Arrivé au sommet de la colline, on pénètre dans la forteresse par une porte fortifiée aux dimensions imposantes. Après un virage en tête d'épingle à cheveux, le visiteur fait face aux ruines de l'ancienne **Igreja Santa Maria do Castelo (5)**, détruite par la catastrophe de 1755. En observant attentivement, le visiteur pourra encore y voir quelques azulejos de couleur jaune et bleu. Juste à côté de l'église, un escalier permet d'accéder à l'ancien donjon de la forteresse, qui comporte encore l'ancienne citerne dans laquelle fut emprisonné l'évêque d'Évora pour avoir conspiré contre le roi. Certains racontent que c'est sur ordre de João II même que l'on procédera à sa mystérieuse élimination. Un empoisonnement, semble-t-il! Quoi qu'il en soit, en vous rendant jusqu'au sommet du conjon, vous pourrez bénéficier d'une **vue ★** à couper le souffle! Pour ceux qui souffrent de vertige ou qui n'apprécient pas trop les escalades, une esplanade située en face du donjon permet également de profiter de points de vue absolument magnifiques. Toujours sur l'esplanade, après les divers édifices en ruines, un couloir mène à une boutique de souvenirs et à une galerie d'art.

Tout en revenant sur vos pas, rendez-vous à présent en face de l'ancien monastère de Santiago, transformé depuis 1979 en une merveilleuse ***pousada* ★**. Ne manquez pas d'y jeter un coup d'œil; la dégustation d'un apéritif sur place ou d'un repas (voir p 228) serait un excellent prétexte à la découverte des lieux (ou vice-versa!). Les amateurs de baroque n'oublieront pas de visiter également l'église attenante au monastère *(malheureusement souvent fermée)*, dans laquelle de beaux **azulejos** sont visibles.

Praia do Portinho da Arrábida ★
(à 18 km de Setúbal)

C'est par une belle **route panoramique** ★ et une descente abrupte que vous atteindrez sur votre droite, dans un tournant particulièrement impressionnant, le petit **Museu Oceano-gráfico(6)** *(200 ESC; mar-ven 10h à 16h, sam-dim 15h à 18h)*. Aménagé dans une ancienne forteresse datant du XVIIe siècle, ce modeste musée expose divers spécimens de la faune marine. Poursuivant sa descente vers la baie, la route se termine en cul-de-sac en face d'une **belle plage** où quelques services sont disponibles. Notez que la présence de voleurs dans cette région est malheureusement une réalité qu'il convient de ne pas oublier. Ne laissez donc rien dans votre véhicule.

 CIRCUIT O : EXPO 98

Voir carte p 181.

Sur proposition du Portugal, c'est en 1994 que l'Assemblée générale des Nations unies a officiellement déclaré l'année 1998 «Année internationale des océans». Par la même occasion, Lisbonne fut choisie par le comité des Expositions pour accueillir l'exposition de 1998. Bien qu'elle soit présentée par certains comme étant la dernière exposition «universelle» du siècle, celle-ci doit plutôt être considérée comme la première exposition «mondiale» à être organisée. En effet, il s'agit d'une version remaniée de l'ancienne formule selon laquelle chaque pays avait autrefois à construire entièrement son propre pavillon. Dorénavant, c'est le pays hôte qui fournit les pavillons aux pays participants, ces derniers n'ayant dès lors plus qu'à financer leurs installations intérieures. Cette nouvelle procédure garantit ainsi aux pays les plus défavorisés une participation à des coûts relativement abordables, entraînant de ce fait une participation accrue. Afin d'assurer la mise en œuvre du projet, la société publique Parque EXPO 98 fut mise sur pied par la Câmara Municipal de Lisboa conjointement avec l'État portugais. L'ouverture officielle fut fixée au 22 mai 1998 et la fermeture au 30 septembre 1998. Le Portugal célébrera

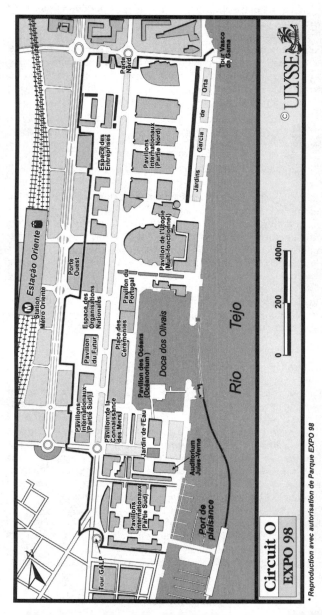

également à cette occasion les 500 ans de la découverte de la route des Indes par Vasco da Gama.

Parallèlement à l'exposition, l'Assemblée générale de l'Organisation des Nations unies a procédé à l'adoption de deux projets à caractère scientifique en rapport avec les océans. Le projet Maris (voir p 184) ainsi que celui de la création d'une commission (voir p 184) furent ainsi agréés.

 Pour s'y retrouver sans mal

En voiture

Pour les visiteurs qui se déplacent en voiture, la façon la plus directe d'accéder au site de l'EXPO 98 à partir du centre-ville est d'emprunter l'Avenida Infante Dom Henrique en direction nord-est, qui, après avoir changé plusieurs fois de nom, vous y mènera directement. Si vous vous trouvez à l'aéroport, à partir de la Rotunda do Aeroporto, prenez l'Avenida Marechal Gomes da Costa, qui vous conduira directement à la porte sud de l'EXPO 98, située à 3 km de là. Les automobilistes qui viennent du sud du pays franchiront, quant à eux, le tout nouveau Ponte de Vasco da Gama, long de 13 km, pour se retrouver à proximité du site.

Les transports publics

La toute nouvelle gare ferroviaire de l'Oriente, une construction aux lignes futuristes dessinée par l'architecte espagnol Santiago Calatrava, assure des liaisons directes en train tant avec l'extérieur du pays qu'avec d'autres villes du Portugal. Dans le même édifice, vous trouverez également la station de métro par laquelle vous pourrez rejoindre le centre-ville en quelques minutes seulement. De nombreux bus spéciaux partent également du centre-ville et divers grands hôtels ont mis à la disposition de leur clientèle un service de navette.

En ce qui concerne vos déplacements sur le site même, un téléférique comptant 40 cabines et circulant à 20 m au-dessus du sol, vous permettra de parcourir l'EXPO 98 sur toute sa longueur tout en vous offrant de belles vues sur les pavillons et le Tage.

Renseignements pratiques

Information

Outre les nombreux comptoirs d'information présents sur place, il y a un bureau d'information pour l'étranger :

Parque EXPO 98
Avenida Marechal Gomes da Costa nº 37
1800 Lisboa
☎ 831 98 98
⇤ 837 00 32
Information par Internet : **www.expo98.pt**

ou **Office de tourisme ICEP** (voir p 55)

Heures d'ouverture

Le site de l'exposition est ouvert tous les jours, du 22 mai 1998 au 30 septembre 1998, de 9h à 3h. Les activités sont divisées en deux périodes distinctes : l'**expo-jour**, de 9h à 20h, consacrée à la visite des pavillons, et l'**expo-nuit**, de 20h à 3h, dédiée aux divers spectacles et concerts. Les nombreux bars et restaurants installés sur le site sont alors également ouverts durant cette période.

Tarifs

Il est à noter que les billets «expo-jour» sont également valables pour la soirée.

Pré-Expo (pré-vente de billets du 22 novembre 1997 au 21 avril 1998)

3 jours (enfant de 5 à 14 ans ou adulte de 65 ans et plus, 5 000 ESC)	10 000 ESC
3 mois «expo-jour» (du 22 mai au 21 août) (enfant de 5 à 14 ans ou adulte de 65 ans et plus, 22 500 ESC)	45 000 ESC

3 mois «expo-nuit» (du 22 mai au 21 août)   22 500 ESC

Expo (vente de billets du 22 avril 1998 au 30 septembre 1998)

1 jour «expo-jour»   5 000 ESC
(enfant de 5 à 14 ans ou adulte
de 65 ans et plus, 2 500 ESC)

1 nuit «expo-nuit»   2 000 ESC

3 jours   12 500 ESC
(enfant de 5 à 14 ans ou adulte
de 65 ans et plus, 6 250 ESC)

3 mois «expo-jour» (du 22 mai au 21 août)   50 000 ESC
(enfant de 5 à 14 ans ou adulte
de 65 ans et plus, 25 000 ESC)

3 mois «expo-nuit» (du 22 mai au 21 août)   25 000 ESC

Le projet Maris

Soutenu financièrement par le groupe des sept pays les plus
industrialisés (le G7) et coordonné par la Communauté
économique européenne et le Canada, le projet Maris a pour
objectif de créer, à l'échelle mondiale, un système de
communication dans le but de protéger les ressources et
l'environnement marin. À cet effet, la création d'une banque de
données sur la faune marine est également envisagée. D'autre
part, ces outils auront aussi pour fonction de faciliter et de
mieux gérer le trafic maritime, ainsi que d'avoir un meilleur
contrôle sur le transport des matières dangereuses pour
l'environnement.

La Commission mondiale indépendante pour les océans

Dès 1995, un comité réunissant 42 personnalités s'est vu
attribuer comme tâche de préparer une grande étude auprès de
scientifiques et de nombreux pays afin de dresser un tableau
général de l'état des océans et les divers impacts de
l'exploitation de ceux-ci au niveau de la planète. Ce rapport,
intitulé *Océans et société à l'aube du troisième millénaire*, sera

publié pour l'inauguration de l'EXPO 98 et présenté devant l'Organisation des Nations unies (ONU). Ce document devra ainsi mener à la création par l'ONU de la Commission mondiale indépendante pour les océans. Parmi les personnalités responsables du rapport, figurent l'ancien président de la République portugaise, Mario Soares, ainsi que le Prix Nobel de la paix 1987, Óscar Arias Sánchez, ancien président du Costa Rica.

Quelques chiffres :

- Avec plus de 130 pays et 6 organisations internationales présentes, le Portugal détient à ce jour le record absolu du nombre de participants.

- Plus de 8 millions de visiteurs sont attendus à l'EXPO 98, la moitié provenant de pays étrangers.

- Pour la circonstance, pas moins de 330 ha de territoire vont être aménagés, dont 60 ha rien que pour l'exposition, le long du Tage, sur près de 5 km.

- Pas moins de 30 000 arbres et 70 000 arbustes ont été plantés.

- Environ 800 km de câbles électriques et de télécommunication ont été installés.

- D'ici l'an 2010, le site comptera 10 000 logements.

Les océans, un patrimoine pour le futur

Les thèmes officiels abordés seront :

- «Le rôle du Portugal» dans les grandes découvertes qui ont assuré l'expansion européenne aux XVe et XVIe siècles;

- «L'état des connaissances actuelles sur les océans et leurs ressources»;

- «La préservation de l'équilibre écologique et l'exploitation rationnelle des ressources marines»;

- «Les océans en tant qu'espace de loisirs et d'inspiration artistique».

Vasco da Gama

L'enfance de Vasco da Gama, né à Sines en 1469, reste une grande inconnue, et c'est surtout durant sa carrière de marin dans la flotte de guerre du roi João II que ce dernier se fait remarquer. C'est sous le règne de Manuel I que Vasco da Gama, alors amiral, se voit confier quatre navires afin de partir à la découverte des Indes; pendant ce voyage de deux ans, près d'un tiers des marins allaient périr. Après un bref passage aux îles Canaries, il arrive en novembre 1497 au cap de Bonne-Espérance, appelé autrefois cap des Tempêtes, déjà découvert en 1488 par le navigateur portugais Bartolomeu Dias. Remontant dans un premier temps les côtes africaines orientales, il décide ensuite de s'aventurer plus à l'est encore et découvre Calicut en mai 1498. Ce petit port de l'Inde était alors déjà connu des Arabes depuis le VIIe siècle pour ses nombreuses épices et ses étoffes de coton nommées «calicot». Lors de ce voyage, le célèbre poète Luís de Camões l'accompagne. Il en naîtra une œuvre littéraire fabuleuse, intitulée *Os Lusíadas*, véritable épopée sous forme de poèmes immortalisant à jamais la période des grandes découvertes. Quand Vasco da Gama revient à Lisbonne en 1499, il est accueilli en véritable héros et se voit conférer par le roi un titre de noblesse ainsi qu'une généreuse rente. Malgré cette découverte, il faudra attendre le second voyage de Vasco da Gama, en 1502 et 1503, pour voir apparaître des comptoirs commerciaux portugais en Inde. Outre ces derniers, cette nouvelle expédition va lui permettre de fonder des établissements commerciaux au Mozambique. Revenant cette fois avec de nombreuses richesses, il est nommé vice-roi des Indes et repart pour une troisième expédition en 1524. Cependant, quelques mois après son arrivée à Cochin, il meurt de maladie.

Attraits touristiques

Couvrant près de 60 ha, l'EXPO 98 s'étend tout autour des anciens Cais dos Olivais, sur lesquels se trouvait autrefois une raffinerie. Outre cette astucieuse affectation, la réalisation d'un vaste aménagement urbain sur 330 ha est prévue jusqu'en l'an 2010, avec la construction de plusieurs immeubles résidenciels, une gare ferroviaire, une station de métro et divers hôtels. En ce qui concerne le site de l'EXPO 98 même, pas moins de huit pavillons abordant un thème différent sur les océans ont été construits. Un plan d'eau de 10 ha ainsi qu'une plate-forme riveraine longeant la berge sur près de 5 km ont également été ajoutés à l'ensemble. Fait remarquable, tous les bâtiments construits dans la zone de l'EXPO 98 vont bénéficier d'installations de télécommunication par fibre optique ainsi que d'un système de collecte des ordures par réseau pneumatique. De part et d'autre du site, deux imposantes tours permettent aux visiteurs de bénéficier de belles vues panoramiques sur l'EXPO 98 et le Tage. La première, du côté sud, nommée *GALP* possède une terrasse localisée à 70 m du sol, tandis que la seconde, baptisée *Vasco da Gama*, dispose d'une terrasse située à 100 m du sol ainsi que d'un restaurant panoramique sis à 80 m du sol.

Le pavillon du Portugal

Conçu par le célèbre architecte portugais Alvaro de Siza Vieira, auteur de réalisations prestigieuses, le pavillon du Portugal est consacré aux grandes découvertes ainsi qu'au rôle important joué par le Portugal dans l'expansion européenne des XVe et XVIe siècles. L'architecte a planifié sa construction à proximité du grand bassin, afin que le pavillon puisse se refléter dans l'eau, rappelant ainsi le lien omniprésent entre le Portugal et l'océan. Il comprend la place des Cérémonies, un vaste espace couvert muni d'un immense toit de béton qui a la particularité d'être concave. Les cérémonies officielles y auront lieu. Ce pavillon deviendra après l'EXPO 98 le siège d'une institution.

L'Océanorium

Ce pavillon abrite le plus grand aquarium d'Europe, regroupant jusqu'à 25 000 spécimens d'environ 300 espèces différentes. Il a été dessiné par l'architecte américain Peter Chermayeff. Un espace pour des expositions temporaires est également rattaché au bâtiment. Avec ses nombreuses surfaces de verre ondulé imitant les vagues des océans et ses hauts mâts et câbles d'acier soutenant le toit et évoquant une voilure, l'édifice fait penser à un grand voilier.

Trois thèmes principaux sont abordés ici :

«Les océans, moyens de liaisons entre les différents peuples»;
«La vie et la diversité de ses formes, de l'infiniment petit au plus grand»;
«La responsabilité de l'être humain dans la préservation des océans en tant que ressource de l'humanité».

Au centre du bâtiment, vous pourrez admirer un gigantesque bassin qui forme l'aquarium principal et qui représente l'océan. Sa capacité en eau équivaut à celle de quatre piscines olympiques! Ce bassin étant visible sur deux étages, vous pourrez circuler tout autour et admirer ainsi, au travers d'épaisses parois transparentes, une faune marine particulièrement abondante, avec entre autres des requins, des raies, des thons, des bancs de sardines et mille et une espèces encore. Les quatre coins du bâtiment comportent d'autres bassins, de taille plus modeste cependant, qui sont consacrés à la faune de diverses zones de la planète. Ces bassins étant également visibles sur deux étages, vous pourrez admirer dans l'un d'entre eux de magnifiques espèces tropicales provenant de pays aussi exotiques que le Mozambique ou Madagascar. Quant aux autres bassins, on y présente la faune marine des côtes rocheuses de l'océan Pacifique, de la côte des Açores et de l'océan Antarctique. Il est à noter que, pour présenter la faune marine de l'océan Antarctique, une véritable expédition a été mise sur pied afin de trouver phoques et pingouins. Tandis que les phoques proviennent de l'Alaska, la présence des pingouins a nécessité, de la part des organisateurs, une bonne dose de patience et d'«entourloupettes» à l'égard des lois internationales. En effet, les lois internationales interdisant la capture des pingouins, une équipe de scientifiques américains a récolté en novembre 1996 des œufs de pingouin dans la Terre de Feu (au Chili), afin de les transporter au laboratoire du Zoo de Cincinatti (USA), où ils ont été mis en incubation. Peu après l'éclosion des œufs, de 15 à 20 jeunes pingouins ont alors «demandé» aux autorités le droit d'émigrer au Portugal, où ils bénéficient à présent de la citoyenneté portugaise!

Le pavillon de la Connaissance des mers

Consacré aux multiples découvertes scientifiques dans le domaine des océans et des mers, ce pavillon rappelle par sa nef centrale le pont d'un navire.

Les quatre thèmes évoqués ici sont :

«La découverte de la navigation et d'instruments qui ont permis d'accéder à de nouveaux continents»;

«L'exploration progressive par l'être humain de l'univers sous-marin ainsi que des nouvelles technologies permettant à ce dernier de franchir des limites jusqu'alors jamais encore atteintes»;

«L'exploitation des océans, allant de la création des salines, à l'industrie de la pêche en passant par la pose de câbles sous-marins et l'extraction de gisements sous-marins»

«Les océans et les mers, facteurs de progrès pour l'humanité».

Après 1998, les lieux conserveront leur vocation de musée océanographique.

Le pavillon du Futur

Consacré au futur des océans et à leur conjoncture sur la planète, ce pavillon a été conçu à l'image de la proportion entre la mer et la terre ferme, les trois quarts du bâtiment étant revêtus de verre qui évoque la mer. Le remarquable aménagement intérieur est l'œuvre de designers portugais. Assistant à un grand spectacle multimédia (holographique), le public est invité à partager les découvertes les plus récentes réalisées grâce aux nouvelles technologies. Un portrait général de la santé des océans y est dressé.

Le pavillon de l'Utopie

Dans ce grand amphithéâtre sont présentés chaque jour divers spectacles multimédias évoquant les mythes et légendes propres aux océans et à la mer. Ainsi, vous y rencontrerez le célèbre Jules Verne, déchiffrerez les grandes énigmes de l'Atlantide et même verrez la baleine Moby Dick. Mises sur pied par la firme québécoise Rozon (déjà connue internationalement pour son festival «Juste pour Rire»), les séances d'une durée de 24 min auront lieu cinq ou six fois par jour. Avec une capacité de 12 000 places assises, l'amphithéâtre servira après 1998 de salle polyvalente pour de nombreux congrès, spectacles et activités sportives.

Les pavillons internationaux

Cet important secteur de l'EXPO 98, consacré aux pays participants, est composé de multiples pavillons répartis entre deux zones : la zone internationale Nord, pouvant accueillir jusqu'à 130 délégations, et la zone internationale Sud, disposant d'un emplacement pour 60 autres représentations étrangères.

S'étendant le long du Tage, la zone internationale Nord deviendra, après 1998, le nouveau Centre des expositions de Lisbonne de l'Association industrielle portugaise. Dans ses six pavillons à l'allure futuriste, une centaine de pays sont représentés. La zone internationale Sud, quant à elle localisée à proximité du port de plaisance, regroupe d'autres délégations étrangères.

Les espaces dont disposent les pays leur ont été cédés gratuitement par le comité organisateur, ce qui permet ainsi aux pays moins favorisés de participer pleinement à l'EXPO 98.

Le pavillon des entreprises et des organisations

Ce pavillon regroupe diverses organisations et firmes privées qui y exposent leurs produits.

Les jardins de l'Eau

Réservés aux divertissements, les jardins de l'Eau, comme l'indique leur nom, sont consacrés à l'eau. De nombreux jeux d'eau y sont visibles. Au centre des jardins, dans l'auditorium Jules Verne, vous pourrez assister à divers spectacles organisés par les pays participants.

Les jardins Garcia de Orta

Aménagés face aux six pavillons de la zone internationale Nord, les jardins Garcia de Orta présentent une flore très riche ainsi que d'admirables ensembles paysagers. Le but recherché ici est de montrer au public la grande variété de plantes rapportées aux cours des siècles par les navigateurs portugais, espèces introduites aujourd'hui à travers toute l'Europe.

Le port de plaisance

Pouvant recevoir jusqu'à 600 embarcations, le port de plaisance est également un agréable endroit où de nombreux bars et restaurants avec terrasse invitent à la détente. Tout au long de l'exposition, de nombreux navires de diverses provenances et de toutes les tailles viendront mouiller l'ancre dans ces lieux, offrant ainsi un spectacle intéressant. Vous pourrez y voir non seulement les embarcations traditionnelles du Portugal (*moliceiras* d'Aveiro, *barcos rabelos* de la vallée du Douro, *fragatas* du Tage ou encore les célèbres *caravelas*, fleurons de la navigation portugaise), mais aussi des brise-glaces, des bateaux «laboratoire océanographique», des navires historiques et même des hydravions. Les connaisseurs seront ravis de pouvoir y admirer le *Polarstern*, un vaisseau scientifique allemand destiné à la recherche en mer polaire, le *Fryken*, un bateau suédois transformé en musée flottant, le *James Clark Ross*, provenant de Grande-Bretagne et utilisé pour la recherche dans l'Antarctique, et bien d'autres navires encore provenant de pays aussi variés que la Russie, la Belgique et la Finlande.

Parmi les activités prévues par le comité organisateur de l'EXPO 98, figure la Régate EXPO 98, un rallye durant lequel 40 yachts participent à un tour du monde se terminant face au port de plaisance la vieille même de l'ouverture de l'EXPO 98.

Entre autres démonstrations nautiques, entre le 25 juillet et le 3 août 1998, pas moins de 120 voiliers participant à la grande régate Cutty Sark Tall Ships' Race feront escale à Lisbonne pour le plus grand plaisir des spectateurs. Au Portugal, cette course de bateaux portera le nom de «Grande Regate Internacional Vasco da Gama Memorial-Lisboa 98».

ACTIVITÉS DE PLEIN AIR

En raison de la complexité urbaine de Lisbonne, où ruelles, culs-de-sac et escaliers s'entrecroisent de manière inextricable, la capitale du Portugal ne se prête guère aux activités de plein air. En effet, il s'avère pratiquement impossible de circuler à vélo en ces lieux, tant les dénivellations sont nombreuses et importantes; de plus, malgré la présence de multiples parcs, la pratique du jogging y est mal aisée à cause de leur petitesse. Enfin, bien que Lisboa bénéficie de la présence toute proche du majestueux Tage, les nombreuses industries qui sont installées tout le long de celui-ci ainsi que les fréquents passages de gros cargos sur le fleuve n'invitent guère à la pratique d'activités nautiques. Ainsi, les personnes à la recherche d'activités sportives devront donc s'adresser à l'un des divers centres de conditionnement physique installés pour la plupart dans les hôtels du centre-ville ou se rendre à l'extérieur de la métropole afin de pouvoir y bénéficier de plages, terrains de golf et parcs naturels.

 PARCS ET PLAGES

Circuit K : Parque Florestal de Monsanto

Situé dans la partie nord-ouest de la capitale, le **Parque Florestal Monsanto** *(accès à partir du Bairro Alto da Serafina, du Rossio* *bus 2 ou de la Praça do Comércio bus 13, arrêt Serafina; accès par Cruz das Oliveiras, du Rossio bus 11, arrêt Cruz Oliveiras)* s'étend sur plusieurs collines et couvre près d'un cinquième de la superficie de la municipalité de Lisbonne. Reboisée et aménagée en parc entre 1938 et 1942, cette gigantesque aire de détente abrite aujourd'hui quelques bâtiments ministériels et militaires, divers clubs sportifs privés, une grande antenne de radio ainsi que plusieurs belvédères, dont le **Miradouro de Monsanto** *(Estrada da Bela Vista, accessible à pied ou en voiture seulement)*, muni d'un restaurant (voir p 159). Le Parque Florestal de Monsanto constitue donc un endroit agréable pour de jolies promenades ou pour une journée de pique-nique au grand air. Cependant, malgré la présence de nombreux sentiers de randonnée, il est regrettable que ceux-ci ne soient pas balisés, ce qui oblige ainsi les marcheurs à s'aventurer au hasard. D'autre part, nous déconseillons l'exploration des lieux en début de soirée, certains secteurs du parc étant réputés pour être fréquentés par des prostituées et peu sûrs.

Circuit L : D'Estoril à Cascais

Estoril

Aujourd'hui, Estoril fait figure de station balnéaire un peu démodée où anciens hôtels prestigieux et «palais-demeures» sont les témoins d'une époque un peu folle. Sa plage, **Tamariz**, séparée du reste de la ville par le chemin de fer qui longe la côte, est plutôt petite, mais a l'avantage d'être pourvue d'une grande piscine *(fermée de sept à avr)* faisant face à la mer.

Les environs d'Estoril

La modeste plage **Praia da Carcavelos** *(à 8 km d'Estoril)*, de taille moyenne, est réputée pour la pratique du surf, et, outre de nombreux bars et cafés, vous pourrez y trouver de nombreux établissements proposant la location de matériel nécessaire à ce sport.

Éloignée de moins de 30 km de la capitale et facile d'accès, **Cascais** voit les touristes d'un jour déferler à longueur d'année, la transformant en une des stations les plus fréquentées du pays. Aujourd'hui, restaurants, magasins, discothèques et salles de jeu font vibrer la ville jour et nuit, attirant un grand nombre de jeunes en quête d'une fin de semaine active! Dès lors, pour qui aime l'animation et les bains de foule, Cascais est l'endroit rêvé. Toutefois, pour profiter d'un minimum d'espace vital sur la petite plage, il vous faudra vous lever tôt et jouer du coude! Même si les prix pratiqués ici sont plus raisonnables qu'à Estoril, Cascais reste une station balnéaire assez chère.

Les environs de Cascais

Une fois passé la ville de Cascais, en longeant la côte par la route N247 en direction de Praia do Guincho, vous pourrez bénéficier d'une belle **route panoramique**. Cette section de la Costa do Estoril est la partie la plus intéressante, car encore sauvage et peu développée. Deux plages où il est plaisant de s'attarder s'y trouvent : **Praia do Guincho** ★ *(à 8 km de Cascais)* et, juste à côté, **Praia da Galé**. Praia do Guincho est la plus populaire, car réputée pour la planche à voile et le surf. De plus, elle possède une large étendue de sable blanc bordée, d'un côté, de dramatiques falaises découpées et, de l'autre côté, de collines verdoyantes. La plus ou moins faible fréquentation de cet endroit s'explique par une mer plus agitée qui rend la baignade plus dangereuse qu'ailleurs. Les nageurs occasionnels préféreront donc la plage située juste à côté, la Praia da Galé, moins impressionnante, mais caressée par une mer plus calme.

Circuit M : De Queluz à Sintra

Les environs de Sintra Vila

Situé au sein même de la Serra de Sintra (voir p 166), le **Parque da Pena** ★★★ *(mar-dim 10 h à 16 h 30, fermé lun)* compte de nombreux sentiers de randonnée qui vous permettront de découvrir une flore extraordinairement riche et diversifiée. Des espèces tempérées à celles des régions subtropicales, pas moins de 3 000 essences différentes, du sapin au palmier en passant par le chêne-liège et l'arbousier, s'y trouvent. Par ailleurs, les nombreux palais à l'architecture exubérante qui entourent le parc ont transformé la région en un véritable «pays de conte de fées». Les amateurs de promenades romantiques seront donc particulièrement sensibles au charme des lieux. Même par temps pluvieux, la nature y dévoile ses attraits; les brumes s'échappant alors des forêts environnantes y composent un paysage empreint de mystère, presque hallucinant.

S'étendant sur un vaste domaine, le **Parque de Monserrate ★★** *(200 ESC; 10 h à 16 h 45 en hiver, jusqu'à 17 h 45 en été; à 4 km de Sintra)* mérite une visite afin d'admirer sa flore, particulièrement riche en espèces. Qu'il s'agisse des fougères arborescentes provenant de Nouvelle-Zélande, des eucalyptus au parfum puissant, des palmiers d'Afrique, de cèdres géants ou simplement des chênes-lièges généreux, tout y est sujet à émerveillement. Émerveillement si bien décrit par Lord Byron dans son récit *Childe Harold's Pilgrimage*, lorsqu'il situe à cet endroit son éden tant chéri.

Circuit N : Setúbal et ses environs

Les deux jolies petites plages de sable blanc **Praia da Figueirinha** et **Praia de Galapos** *(à 16 km de Setúbal)* intéresseront surtout ceux qui recherchent l'isolement et le calme. Cachées au fond d'une baie, elles ne disposent en effet d'aucun service, mais ont l'avantage d'être nettement moins fréquentées que leurs voisines de l'Ouest, Portinho da Arrábida et Sesimbra.

C'est par une belle **route panoramique ★** et une descente abrupte qui se termine en cul-de-sac que vous trouverez la belle **Praia do Portinho da Arrábida ★** *(à 18 km de Setúbal)*, blottie dans une baie paisible. Les baigneurs pourront s'y donner à cœur joie tout en profitant de quelques services sur place et d'un restaurant en bordure de plage. Cependant, avant de vous lancer à l'eau, n'oubliez pas que la présence de voleurs dans cette région est malheureusement une réalité qu'il convient de ne pas oublier. Ne laissez donc rien dans votre véhicule.

Tout comme Cascais, la **Costa da Caparica** *(de Marquês Pombal ou métro Palhavã bus 75; billet 1 Dia-Praia 480 ESC ou billet familial pour 4 passagers 1 440 ESC)* est un des hauts lieux de tourisme de fins de semaine. En raison de sa proximité et de son accès facile, l'endroit se voit régulièrement envahir par les Lisbonnins en quête de plages et de séances de bronzage. À la différence de ces stations concurrentes cependant, la Costa da Caparica possède des **plages** ★ qui s'étendent sur plusieurs kilomètres, et la majorité de la côte est restée sauvage grâce au classement d'une partie de celle-ci comme zone protégée. Durant l'été, un petit train vous permettra de longer la côte sur près de 10 km. Tandis que les plages localisées à proximité du village de Caparica sont fréquentées par des familles nombreuses, celles plus éloignées sont surtout fréquentées par des nudistes et une population à majorité gay (17e, 18 e et 19e arrêts). L'excursion en bus depuis la capitale est d'autant plus agréable que la traversée de l'impressionnant Ponte 25 de Abril vous procurera de superbes vues sur le Tage et Lisbonne.

ACTIVITÉS DE PLEIN AIR

Randonnée pédestre

Circuit L : De Queluz à Sintra

Dans la Serra de Sintra, le **Parque da Pena** ★★ *(mar-dim 10 h à 16 h 30, fermé lun)* compte de nombreux sentiers de randonnée qui vous permettront de découvrir une flore extraordinaire. Parmi les randonnées facilement accessibles, nous vous conseillons celle qui mène au Palácio da Pena par la «porte des lacs», une des plus magiques. Pour ce faire, au départ de Sintra Vila, empruntez l'Estrada da Pena tout en suivant les panneaux indicateurs pour le palais. Vous trouverez la **Portão dos Lagos** à mi-chemin dans la montée, à droite de la route, près d'une aire de stationnement. Garez-y votre véhicule car le sentier débute ici. Passé la porte d'entrée, empruntez le sentier longeant à gauche les bassins d'eau. Trois petits lacs bordés d'une végétation florissante se suivent alors, et vous pourrez y contempler de magnifiques fougères arborescentes originaires d'Australie et de Nouvelle-Zélande. Poursuivez ensuite votre balade sur le chemin principal jusqu'à la première intersection rencontrée, où vous tournerez à gauche puis, au croisement suivant, de nouveau à gauche. L'entrée du château se trouve alors au bout du chemin. Comptez de une à deux heures pour y parvenir. Ceux qui apprécient les **vues panoramiques** ★ suivront le sentier de droite, situé à la seconde intersection rencontrée après les lacs. Ce dernier mène à la **Cruz Alta**, d'où, à 530 m d'altitude, vous pourrez observer la

Serra da Sintra ainsi que le palais da Pena, accroché à son rocher et se découpant sur les plaines au loin. Comptez environ 2 heures pour vous y rendre.

Si de grandes balades avec de nombreux points de vue vous intéressent, n'hésitez pas à emprunter le sentier qui mène au Palácio da Pena, tout en passant par le très beau site du **Castelo dos Mouros** ★ *(entrée libre; tlj 10 h à 16 h 30; voir p 174)*. Pour y accéder depuis le centre de Sintra Vila, prenez la Rua Visconde de Monserrate, qui, par la suite, devient la Rua Bernardím Ribeiro. Une fois passé la courbe de la rue, un escalier, situé à votre droite, mène directement à l'Igreja da Santa Maria, qui fait face aux bâtiments administratifs forestiers de la Serra da Sintra. De là, juste à côté des édifices, un long sentier sinueux conduit aux ruines du château dos Mouros, d'où plusieurs **vues panoramiques** ★ sur le village de Sintra s'offrent à vous. En poursuivant votre ascension, le chemin rejoint ensuite la route principale, l'Estrada da Pena, menant au Palácio da Pena. Deux choix sont alors possibles : soit emprunter celle-ci par la gauche et atteindre ainsi rapidement le palais, soit prendre à droite et rejoindre en contrebas la Portão dos Lagos, d'où vous pourrez atteindre le Palácio da Pena par de petits sentiers. Si vous optez pour cette dernière solution, comptez un après-midi complet au départ de Sintra Vila.

Circuit M : Setúbal et ses environs

Située entre Setúbal et Sesimbra, la **Serra da Arrábida** ★ est un immense parc naturel couvrant près de 10 800 ha qui, en plus de posséder de superbes plages, compte plusieurs sentiers permettant de contempler de magnifiques paysages verdoyants et accidentés se découpant sur une mer bleu azur. Quatre circuits y ont été tracés par la direction du Parque Natural da Arrábida afin de permettre aux visiteurs de découvrir les beautés de la flore locale. La longueur des circuits proposés varie entre 5 et 15 km; chacun présente un degré de difficulté différent. Vous pouvez vous procurer un excellent petit guide *(gratuit;* Guia de Percursos Pedestres Arrábida/Sado*)* détaillant avec précision ces quatre circuits au Posto de Turismo da Região de Setúbal *(Largo Corpo Santo)*, dans le centre-ville de Setúbal.

Golf

Tout comme en Algarve, le golf est devenu ici une spécialité sportive fort appréciée, et la Costa de Lisboa se classe ainsi comme la seconde région quant au nombre de ses terrains de golf. Tandis qu'on ne compte pas moins de six terrains répartis entre la côte et la Serra de Sintra, trois sont aménagés au sud de Lisboa, dont deux près de Setúbal. Nous en avons sélectionné quelques-uns qui méritent l'attention, soit pour leur parcours intéressant, soit pour leur environnement exceptionnel.

Circuit K : D'Estoril à Cascais

En plus d'être situé à moins de 2 km au nord de la ville d'Estoril, l'**Estoril Palácio Golf Club** a l'avantage d'offrir un parcours à neuf trous dans un décor très paysager avec, au sud, une belle vue sur la côte et, au nord, la verdoyante Serra de Sintra, rassemblant ainsi en un même parcours mer et montagne.

Renseignements et réservations :

Estoril Palácio Golf Club
Clube de Golfe do Estoril
2765 Estoril
☎ 1-468 01 76
⇌ 1-468 27 96

Circuit L : de Queluz à Sintra

Aménagé au pied du versant sud de la Serra da Sintra, dans une zone protégée, le **Parque Penha Longa** ravira les amateurs de paysages mouvementés; collines et rochers de granit font de ses deux circuits (9 et 18 trous) des parcours variés et agréables à franchir.

Penha Longa Golf
Lagoa Azul, Linhó
2710 Sintra
☎ 1-924 03 20
↔ 1-924 03 88

Circuit M : Setúbal et ses environs

Un beau parcours à 18 trous situé en partie dans une réserve
naturelle où règne une agréable odeur de pins, le tout à moins
d'une demi-heure de la trépidante capitale, voilà ce que vous
trouverez au **Clube de Campo de Portugal-Aroeira.** Le secteur
étant protégé, vous pourrez y profiter d'un environnement sans
immeubles tout en ayant le plaisir de découvrir, à quelques
kilomètres, de belles plages abritées par d'impressionnantes
falaises.

Clube de Campo de Portugal
Herdade de Aroeira
Fonte da Telha
2825 Monte de Caparica
☎ 1-226 32 44
↔ 1-226 13 58

HÉBERGEMENT

D ans cet ouvrage, nous avons cherché à sélectionner les lieux d'hébergement nous apparaissant comme les meilleurs dans chacune des catégories. Les prix indiqués étaient ceux pratiqués au moment de mettre sous presse et sont bien sûr susceptibles d'être modifiés en tout temps. Tous les prix, sauf indication contraire, sont pour deux personnes. Nous avons de plus indiqué les coordonnées complètes des établissements sélectionnés (adresse postale, téléphone, télécopieur et adresse Internet) afin de faciliter les réservations depuis votre lieu de résidence. **Le petit déjeuner est toujours compris dans le prix de la chambre. Dans les très rares cas où il ne l'est pas, nous l'avons indiqué.**

Au Portugal, les frais exigés pour un appel téléphonique effectué depuis votre hôtel sont très élevés. Ainsi, il peut en coûter jusqu'à 7 $ la minute pour appeler au Canada! Vous aurez donc intérêt à utiliser les services de Canada Direct ou de France Direct (voir p 80) : aucuns frais ne vous seront facturés au Portugal et vous ne paierez que dans votre pays à peine plus que les frais habituels.

QUELQUES ÉTABLISSEMENTS
QUI SE DISTINGUENT

● Pour les gens d'affaires : Hotel Orion (p 214), Suite Hotel Dom Rodrigo (p 209).

● Pour les amateurs d'histoire : Pousada Dona Maria I (p 222), Palácio de Seteais (p 224), Pousada de Palmela (p 228), Pousada de São Filipe (p 227).

● Pour les amateurs de luxe : Hotel da Lapa (p 218), Ritz (p 211), Hotel York House (p 217), Quinta da Capela (p 225), As Janelas Verdes (p 218).

● Pour la chaleur de l'accueil : Pensão Aljubarrota (p 203), Pensão Londres (p 205), Pensão-Residencial Gerês (p 204), Residencial Dom Sancho I (p 213).

● Pour les meilleures aubaines : Pensão Aljubarrota (p 203), Pensão Nossa Senhora do Rosario (p 212).

● Pour la vie nocturne : Casa de São Mamede (voir p 206).

● Pour les plus belles vues : Pensão Ninho das Águias (p 204), Albergaria Senhora do Monte (p 205), Hotel da Lapa (p 218), Quinta do Patrício (p 227).

● Pour les romantiques : Quinta da Capela (p 225), Hotel York House (p 217), Palácio de Seteais (p 224), Quinta do Patrício (p 227), Casa da Pérgola (p 220).

● Pour la plus belle piscine : Hotel Orion (p 214), Hotel da Lapa (p 218).

● Pour les plus beaux jardins : Hotel da Lapa (p 218), Quinta da Capela (p 225), Palácio de Seteais (p 224).

● Pour les amateurs d'azulejos : Pousada de São Filipe (p 227), Casa de São Mamede (p 206).

CIRCUIT A : LE QUARTIER DU ROSSIO ET LA BAIXA

Installée au quatrième étage d'un immeuble sans ascenseur comportant une cage d'escalier délabrée, la **Pensão Pension Galicia** *(3 500 ESC sans bd, 5 000 ESC avec bd; Rua do Crucifixo n° 50, 4e étage, 1100 Lisboa, ☎ 342 84 30)* se présente comme un grand appartement familial où l'on a aménagé d'une façon modeste plusieurs chambres. En effet, le luxe n'est pas au rendez-vous ici, et la décoration des chambres est simple mais d'un goût très acceptable. Compte tenu des prix particulièrement raisonnables, cet endroit constitue une aubaine pour les voyageurs au budget restreint.

Établie au 4e étage d'un immeuble, la petite **Pensão Aljubarrota** *(6 400 ESC sans bd, 7 900 ESC avec bd; Rua da Assunção n° 53, 4e étage, 1100 Lisboa, ☎ 346 01 12)* est une adresse des plus sympathiques. En fait, il s'agit plutôt d'un «logement chez l'habitant» que d'une simple pension, et le patron, d'origine italienne, ne ménage pas ses efforts pour vous mettre à l'aise. Sourire et courtoisie rappellent ici la chaleur de la Méditerranée. Même si le confort des lieux s'avère restreint (chambres mal isolées, quatre étages à gravir sans ascenseur), le charme de l'endroit fait rapidement oublier les quelques inconvénients à subir. En effet, du joli mobilier ancien garnit les petites chambres, et certaines d'entre elles ont un balcon. Vous y prendrez le petit déjeuner dans une ambiance cordiale et détendue tout en étant entouré de charmants objets et assis face au balcon (grandes fenêtres ouvertes si le temps le permet). Ah! douce Italie, mais... sommes-nous bien à Lisbonne? Qui plus est, pour ne rien gâcher, un prix «spécial» peut être négocié pour un séjour de plusieurs jours. L'entrée, difficile à trouver, se trouve entre la Rua Augusta et la Rua Correeiros, entre les deux vitrines d'un grand magasin de *zapatos* (chaussures). Si vous aimez la formule du «logement chez l'habitant», n'hésitez pas à y passer quelque temps!

Hotel Americano *(7 000 ESC avec bd, 8 000 ESC bp; Rua 1° de Dezembro n° 73, 1200 Lisboa, ☎ 347 49 76, ≈ 347 49 79).* Malgré un hall d'entrée peu attrayant et des prix un peu élevés pour la qualité de l'environnement, cet hôtel a néanmoins l'avantage d'être situé en plein centre du quartier. Chambres assez confortables au décor convenable.

Localisée un peu en retrait du Rossio, sur une petite rue calme, la **Pensão-Residencial Gerês** *(7 000 ESC sans bd et sans pdj, 8 500 avec bd et sans pdj; tv; Calçada do Garcia nº 6, 1er et 2e étages, 1100 Lisboa, ☎ 881 04 97, ✆ 888 20 06)* dispose de 24 chambres aménagées d'une manière modeste. Malgré le fait que les chambres soient mal insonorisées et que la décoration s'y limite à l'essentiel, l'agréable ambiance familiale combinée à la propreté des lieux en fait une bonne adresse.

Residencial-Albergaria Insulana *(8 000 à 9 500 ESC; bp, tv; Rua da Assunção nº 52, 1100 Lisboa, ☎ 342 76 25)*. Le confort est au rendez-vous dans cet hôtel de 32 chambres qui, en plus de sa localisation centrale, offre l'avantage d'être situé sur une rue calme.

L'**Hotel Internacional** *(9 500 à 10 000 ESC; bp, tv; Rua da Betesga nº 3, er1 étage, 1100 Lisboa, ☎ 346 64 01, ✆ 347 86 35)*, au mobilier vieillot, offre surtout l'avantage d'être bien situé. Installé dans un vieil immeuble à l'angle de la rue piétonnière Augusta, il permet d'avoir accès rapidement tant aux rues commerçantes qu'aux principaux sites touristiques. Louez une des chambres donnant sur l'arrière car, même si elles sont un peu sombres, elles vous préserveront du bruit de la place. Bon rapport qualité/prix.

 Hotel Metropole *(19 800 ESC; bp et bd, tv; Praça Dom Pedro IV ou Rossio nº 30, 1100 Lisboa, ☎ 346 91 64 ou 346 91 65, ✆ 346 91 66)*. Faisant partie d'une chaîne de très beaux hôtels appartenant à la famille de Almeida, le Metropole est un vieil établissement restauré en 1993 qui a beaucoup de cachet. Son nombre de chambres limité (36), décorées avec goût, en fait un endroit chaleureux et personnalisé. Louez une chambre donnant sur la place, avec vue sur le Rossio et le château. Dans sa catégorie, cette adresse offre un bon rapport qualité/prix.

CIRCUIT B : LE CASTELO ET L'ALFAMA

Pensão Ninho das Águias *(7 500 ESC sans bp, 8 500 ESC avec bp, sans pdj; Costa do Castelo nº 74, 1100 Lisboa, ☎ 886 70 08)*. Cette pension mérite surtout d'être mentionnée pour son emplacement romantique, intégré aux murailles du château, ainsi que pour sa très jolie terrasse verdoyante avec vue sur la ville. Seules quelques chambres ont vue sur la ville. Sa situation éloignée du centre-ville et son accès difficile (l'escalier en colimaçon menant à la réception étant plutôt raide) en font un endroit peu commode. Confort très moyen et accueil qui mériterait une amélioration.

CIRCUIT C : GRAÇA ET L'EST DE LISBONNE

Malgré son apparence extérieure un peu déprimante et son hall d'entrée impersonnel, l'**Albergaria Senhora do Monte** *(17 000 ESC, 22 000 ESC avec terrasse; bp, tv; Calçada do Monte nº 39, 1100 Lisboa, ☎ 886 60 02, ≈ 887 77 83)* compte 24 chambres aménagées d'une manière moderne et agréable. Si votre budget vous le permet, louez une chambre avec terrasse, car c'est un vrai plaisir de s'y prélasser le soir, quand le château éclairé et la ville brillant de mille feux sont un véritable spectacle pour les yeux. Au dernier étage, un bar-terrasse *(tlj 16h à 1h)* permet également au visiteur de passage d'admirer le magnifique panorama. Seul regret, son emplacement, fort éloigné du centre, nécessite un déplacement indispensable en taxi ou par les transports publics (tram 28, à environ 10 min de marche).

CIRCUIT D : LE CHIADO ET LE BAIRRO ALTO

Pensão Globo *(4 500 ESC sans pdj; Rua do Teixeira 37, 1200 Lisboa, ☎ 346 22 79)*. Avec sa jolie petite façade récemment repeinte, cette modeste pension conviendra parfaitement aux personnes disposant d'un budget restreint. Les chambres, au confort très limité (douche commune), sont bien entretenues et ont l'avantage d'être localisées dans une des rares rues calmes du quartier. Accueil chaleureux.

Pensão Londres *(6 200 ESC sans bd, 8 000 ESC avec bd, 9 800 ESC avec bp; Rua Dom Pedro V nº 53, 2ᵉ étage , 1200 Lisboa, ☎ 346 22 03 ou 346 55 23, ≈ 346 56 82)*. Établie dans une ancienne demeure, cette pension propose des chambres avec ou sans bain, meublées très modestement mais bien entretenues. Décor agréable. Compte tenu de sa localisation intéressante, au cœur même du Bairro Alto, cette adresse offre un bon rapport qualité/prix.

🛏 La charmante **Residencial Casa de São Mamede** *(11 000 ESC; bp, tv; Rua da Escola Politécnica n° 159, 1250 Lisboa, ☎ 396 31 66 ou 396 27 57, ⇌ 395 18 96)* est un bien agréable endroit, car le personnel est sympathique et dévoué. Les petits déjeuners se prennent dans une très jolie salle décorée d'azulejos. Le mobilier des chambres est plutôt vieillot, mais tout y est. Seul petit problème : il faut réserver longtemps à l'avance (nombre de chambres limité), et il est impératif de louer une chambre à l'arrière. La rue devant la pension est en effet particulièrement passante et des plus bruyantes.

L'**Hotel Borges** *(10 500 ESC; bp; Rua Garrett n° 108, 1200 Lisboa, ☎ 346 19 51, ⇌ 342 66 17)*, donnant sur une rue piétonnière, propose des chambres calmes. Le mobilier et les installations en général commencent cependant à dater quelque peu. Situation centrale.

🛏 Pour qui aime la tranquillité et une atmosphère familiale, l'hôtel **Príncipe Real** *(16 500 à 19 500 ESC; bp, tv, ℜ; Rua da Alegria n° 53, 1200 Lisboa, ☎ 346 01 16, ⇌ 342 21 04)* constitue un choix intéressant. Ses chambres, mignonnes et accueillantes, sont toutes décorées d'une manière différente. La salle à manger, située au haut de l'immeuble, offre une belle vue. Accueil et qualité du service en font une bonne adresse.

 CIRCUIT E : LE RATO ET AMOREIRAS

Amazónia Hotéis *(15 750 ESC à 16 700 ESC; bp, ℝ, ≈, tv; Travessa Fábrica dos Pentes n°s 12-20, 1200 Lisboa, ☎ 387 70 06 ou 387 83 21, ⇌ 387 90 90)*. Ce grand hôtel à l'aspect extérieur impersonnel sera surtout apprécié des personnes recherchant le calme. À l'écart du centre, dans un quartier relativement calme, vous y trouverez des chambres confortables aménagées d'une façon moderne. La décoration, tant des chambres que des aires communes, est agréable quoique quelconque. De petits balcons attenants à certaines chambres ainsi qu'une piscine extérieure de grandeur raisonnable constituent un atout non négligeable.

CIRCUIT F : MARQUÊS DE POMBAL, SALDANHA ET LE NORD DE LISBONNE

Pousada de Juventude *(2 350 ESC dortoir sans pdj, 5 700 ESC chambre à occupation double sans pdj; Rua Andrade Corvo n° 46, 1050 Lisboa, ☎ 353 26 96, ≠ 353 75 41, métro Picoas ou bus 91 arrêt Picoas).* Bien implantées en Europe et sur le continent nord-américain, les auberges de jeunesse attirent un grand nombre de jeunes qui voyagent avec un budget restreint. Ce type de logement, intéressant à certains égards, peut toutefois surprendre et, comme c'est le cas ici, carrément décevoir. En effet, l'auberge de jeunesse de Lisbonne s'avère peu entretenue, et les chambres sont inintéressantes. En ce qui concerne le dortoir, en plus du manque de propreté, le bruit occasionné par le va-et-vient constant de voyageurs y rend le repos difficile. Autre désavantage, des frais élevés sont demandés pour l'entreposage des bagages, et ce, dans des cases minuscules. Enfin, l'accueil est peu sympathique. Seul avantage de ces lieux, le contact quasi garanti avec d'autres voyageurs. En somme, en ce qui concerne Lisbonne, étant donné les prix élevés pratiqués, le «globe-trotter» aura avantage à s'orienter vers la *pensão* ou la *residencial*, nombreuses dans la capitale. Ainsi, pour quelques escudos de plus, il pourra se loger plus confortablement tout en ayant la possibilité d'entreposer ses bagages à la réception sans frais supplémentaires.

Pour loger à bon compte, rendez-vous à la **Residencial Vila Nova** *(3 500 à 4 000 ESC sans bd et sans pdj, 4 500 à 5 500 ESC avec bd et sans pdj; tv; Avenida Duque de Loulé n° 111, 3ᵉ étage, 1050 Lisboa, ☎ 353 48 60 ou 354 08 38),* située juste au-dessus des bureaux du Parti communiste portugais. Toutefois, ce modeste établissement n'entretient aucune liaison directe avec ce parti, à l'exception des relations de bon voisinage. Vous trouverez dans cette modeste *residencial* quelques chambres plutôt mal insonorisées mais toujours propres. Pour bénéficier d'un lieu relativement calme, louez une des chambres localisées à l'arrière de l'immeuble. Rudimentaire mais bon marché.

Des trois hôtels établis sur cette avenue, la **Residencial Avenida Parque** *(7 000 ESC; bp, tv; Avenida Sidónio Pais n° 6, 1000 Lisboa, ☎ 353 21 81, ≠ 353 21 85)* s'avère le plus avantageux. Dans un environnement calme, face au parc, cette *residencial* propose de grandes chambres équipées simplement. Le mobilier ainsi que les aires communes, d'aspect vieillot, mériteraient une sérieuse rénovation, et un petit sourire en guise d'accueil serait également apprécié. Quelques désagréments que l'on pardonnera aisément étant donné le prix très abordable en de tels lieux.

Membre de la chaîne Arcantis, la **Residencial Avenida Alameda** *(7 000 à 9 000 ESC; bp, tv; Avenida Sidónio Pais nº 4, 1000 Lisboa, ☎ 353 21 86, ≈ 352 67 03)* dispose de chambres cubiques, toutes peintes de blanc et au décor des plus modestes. La proximité du métro et du parc, tout à côté, constitue le seul avantage de cet établissement.

Hotel Flamingo *(12 000 ESC; bp, tv, ℝ; Rua Castilho nº 41, 1250 Lisboa, ☎ 386 21 91, ≈ 386 12 16)*. Petit hôtel de 39 chambres installé dans un édifice moderne quelconque. Tel que le nom de l'hôtel le laisse présumer, le décor est des plus kitch ici et une rénovation des lieux serait souhaitable.

Contrastant avec la façade moderne et plutôt froide du bâtiment, l'ameublement des chambres de l'**Hotel Excelsior** *(12 500 ESC; bp, tv; Rua Rodrigues Sampaio nº 172, 1100 Lisboa, ☎ 353 71 51 ou 352 40 37, ≈ 357 87 79)* semble provenir directement des années cinquante, et leur décoration mériterait d'être rafraîchie. D'autre part, on déplore l'usage de vitres teintées qui assombrissent les chambres. Malgré cela, ces dernières sont convenablement équipées et entretenues d'une manière adéquate. Aussi, la proximité du Parque Eduardo VII compte parmi les avantages de l'hôtel, qui intéressera ceux qui désirent profiter des espaces verts sans trop s'éloigner du centre-ville.

Hotel Miraparque *(13 000 ESC; bp, tv, ℜ, ℝ; Avenida Sidónio Pais nº 12, 1050 Lisboa, ☎ 352 42 86, ≈ 357 89 20)*. Cet hôtel de style plutôt conventionnel compte une centaine de chambres à la décoration austère. Les chambres les plus agréables sont celles situées à l'avant de l'immeuble, avec vue sur le Parque Eduardo VII et l'élégant Pavilhão dos Desportos.

Un peu éloigné du centre-ville, mais situé et près de la fondation Gulbenkian, l'**Hotel Dom Manuel I** *(14 500 ESC; bp, tv; Avenida Duque de Ávila nº 189, 1050 Lisboa, ☎ 357 61 60, ≈ 357 69 85)* offre un bon service dans un environnement agréable et tranquille. La décoration des chambres et des aires communes y est soignée et de bon goût. Bon rapport qualité/prix.

Faisant face à un joli petit square arboré, l'**Hotel Dom Carlos** *(15 500 ESC; bp, tv; Avenida Duque de Loulé n° 121, 1050 Lisboa, ☎ 353 90 71, ≈ 352 07 28)* dispose de petites chambres à la décoration cossue, toutes équipées d'une salle de bain marbrée. Tout comme à l'Hotel Excelsior (voir ci-dessus), des vitres teintées nous empêche de profiter pleinement de la vue sur les grands arbres qui bordent le square. Désavantage d'autant plus désagréable que la présence de doubles-vitrages, en raison du bruit provenant des grandes avenues toutes proches, rend hasardeux l'ouverture des fenêtres. Désagréments cependant rapidement compensés par la proximité du Parque Eduardo VII, qui permet d'allier plaisirs des espaces verts et ceux de la vie citadine.

Malgré son aspect extérieur peu attrayant, l'**Hotel Fénix** *(16 500 à 20 500 ESC; bp, tv, ℜ; Praça Marquês de Pombal n° 8, 1200 Lisboa, ☎ 386 21 21, ≈ 386 01 31)* propose des chambres rénovées d'une façon attrayante. Les chambres côté rue, munies de doubles-vitrages, offrent en toute tranquillité une vue intéressante sur la très animée place Marquês de Pombal. À l'entrée, un petit kiosque vend des journaux en français. Bon service. Un peu cher cependant.

Membre de la chaîne Best Western, l'**Hotel Rex** *(18 000 ESC; bp, ℜ, ℝ, tv; Rua Castilho n° 169, 1070 Lisboa, ☎ 388 21 61, ≈ 388 75 81, www.rex.pt)* se présente comme un bâtiment moderne sans personnalité, avec de petites chambres à la décoration standardisée sans style particulier. Malgré de récents travaux de rénovation (1996), ces dernières demeurent quelconque voire d'aspect un peu vieillot. Étant donné les prix élevés pratiqués, cet endroit offre un rapport qualité/prix très moyen même si sa localisation intéressante, face au Parque Eduardo VII, demeure un atout.

Partie intégrante des Hotéis Tívoli, le **Suite Hotel Dom Rodrigo** *(19 500 à 25 000 ESC sans pdj; bp, ℂ, ℝ, tv, ≈; Rua Rodrigo da Fonseca n°s 44-50, 1200 Lisboa, ☎ 386 38 00, ≈ 386 30 00)* est, avec l'hôtel Orion (voir p 214), l'un des rares hôtels de la capitale à proposer la formule d'*apart-hotel*. La chaîne portugaise propose ici trois types de logements, soit 9 studios, 39 suites (avec chambre à part) et 9 penthouses, tous équipés d'un mobilier moderne de bon goût. Les suites et les studios localisés au 7e étage, à l'avant de l'immeuble, bénéficient d'une agréable petite terrasse, sans vue particulière cependant. Pour ceux qui le désirent, un service de chambre est proposé quotidiennement sans frais supplémentaires. Autre avantage, la piscine, qui, bien que petite, s'avère fort agréable.

Autre géant de l'hôtellerie, le **Holiday Inn Lisboa** *(21 000 ESC sans pdj; bp, ≈, ☺, ℜ, ℝ, tv; Avenida António José de Almeida nº 28-A, 1000 Lisboa, ☎ 793 52 22 ou 793 60 18, ⇌ 793 66 72)* ne se distingue malheureusement pas par la beauté de sa décoration. En effet, aussitôt après avoir franchi l'entrée, on découvre avec surprise une réception qui ressemble plus à une salle d'attente d'aéroport qu'à un hall d'un hôtel de catégorie quatre étoiles. En ce qui a trait au mobilier et à la décoration des chambres, plutôt convenables, ici aussi le manque d'originalité se fait sentir. L'absence de petit déjeuner dans le prix de la chambre constitue également un autre élément d'étonnement, d'autant plus que les prix pratiqués s'avèrent plutôt élevés compte tenu de sa localisation, à l'écart du centre-ville. Seuls avantages par rapport aux concurrents de sa catégorie, la présence, sur le toit de l'immeuble, d'une piscine extérieure (malheureusement trop petite) ainsi que d'une salle d'exercices (accessible aussi aux non-clients : 1 500 ESC par séance).

Avec ses lignes futuristes, **Le Méridien** *(33 500 à 45 000 ESC sans pdj; bp, ℜ, ℝ, ⌂, tv; Rua Castilho nº 149, 1070 Lisboa, ☎ 383 09 00 ou 383 04 00, ⇌ 383 32 31)* compte parmi les hôtels à l'architecture extérieure la plus moderne de Lisbonne. La fameuse chaîne propose ici des chambres cubiques équipées confortablement, à la décoration standardisée sans grande originalité. Bien que les chambres n'aient pas de balcon, certaines bénéficient d'une agréable vue sur le Parque Eduardo VII. En ce qui concerne l'aménagement des aires communes, à l'exception du mobilier disposé dans le hall d'entrée, il s'avère la plupart du temps d'un goût douteux voire carrément kitch, comme son restaurant La Brasserie des Amis. D'autre part, on regrette le peu d'installations offertes (pas de salle d'exercices ni de piscine) à la clientèle ainsi que l'absence de petit déjeuner dans le prix déjà élevé de la location de la chambre. À son actif, la présence d'étages non-fumeurs ainsi que sa localisation agréable, face au Parque Eduardo VII.

Fidèle à sa réputation internationalement reconnue, l'hôtel **Ritz** *(38 000 à 46 000 ESC sans pdj; bp, ℜ, ℝ, ☺, tv; Rua Rodrigo da Fonseca nº 88, 1093 Lisboa, ☎ 383 20 20, ⬚ 383 17 83)* propose, à ceux qui peuvent se les offrir, luxe et qualité. Bien que le Ritz occupe les lieux d'un édifice qui manque singulièrement d'originalité, son cadre intérieur est à la hauteur de nos attentes pour cette catégorie d'hôtel. Aussi, ne manquez pas d'aller admirer les très belles tapisseries du plus pur style Art déco qui se trouvent dans le salon du rez-de-chaussée, de véritables petites merveilles pour les amateurs de ce style. En ce qui concerne les suites, les clients y trouveront un mobilier cossu et raffiné, certaines d'entre elles étant décorées de superbes répliques d'antiquités. Pour profiter pleinement de tant de luxe, louez plutôt une chambre aux étages supérieurs, côté parc, afin de profiter de la jolie vue sur la ville. Bar, restaurants, salle de conférences, salons et salle d'exercices (minuscule cependant) ne sont que quelques-unes des installations offertes à la clientèle. D'autre part, un étage entier est réservé aux non-fumeurs. En ces lieux épicuriens, on regrette cependant l'absence d'une piscine, toujours bien utile dans une grande capitale.

Sheraton and Towers Lisboa *(32 000 à 38 000 ESC sans pdj; bp, ≈, ℜ, tv, ☺, △; Rua Latino Coelho nº 1, 1069 Lisboa, ☎ 357 57 57, ⬚ 354 71 64)*. Il faudrait être bien difficile pour ne pas apprécier cet endroit, tellement le nombre de commodités y est grand. Vous aurez accès à une piscine extérieure et à un centre de conditionnement physique (accessible aussi aux non-clients), malheureusement tous deux de taille trop modeste. Les étages supérieurs, appelés ici *Tower,* comportent des chambres décorées plus luxueusement et bénéficient d'une vue au loin sur le Parque Eduardo VII. Il va sans dire que les prix suivent la même tendance. Très agréable terrasse panoramique avec bar.

🛏 CIRCUIT G : RESTAURADORES ET LIBERDADE

 Pensão Imperial *(3 500 ESC et 4 500 ESC avec bd, sans pdj; Praça dos Restauradores nº 78, 1200 Lisboa, entrée par la lunetterie; ☎ 342 01 66)*. Installée au quatrième étage d'un bâtiment sans ascenseur, cette pension très simple mais bien entretenue offre l'avantage d'être bien située. Quelques chambres ont vue sur la place, mais la majorité se trouvent à l'arrière et sont donc calmes. L'accueil est souriant et sympathique. Très bonne adresse dans sa catégorie. Le nombre de chambres étant limité, il est conseillé de réserver.

Sise en face de l'église Nossa Senhora da Pena, la **Pensão Nossa Senhora do Rosario** *(4 000 ESC sans bd et sans pdj, 5 000 avec bd et sans pdj; tv; Calçada de Sant'Ana nº 198, 1er étage, 1100 Lisboa, ☎ 885 36 50)* accueillait autrefois des jeunes filles sans ressources. Aujourd'hui, c'est avec le même dévouement que le très convivial propriétaire des lieux accueille les visiteurs, moyennant rétribution bien sûr. Décorée simplement mais particulièrement bien entretenue, cette pension permet de se loger convenablement à bas prix. Ceux qui se sentent l'«âme populaire» choisiront les chambres situées à l'avant de l'édifice, envahies en matinée par les bruits quotidiens provenant de la rue. Quant aux chambres localisées à l'arrière du bâtiment, elles offrent une vue agréable sur le quartier de Graça. Des petits déjeuners y sont servis pour la modeste somme de 350 ESC. Une aubaine pour les voyageurs disposant d'un petit budget!

Residencial Florescente *(4 500 ESC sans bp, 8 000 ESC avec bp, sans pdj; Rua Portas de Santo Antão nº 99, 1150 Lisboa, ☎ 346 35 17 ou 342 66 09, ≈ 342 77 33)*. L'atout principal de l'endroit est son grand nombre de chambres accessibles aux petits et moyens budgets. Bien entretenue et confortable. Rapport qualité/prix moyen.

Residencial Restauradores *(6 000 ESC sans pdj; bp; Praça dos Restauradores nº 13, 1200 Lisboa, 4e étage avec ascenseur, ☎ 347 56 60 et 347 56 61)*. Cet établissement a en plus de sa situation centrale, l'avantage de proposer une trentaine de chambres (en haute saison, réservation souhaitable). Le décor y est simple mais convenable, et les lieux sont bien entretenus. Accueil sympathique et polyglotte. Rapport qualité/prix honnête.

Vingt-quatre chambres propres au décor très modeste mais agréable, voilà ce que vous trouverez à la **Pensão Residencial 13 da Sorte** *(6 500 ESC sans pdj; bp; Rua do Salitre nº 13, 1200 Lisboa, ☎ 353 97 46, ☎ et ≈ 353 18 51)*. Étant donné sa localisation centrale et ses prix abordables, cette pension constitue l'une des bonnes adresses de la capitale.

Pensão Residencial Monumental *(6 500 ESC sans pdj; bp, tv; Rua da Glória n° 21, 1250 Lisboa, ☎ 346 98 07, ≈ 343 02 13)*. Petite pension aux modestes chambres, sombres et sans charme, mais bien entretenues et louées à un prix très abordable. Une bonne adresse pour les voyageurs disposant d'un budget restreint.

🦑 Établie au troisième étage d'un immeuble d'époque sur l'élégante Avenida da Liberdade, la **Residencial Dom Sancho I** *(7 000 à 9 000 ESC sans pdj; bp, tv; Avenida da Liberdade n° 202, 3ᵉ étage, 1200 Lisboa, ☎ 354 86 48)* propose quelques chambres agréablement décorées d'un mobilier de style portugais. Pour bénéficier d'une vue agréable, louez une chambre avec balcon donnant sur l'avenue. Accueil sympathique et propreté assurée.

Residência Roma *(9 000 ESC; bp, tv; Travessa da Glória n° 22 A, 1200 Lisboa, ☎ et ≈ 346 05 57)*. Confortable et propre, mais manquant un peu de caractère. Service de bar 24 heures par jour.

Tout à côté de l'Elevador da Glória, sur une petite rue étroite et sans charme, l'hôtel **Suíço Atlântico** *(9 500 ESC; bp, tv; Rua da Glória nᵒˢ 3-19, 1250 Lisboa, ☎ 346 17 13, ≈ 346 90 13)* abrite des chambres sombres à la décoration quasi absente. Le seul avantage de cet établissement réside dans sa localisation centrale, tout à côté de la Praça dos Restauradores et à deux pas du Rossio.

Bien que sans charme vu de l'extérieur et d'aspect plutôt vieillot vu de l'intérieur, l'**Hotel Jorge V** *(10 750 ESC; bp, tv; Rua Mouzinho da Silveira n° 3, 1250 Lisboa, ☎ 356 25 25, ≈ 315 03 19)* a l'avantage d'être situé sur une rue calme et agréablement arborée. Louez une des chambres à l'avant de l'immeuble, car celles-ci ont un petit balcon, bien agréable par temps chaud. Celles localisées au dernier étage offrent une vue intéressante sur la ville. Les amateurs de mobilier Art déco ne manqueront pas d'admirer les intéressants fauteuils installés tout à côté du bar.

Localisé à l'angle de deux rues bruyantes et occupant un immeuble à la façade plutôt impersonnelle, l'**Hotel Presidente** *(12 000 ESC; bp, tv; Rua Alexandre Herculano n° 13, 1150 Lisboa, ☎ 353 95 01, ≈ 352 02 72)* accueille ses hôtes dans un hall d'entrée original. En effet, du coin salon aménagé en mezzanine, vous pourrez admirer, en contrebas, un snack-bar au mobilier design, tandis qu'une peinture moderne géante réchauffe l'atmosphère des lieux qui semblent voués à un dépouillement étudié. Pour accéder au bar, vous aurez à descendre un escalier flanqué d'un grand pan de mur de forme géométrique et élancée, le tout en pierre polie. Malheureusement, en ce qui concerne les chambres, l'esprit de création semble avoir fait défaut, et vous devrez vous contenter d'un décor simple sans grand style; de plus, elles n'offrent pas de vue intéressante. Malgré cela, vous pourrez bénéficier d'un environnement confortable et d'un rapport qualité/prix acceptable par comparaison avec ses concurrents immédiats.

Occupant les lieux d'une très belle demeure bourgeoise *(palecete)* à la façade de style néo-mauresque, l'**Hotel Veneza** *(16 800 ESC; bp, tv; Avenida da Liberdade nº 189, 1250 Lisboa, ☎ 352 26 18 ou 352 67 00, ≈ 352 66 78)* est une bonne adresse dans sa catégorie. Une élégante cage d'escalier, à la belle décoration de ferronnerie, le tout surmonté d'une magnifique coupole de verre, ainsi que, par-ci par-là, de riches moulures méritent à elles seules la visite. Seule fausse note dans ce beau cadre, l'aménagement du hall d'entrée, de la salle de réception et du bar. En effet, les grandes toiles aux couleurs vives du peintre Pedro Luiz-Gomes disposées dans l'escalier du hall d'entrée, bien qu'agréables, semblent ne pas avoir leur place ici. D'autre part, le décor moderne et froid, d'un goût discutable, du bar et de la salle de réception constitue une autre confrontation malheureuse de styles. Le mobilier et la décoration des chambres, modernes eux aussi, s'avèrent agréables et de bon goût. Le service y est courtois et souriant.

Occupant l'emplacement de l'ancien Teatro Eden, dont on a habilement su conserver la jolie façade Art déco, l'*apart-hotel* **Orion** *(17 500 ESC/2 pers. sans pdj, 24 600 ESC/4 pers. sans pdj; bp, ≈, ℜ, ℝ, ℂ, tv; Praça dos Restauradores nºs 18-24, 1250 Lisboa, ☎ 321 66 00, ≈ 321 66 66)* constitue un choix particulièrement intéressant. La formule *apart-hotel* s'avère idéale pour les gens qui doivent travailler à Lisbonne, pour les familles avec de jeunes enfants ou pour ceux qui effectuent un long séjour. Outre sa localisation idéale, face à la jolie Praça dos Restauradores et tout près de divers moyens de transport (métro et train à proximité immédiate), l'Orion propose des studios et des appartements joliment meublés. Tandis que les studios sont munis d'un confortable canapé-lit, les appartements ont une chambre à part. Un lit pour enfant (de moins de 10 ans) est également disponible sans frais sur demande. Un coin travail est aménagé près de la fenêtre, et une table avec chaises permettent de prendre ses repas dans le studio. Tous les studios et appartements possèdent une cuisinette entièrement équipée, incluant four à micro-ondes et lave-vaisselle. Quant aux jolies salles de bain, toutes marbrées, elles sont pourvues de sèche-cheveux. Le service de ménage est assuré une fois par semaine. Pour ceux qui le désirent, un service aux chambres est proposé tous les jours (comptez 600 ESC par jour pour les studios ou 800 ESC par jour pour les appartements) et le petit déjeuner est disponible pour 1 000 ESC. Bien que tous les logements soient accessibles aux handicapés, trois d'entre eux (des studios) ont été spécialement aménagés pour ces personnes. Autre avantage, une agréable terrasse avec vue panoramique sur le Castelo, la Baixa et l'Avenida Restauradores a été aménagée au dernier étage de l'immeuble. Enfin, pour ne rien gâcher, vous y trouverez une superbe piscine ainsi qu'un comptoir de restauration rapide, le tout entouré d'un superbe panorama. Que ce soit pour un séjour d'affaires ou de détente, cet endroit offre un excellent rapport qualité/prix.

Hotel Avenida Palace *(21 000 à 24 000 ESC; bp, ℝ, tv; Rua 1º de Dezembro nº 123, 1200 Lisboa, ☎ 346 01 51, ⌨ 342 28 84).* Datant de la Belle Époque, cet hôtel confortable a su conserver beaucoup de charme et conviendra surtout aux personnes qui apprécient les atmosphères sophistiquées. Stucs, lustres de cristal et belle cage d'escalier en marbre ne sont que quelques exemples de sa décoration. Louez une des chambres situées au quatrième ou au cinquième étage, côté gare, car elles bénéficient d'une vue intéressante sur le Castelo et la jolie gare. Service attentionné. Beau et cher. Au moment de mettre sous presse, l'hôtel était fermé temporairement pour cause de travaux effectués au métro.

De taille plus modeste que son «grand frère» situé juste à côté (voir Tívoli Lisboa, ci-dessous), le **Tívoli Jardim** *(23 500 à 26 500 ESC; bp, ≈, ℜ, ℝ, tv; Rua Júlio César Machado nº 7, 1200 Lisboa, ☎ 353 99 71, ⌨ 355 65 66)* bénéficie de tous les avantages d'un hôtel de classe internationale. Grande terrasse aménagée au sommet de l'immeuble, accès gratuit à la piscine (de taille modeste mais localisée dans un agréable jardin) et au court de tennis de son voisin, voilà quelques exemples des installations offertes à la clientèle. La décoration et le mobilier des chambres sont modernes et sans caractère particulier. Louez plutôt une chambre à l'arrière du bâtiment, car l'avant donne sur un grand stationnement.

Vu de l'extérieur, l'hôtel **Lisboa Plaza** *(25 500 à 35 600 ESC; bp, ℜ, ℝ, tv; Travessa do Salitre, 1200 Lisboa, ☎ 346 39 22, ✐ 347 16 30)* semble ne rien offrir de bien particulier aux visiteurs : c'est surtout par son hall d'entrée à la décoration raffinée qu'il se distingue. En effet, tandis que mobilier et bibelots anciens y côtoient d'élégants tissus, un parterre marbré rehausse encore la richesse des lieux. Ne manquez pas également d'aller admirer le bar, où comptoir et papier peint rappellent agréablement les fastes de l'Art nouveau. En ce qui concerne ses 106 chambres, de petite taille (à l'exception des 12 suites), la décoration y est nettement plus modeste et, quoique de bon goût, manque un peu de personnalité. Aussi, le peu d'installations offertes (pas de piscine ni de salle d'exercices) constitue un autre désavantage, toutefois compensé par la localisation centrale de l'hôtel.

Faisant face à l'élégante Avenida da Liberdade, l'hôtel **Tívoli Lisboa** *(26 500 à 33 000 ESC; bp, ≈, ℜ, ℝ, tv; Avenida da Liberdade n° 185, 1250 Lisboa, ☎ 353 01 81 ou 314 11 01, ✐ 357 94 61)* dispose de 329 chambres, de petite taille mais aménagées d'une manière agréable. Pour bénéficier d'une vue intéressante, louez une des chambres situées aux derniers étages et donnant sur l'Avenida. Outre l'avantage de son emplacement intéressant, à proximité du centre-ville, vous pourrez y bénéficier de diverses installations dont un court de tennis et une petite piscine sise dans un joli jardin. D'autre part, une «terrasse-grill» a été aménagée au dernier étage de l'immeuble, d'où vous pourrez profiter d'une belle vue panoramique sur la ville.

Hotel Sofitel *(35 000 ESC sans pdj; bp, ℜ, ℝ, tv; Avenida da Liberdade n°ˢ 123-125, 1250 Lisboa, ☎ 342 92 02, ✐ 342 92 22)*. Est-il vraiment besoin de présenter le petit frère portugais de la célèbre chaîne française Sofitel? Quelque 170 chambres, dont quatre suites, toutes garnies de meubles fonctionnels et peintes de couleurs neutres, un restaurant et un bar sans grande originalité, le tout d'une propreté à toute preuve. C'est l'efficacité qui règne avant tout ici, et les gens d'affaires s'y sentiront à l'aise : une grande salle de conférences pouvant accueillir jusqu'à 300 personnes leur est par ailleurs destinée. Pour profiter de ce quatre étoiles, il vous faudra cependant un compte en banque solide, d'autant plus que le petit déjeuner (2 500 ESC) n'est pas inclus dans le prix (quelque peu excessif) de la chambre.

 CIRCUIT H : SANTA CATARINA ET CAIS DO SODRÉ

Pensão Residencial Santa Catarina *(8 500 à 8 500 ESC; bp; Rua Dr. Luís de Almeida e Albuquerque n° 6, 1200 Lisboa, ☎ 346 61 06, ≈ 347 72 27)*, surtout intéressant pour son emplacement calme. Cadre agréable, mais assez cher étant donné le peu de services offerts.

 CIRCUIT I : ESTRÊLA ET LAPA

Installée dans un ancien couvent, l'**Hotel York House** *(22 000 à 32 500 ESC; bp, ℜ, tv; Rua das Janelas Verdes n° 32, 1200 Lisboa, ☎ 396 24 35 ou 396 27 85, ≈ 397 27 93)* est, avec son voisin (voir As Janelas Verdes, ci-dessous), un de ces rares hôtels à avoir su parfaitement combiner charme et confort. L'accès à l'hôtel mérite en lui-même une brève description. Après avoir passé l'entrée, entièrement décorée d'azulejos, une longue volée de marches flanquées d'épais murs de couleur vieux rose garnis d'une verdure envahissante nous mène directement au cœur d'un ravissant patio orné de plantes. Durant la bonne saison, vous pourrez vous y restaurer (voir p 259) sous son grand palmier ou, tout simplement, y prendre un rafraîchissement. Pour un tête-à-tête plus intime, le luxueux bar de l'hôtel, aux murs couverts de boiseries, situé juste à côté du restaurant, est également un endroit agréable pour prendre un café ou un apéritif (assez cher cependant). En ce qui concerne les chambres de l'hôtel, elles sont toutes décorées avec goût, comportant mobilier portugais, tissus aux couleurs chaudes, planchers de bois rutilants et azulejos anciens à motifs naïfs. Seuls inconvénients, les chambres côté rue sont quelque peu bruyantes malgré des doubles-vitrages, et l'accueil semble un peu trop «figé». Un endroit charmant et un bon rapport qualité/prix.

Admirablement meublé, l'hôtel **As Janelas Verdes** *(23 600 à 38 000 ESC; bp, tv; Rua das Janelas Verdes n° 47, 1200 Lisboa, ☎ 396 81 43, ≈ 396 81 44)* est établi dans une ancienne demeure bourgeoise dont le charme a su être astucieusement préservé. Ses 17 chambres sont de tout confort, et le petit déjeuner est servi dans un romantique et verdoyant patio.

L'**Hotel da Lapa** *(35 000 à 47 500 ESC sans pdj; bp, ≈, ℜ, tv; Rua do Pau da Bandeira n° 4, 1200 Lisboa, ☎ 395 00 05 ou 395 00 06, ≈ 395 06 65)*, situé dans le très agréable et très aéré quartier des ambassades, est probablement, dans sa catégorie, le plus bel hôtel que l'on puisse trouver à Lisbonne. Les architectes ont su judicieusement conserver certains éléments originaux du bâtiment, un ancien palais auquel on a ajouté une nouvelle aile. Parmi ceux-ci, la splendide salle de banquet (située au premier étage), dont le décor richement garni de stucs et de faux marbre, baigne dans la lumière diffuse des vitraux d'époque. Le rez-de-chaussée luxueux, tout décoré de marbre, vous mènera vers un vaste jardin intérieur où se trouve une grande piscine attenante à un bar. L'aménagement paysager, rehaussé d'une merveilleuse fontaine en cascade ornée d'azulejos, est un véritable havre de paix! Pour les sportifs, on trouve aussi une salle d'exercices. Les chambres, toutes décorées différemment et avec charme, sont dotées de toutes les commodités. Ainsi, de votre balcon, vous pourrez bénéficier d'une vue directe sur le verdoyant jardin intérieur. Les personnes à la recherche du grand luxe auront, pour leur part, le loisir d'admirer au loin le Tage et le Ponte 25 de Abril d'une des suites situées aux étages supérieurs de l'hôtel. Enfin, le nec plus ultra, la chambre 701, une suite présidentielle donnant accès à une petite tourelle, offre une vue à 360° sur Lisboa. Il va sans dire que les suites sont toutes équipées de l'indispensable baignoire à remous et d'autres installations sophistiquées! Des boutiques, des salles de réunion, un stationnement privé souterrain et un élégant restaurant (voir p 258) s'ajoutent à cet établissement, coûteux certes, mais ô combien raffiné. Très bon rapport qualité/prix.

CIRCUIT J : ALCÂNTARA, SANTO AMARO ET BELÉM

Située à deux pas du *mosteiro* Jerónimos, la **Pensão Residencial Setubalense** *(5 000 ESC; bp, tv; Rua de Belém n° 28, 1300*

Lisboa, ☎ 363 66 39 ou 364 87 60, ╤ 362 13 72) propose des
chambres propres à un prix modéré. Bien que le cadre des aires
communes soit agréable, la décoration des chambres est un peu
déprimante. Très intéressant rapport qualité/prix.

Toujours près du monastère, l'**Hotel da Torre** *(13 500 à
14 700 ESC; bp, tv; Rua dos Jerónimos n° 8, 1400 Lisboa,
☎ 363 62 62 ou 363 73 32, ╤ 364 59 95)* compte
50 chambres équipées confortablement. Décor de bon goût;
personnel accueillant. Une bonne adresse.

CIRCUIT K : LE PARQUE FLORESTAL DE MONSANTO

Camping **Campismo Municipal de Lisboa** : Câmara Municipal de
Lisboa, Estrada da Circunvalação, 1400 Lisboa, ☎ 760 20 61
ou 760 20 62, ╤ 760 74 74.

CIRCUIT L : D'ESTORIL À CASCAIS

Estoril

Agrémentée d'un charmant jardin, la **Pensão Smart** *(7 000 ESC;
bp; Rua Maestro Lacerda n° 6, 2765 Estoril, ☎ 1-468 21 64)*
est une bonne adresse à prix raisonnable. Ses quelques
chambres sont entretenues impeccablement, et quelques-unes
d'entre elles bénéficient d'une agréable vue.

Hotel Inglaterra *(11 550 à 18 800 ESC; bp, tv, ≈; Rua do
Porto n° 1, 2765 Estoril, ☎ 1-468 44 61, ╤ 1-468 21 08)*.
Située tout à côté du parc et à proximité du casino, cette
ancienne demeure bourgeoise transformée en hôtel dispose de
50 chambres aménagées confortablement et avec goût. Louez
une des chambres à l'étage afin de pouvoir bénéficier d'une
belle vue. Comme la plupart des établissements à Estoril, celui-
ci est plutôt cher compte tenu du peu de services offerts.

Parmi les multiples hôtels qui jalonnent la côte, nombreux sont
ceux à l'aspect moderne, impersonnel et de peu d'intérêt. Parmi
les quelques édifices de style Belle Époque encore debout,
l'**Hotel Palácio Estoril** *(31 500 ESC à 39 000 ESC; bp, tv, ≈, ⌂,*

☺; *Rua do Parque, 2765 Estoril, ☎ 1-468 04 00, ⊶ 1-468 48 67)* mérite une mention pour son cadre agréable, tant extérieur qu'intérieur. Ses 162 chambres sont dotées d'un mobilier classique, de bon goût, et un éclairage intéressant accentue l'aspect chaleureux de la décoration. Les salles de bain, quant à elles particulièrement grandes, sont recouvertes de beaux marbres et bien équipées. Au rez-de-chaussée, l'hôtel comporte plusieurs salons, la plupart aménagés avec goût. Le salon à l'autrichienne avec son piano ainsi que la salle de jeux garnie de tapis orientaux et aux murs lambrissés de bois exotiques valent la visite. L'élégante salle pour le petit déjeuner, aux beaux marbres jaspés à l'antique, mérite également une mention. Un copieux petit déjeuner (buffet) y est servi. Enfin, une grande piscine ouverte à longueur d'année, entourée d'une pelouse bichonnée à l'anglaise, rend cet endroit bien agréable, bien qu'il soit 'un peu cher.

Oeiras *(à 20 km d'Estoril)*

Auberge de Jeunesse **Pousada de Juventude Catalazete** *(1 700 ESC dortoir sans pdj, 4 100 ESC chambre à occupation double avec pdj : Estrada Marginal, à côté de l'édifice INATEL, 2780 Oeiras, ☎ et ⊶ 1-443 06 38).*

Cascais

Localisée à proximité de la gare ferroviaire de Cascais, la **Residencial Palma** *(7 000 ESC sans bp, 11 000 ESC avec bp; tv; Avenida Valbom nos 13-15, 2750 Cascais, ☎ 1-483 77 97, ⊶ 1-483 79 22)* mérite une mention tant pour ses chambres coquettes que pour son environnement agréable, un petit jardin joliment fleuri étant aménagé devant la propriété.

🏠 **Casa da Pérgola** *(10 000 ESC sans bp, 14 000 ESC à 18 000 ESC avec bp; fermé début oct au 15 mars; Avenida Valbom nº 13, 2750 Cascais, ☎ 1-484 00 40, ⊶ 1-483 47 91).* Bien qu'il soit situé en plein centre-ville, ce petit hôtel de six chambres mérite une considération tant pour son prix, relativement abordable, que pour son charme, un brin désuet. Azulejos, jardin fleuri, bibelots et mobilier anciens, voilà qui plaira aux plus romantiques d'entre vous. Accueil professionnel et sympathique.

Juché sur les falaises, l'**Hotel Albatroz** *(35 500 ESC à 43 000 ESC; bp, tv, ≈, ℜ; Rua Frederico Arouca nº 100, 2750 Cascais, ☎ 1-483 28 21, ≠ 1-484 48 27)* comporte deux édifices distincts, rassemblés aujourd'hui sur une seule et même terrasse surplombant la mer. L'ancienne partie, autrefois lieu de villégiature de la noblesse, renferme encore aujourd'hui quelques chambres décorées à l'ancienne ainsi qu'un restaurant et un bar avec vue panoramique. Le nouvel édifice, quant à lui, comprend la majorité des chambres ainsi qu'une petite galerie marchande de luxe. Les chambres sont équipées d'un mobilier moderne et attenantes pour la plupart à un balcon avec vue sur la mer. Sur la large terrasse, une petite piscine d'eau de mer ainsi que de nombreuses chaises longues raviront les amateurs de bronzage et de farniente. Seul regret, les lieux manquent singulièrement de verdure.

Praia do Guincho *(à 8 km de Cascais)*

Camping **Campismo do Guincho/Orbitur** : à Areia, 2750 Cascais, ☎ 1-487 21 67 ou 487 04 50, ≠ 1-487 21 67.

Les concepteurs de l'**Hotel do Guincho** *(26 000 à 34 000 ESC; bp, tv, ℜ; à 9 km à l'ouest de Cascais, Estrada do Guincho, 2750 Cascais, ☎ 1-487 04 91, ≠ 1-487 04 31)* ont su habilement allier la rudesse d'un ancien édifice militaire à l'élégance et au confort requis aujourd'hui pour tout établissement hôtelier de qualité. D'aspect moderne à l'extérieur, cet hôtel a été érigé à partir des ruines d'une forteresse. Tandis qu'au niveau des aires communes plusieurs éléments nous rappellent son passé lointain (portes en arc plein cintre, escalier et murs en pierres grossièrement taillées), de luxueux tapis et un mobilier de classe réchauffent l'atmosphère. En ce qui concerne les chambres, aménagées à l'intérieur des anciennes cellules voûtées, elles s'articulent autour d'une cour centrale encore munie de son puits. Plusieurs d'entre elles possèdent une petite loggia fermée avec vue sur la côte. Sur le plan de la décoration, la magnifique salle de réunion, d'aspect on ne peut plus médiéval, ainsi que le chaleureux restaurant, avec vue panoramique sur la mer, méritent à eux seuls le coup d'œil.

CIRCUIT M : DE QUELUZ À SINTRA

Queluz

Dernière-née d'une prestigieuse lignée, la **Pousada Dona Maria I** *(23 500 ESC; bp, tv, ℜ; en face du Palácio de Queluz, 2745 Queluz, ☎ 1-435 61 58 ou 435 61 72, ⇌ 1-435 61 89)* n'a rien à envier à ses consœurs. Face au splendide Palácio de Queluz (voir p 163), la *pousada* est établie dans un bâtiment qui devait à l'origine faire partie d'un vaste ensemble installé tout à côté du palais. Les invasions françaises et la fuite de la Cour au Brésil allaient toutefois changer le cours des choses. Ainsi, outre l'absence d'un bâtiment identique devant clôturer la place centrale, il semble, d'après les plans originaux, qu'aucune tour n'était prévue. La tour de l'horloge actuelle a été accolée au bâtiment existant par la suite. De nos jours, les historiens s'interrogent encore sur la raison de cet ajout, et l'on sait que l'horloge fut mise en marche le jour même de la naissance de Dona Maria II, soit le 28 juillet 1819. Conçu pour faire office de dépendance du palais, l'édifice actuel servit surtout à loger les nombreux serviteurs de la Cour. Aujourd'hui, vous y trouverez 24 chambres et deux suites, toutes confortablement et luxueusement meublées. L'aménagement astucieux des lieux ainsi que la préservation de divers éléments d'époque tels que le balcon du petit théâtre et l'impressionnant mécanisme de l'horloge ajoutent encore au cachet de l'endroit. Sa situation idéale, près de nombreux attraits touristiques (Lisbonne, Sintra, Cascais, Estoril, etc.), ainsi que les magnifiques jardins du palais font de cette *pousada* un lieu idéal pour ceux qui aiment marier découverte, luxe et confort.

Sintra

Auberge de jeunesse **Pousada de Juventude** *(1 600 ESC dortoir sans pdj, 4 100 ESC chambre à occupation double sans pdj)* : Santa Eufémia, 2710 Sintra, ☎ et ⇌ 924 12 10.

À 200 m de la gare de Sintra, la **Casa de Hóspedes Adelaide** *(3 500 ESC sans pdj, avec ou sans bd; Avenida Guilherme Gomes Fernandes n° 11, 1ᵉʳ étage, 2710 Sintra,*

☎ *923 08 73)* intéressera surtout les voyageurs en quête d'un logement bon marché. Dans cette maison familiale, vous trouverez plusieurs chambres aménagées d'une manière plutôt rudimentaire mais toujours propres. Seules quelques-unes d'entre elles disposent d'une douche privée. L'accueil est sympathique et saura vous faire apprécier la simplicité des lieux.

Localisée juste en face de la gare ferroviaire de Sintra, la petite **Residencial Monte da Lua** *(7 500 ESC sans pdj; bp; Avenida Miguel Bombarda, 2710 Sintra, ☎ et ≈ 924 10 29)* dispose de sept chambres seulement, toutes agréablement décorées, sans grand luxe et particulièrement bien entretenues. C'est surtout l'ambiance familiale qui prévaut ici. Quelques chambres ont une jolie vue sur les montagnes environnantes, avec la mer au loin. Compte tenu du peu de logements pour budgets modérés disponibles à Sintra, cet endroit offre un bon rapport qualité/prix.

C'est dans une belle grande demeure, au décor quelque peu dépouillé, que se trouve la **Pensão-Residencial Sintra** *(12 000 ESC; bp, ≈; Travessa dos Avelares nº 12, Calçada de São Pedro, 2710 São Pedro de Sintra, ☎ 923 07 38)*. Malgré ses dimensions respectables, cette pension ne compte que 10 chambres, et il est dès lors préférable de réserver très longtemps à l'avance. Sa jolie terrasse, avec vue sur les collines verdoyantes, ainsi que son jardin avec piscine raviront ceux qui recherchent espace et grand air.

Situé tout à côté du Palácio Nacional da Sintra, l'**Hotel Central** *(14 000 ESC; bp, tv; Praça da República nº 35, ☎ 923 09 63 ou 923 00 63)*, à l'aspect plutôt vieillot mais au cachet certain, offre surtout l'avantage d'être établi en plein centre du village. Sa jolie salle où se prennent les petits déjeuners mérite un coup d'œil, visite d'autant plus aisée qu'il semble que l'on puisse circuler dans cet hôtel sans être inquiété, le service semblant en effet un peu «évasif»! En effet, il se peut que vous attendiez un bon moment à la réception avant de voir apparaître quelqu'un! Assez cher mais central.

À 10 min de marche du centre de Sintra, dans la sympathique petite bourgade de São Pedro de Sintra, vous trouverez l'**Estalagem Solar dos Mouros** *(15 500 ESC; bp, tv; Calçada São Pedro nº 64, São Pedro da Sintra, 2710 Sintra,*

☎ *923 02 64,* ☎ *et* ⌕ *923 32 16)*, un modeste hôtel à
l'ambiance familiale. Ses sept chambres sont bien entretenues
mais décorées très simplement, et une agréable véranda fait
office de salle où sont servis les petits déjeuners. En
comparaison des services offerts, les prix pratiqués s'avèrent
quelque peu élevés, désavantage compensé en partie par un
accueil sympathique.

Tívoli Sintra *(19 000 à 21 300 ESC; bp, ≈, ℜ; Praça da
República, derrière le Palácio Nacional; 2710 Sintra,
☎ 923 35 05, ⌕ 923 15 72)*. Bien que cet hôtel présente un
décor intérieur convenable, on ne peut que regretter la présence
d'un bâtiment aussi moderne à proximité du magnifique Palácio
Nacional. Erreur d'autant plus regrettable qu'il s'agit du seul
bâtiment d'aspect moderne des lieux. Voilà donc un bien
pitoyable exemple d'un développement touristique peu soucieux
de l'environnement, complice d'une administration peu sensible
au patrimoine. Toutefois, si cet entrechoquement de siècles ne
vous dérange pas, vous trouverez en ces lieux 75 chambres
confortablement équipées, la plupart bénéficiant d'une petite
terrasse avec vue agréable.

Seteais

À moins de 2 km de Sintra Vila, l'**Hotel Palácio de Seteais** *(nov
à mars 27 000 ESC à 29 000 ESC, avr à oct 40 000 ESC à
43 000 ESC; bp, ℜ, ≈; Rua Barbosa Bocage n°s 8-10, Seteais,
2710 Sintra, ☎ 923 32 00 ou 923 42 77, ⌕ 923 42 77)* est
établi dans un magnifique palais (voir p 171) datant du
XIXe siècle. Ses 30 chambres sont équipées d'un beau mobilier
d'époque et offrent un niveau de confort digne des meilleurs
hôtels. En parcourant ses aires communes, vous pourrez
contempler d'élégantes fresques ainsi qu'un grand nombre de
bibelots et de tapisseries anciennes. Tandis qu'en face des
bâtiments une majestueuse esplanade invite à la promenade, à
l'arrière une terrasse permet d'admirer de beaux jardins à la
française. De là, une vue panoramique et romantique à souhait
donne sur la campagne environnante. Pour qui recherche
raffinement et luxe, il s'agit d'une expérience inoubliable.

Museu do Azulejo, les talhas douradas de l'Igreja da Madre de Deus. - C.M. de Lisboa

La Pousada Dona Maria I, aux chambres confortables et au cadre exceptionnel.- ENA

Várzea de Sintra

À 4 km de Sintra, vous trouverez le **Pátio do Saloio** *(9 500 ESC; bp, tv, ℜ; Rua Padre Amaro Teixeira de Azevedo n° 14, Várzea de Sintra, ☎ 924 15 20, ☎ et ⇌ 924 15 12)*, une petite pension tenue par un sympathique couple belge. Les neuf chambres de cette mignonne maison de campagne sont décorées sans grand luxe mais avec beaucoup de goût. En effet, les propriétaires des lieux sont des décorateurs chevronnés : la salle de séjour ainsi que le très beau bistrobar Opera Prima (voir p 288), localisé au centre de Sintra, en sont deux beaux exemples. Enfin, pourquoi ne pas allier le beau et le bon en se laissant ainsi tenter par la fine cuisine que propose le restaurant du même nom, aménagé sur place (voir p 269)? Excellent rapport qualité/prix.

Monserrate

Construite en 1773 sur l'emplacement de l'ancienne demeure du duc de Cadaval, la **Quinta da Capela** *(21 000 ESC à 24 000 ESC; bp, ≈, △, ◔; sur la N375, à droite de la vieille route allant de Sintra à Colares, peu après le Palácio de Monserrate; 2710 Sintra, ☎ 929 01 70, ⇌ 929 34 25)* est un de ces endroits que l'on ne peut quitter sans une certaine nostalgie. Nichée dans la Serra da Sintra (voir p 166), cette propriété, à la fois humble et noble, est littéralement envahie par une végétation exubérante. Au fur et à mesure que l'on descend le petit chemin pavé menant à la *quinta,* le silence s'installe, troublé seulement par le frémissement des feuilles dans le vent et par le chant des oiseaux. La puissante senteur de la flore nous rappelle ici ses origines africaines et sud-américaines. Par temps pluvieux, les brumes s'échappant des forêts environnantes y forment un paysage plus beau et plus hallucinant encore. Le visiteur aurait-il trouvé l'éden si bien décrit par Lord Byron?

L'édifice principal, d'apparence extérieure assez modeste, renferme sept chambres décorées d'un mobilier et de bibelots particulièrement raffinés. Qu'il s'agisse de l'élégant salon, de la salle où sont servis les petits déjeuners ou simplement des couloirs, partout le bon goût est de mise. Faisant face au bâtiment, un superbe jardin à la française invite l'hôte à la flânerie, tandis que, depuis un bassin d'eau, deux cygnes blancs surveillent jalousement les lieux. En vous rendant au fond du jardin, vous pourrez admirer une jolie petite chapelle manuéline (Nossa Senhora da Piedade), seule rescapée de la catastrophe de 1755 qui détruisit l'ensemble de la propriété. Située légèrement en contrebas du bâtiment principal, une dépendance se compose de trois appartements-cottages entièrement équipés et pourvus d'une terrasse baignant dans la verdure. Ici aussi, chambres, salons et cuisines sont sujets à émerveillement tant la décoration est soignée. Enfin, pour jouir complétement de cet endroit de rêve, un sauna et une piscine ainsi qu'une salle d'exercices ont été aménagés pour le plus grand plaisir des hôtes. Un des meilleurs rapports qualité/prix de la région.

Praia Grande

Camping **Campismo Amistad** : Praia Grande, 2710 Colares, ☎ 1-929 05 81 ou 929 18 34.

Almornos

Camping **Clube de campismo de Lisboa** : Almornos, à proximité de la N117, 1675 Caneças, ☎ 1-962 39 60, ≠ 1-962 37 60.

 CIRCUIT N : SETÚBAL ET SES ENVIRONS

Setúbal

Camping **A Toca do Pai Lopes** : Câmara Municipal de Setúbal, 2900 Setúbal, ☎ 65-52 24 75 ou 53 25 78.

Localisée sur une rue piétonnière, la **Residencial Bocage** *(6 000 ESC; bp; Rua de São Cristóvão n° 14, 2900 Setúbal, ☎ 65-215 98, ≠ 65-218 09)* dispose de 39 chambres bien entretenues mais sans charme particulier. Une bonne adresse pour les personnes disposant d'un budget restreint.

Établie au cœur du centre historique, la **Residencial Setubalense** *(7 000 à 9 000 ESC; bp, tv; Rua Major Afonso Pala nº 17, 1ᵉʳ étage, 2900 Setúbal, ☎ 65-52 57 90, ≈ 65-52 57 89)* compte 24 chambres équipées d'un mobilier moderne, confortable et de bon goût. Un des meilleurs rapports qualité/prix de sa catégorie.

Attrayante par sa façade et sa situation en plein centre-ville, devant une jolie petite place arborée, l'**Albergaria Solaris** *(10 000 ESC; bp, tv; Praça Marquês de Pombal nº 12, 2900 Setúbal, ☎ 65-52 21 89, ≈ 65-52 20 70)* conviendra aux personnes pour qui le confort et l'aspect purement fonctionnel passent avant tout. Reluisant de propreté et garni d'un mobilier moderne, cet hôtel comporte un bar, une salle de réunion, une salle de télévision, etc., bref tout y est. Romantiques ou amoureux de portes qui grincent mieux vaut s'abstenir!

🏛 Cachée dans la Serra da Arrábida, à proximité du Castelo de São Felipe, la **Quinta do Patrício** *(9 000 à 13 000 ESC; bp ou bd, ℂ, ≈; à l'extrémité ouest de l'Avenida Luísa Todi; suivez dans un premier temps les panneaux indicateurs situés à gauche pour la Pousada de São Filipe, Estrada do Castelo de São Filipe, 2900 Setúbal, ☎ et ≈ 65-338 17)* est une propriété rurale établie dans un cadre de toute beauté. Le domaine se compose entre autres d'une demeure principale de toute beauté, avec des chambres offrant toutes les commodités. Tout près, une résidence secondaire ainsi qu'un charmant moulin à vent ont tous deux été reconvertis en appartements entièrement équipés. Quelle que soit la formule choisie, toutes les habitations sont soigneusement décorées dans un style champêtre délicat. En plus d'un accueil particulièrement chaleureux, vous pourrez y bénéficier d'un cadre verdoyant, propice à de nombreuses promenades.

🏛 Surplombant la ville de Setúbal, la **Pousada de São Filipe** *(28 500 ESC; bp, tv; empruntez l'Avenida Luísa Todi en direction de l'ouest et, arrivé à son extrémité, tournez à droite, puis immédiatement à gauche afin de rejoindre la Rua de São Filipe, qui vous mènera directement à la forteresse; Rua de São Filipe, 2900 Setúbal, ☎ 65-52 38 44 ou 52 49 81, ≈ 65-53 25 38)* est établie dans le bâtiment central d'une ancienne forteresse datant de 1590 (voir p 177), construite sous l'ordre de Filipe II d'Espagne afin de surveiller la côte et la ville. Vous pourrez loger au sein même de l'édifice ayant servi de résidence au gouverneur de l'époque. L'entrée de la *pousada*, un long couloir voûté, comportant plusieurs portes fortifiées, ne manque pas d'impressionner. Au haut de l'escalier, une magnifique terrasse avec vue panoramique sur la péninsule de Tróia vous attend. Les chambres, confortablement équipées, sont décorées avec goût et offrent une vue sur la mer. Vous pourrez à votre tour y surveiller la côte, qui semble aujourd'hui plutôt envahie par les immeubles. Par ailleurs, certaines chambres ont été aménagées dans l'ancien donjon de la forteresse, donjon dont le confort surprendrait bien aujourd'hui l'ancien gouverneur des lieux!

Palmela

Installée depuis 1979 dans un ancien monastère du XVe siècle, la **Pousada de Palmela** *(28 500 ESC; bp, tv, ℜ; au sommet du village de Palmela, 2950 Palmela, ☎ 1-235 12 26 ou 235 13 95, ≈ 1-233 04 40)*, a permis de sauver ce très beau site historique, longtemps laissé à l'abandon (voir p 179). Dès l'entrée, le regard est attiré par la volumétrie imposante des salles voûtées et des galeries entourant le cloître. Plusieurs salons confortables ainsi qu'un bar particulièrement convivial y ont été aménagés. Après avoir longé une série de larges couloirs où la froideur de la pierre contraste agréablement avec l'épais tapis déroulé à même le sol, vous accéderez à l'une des 26 chambres. C'est par une petite porte que vous pénétrerez dans votre cellule, espace aujourd'hui transformé en chambre douillette. Outre des bibelots et un beau mobilier de style portugais, vous pourrez y bénéficier, dans l'aile sud-ouest, d'une vue grandiose sur les vallées environnantes et sur la mer au loin. Au matin, un petit déjeuner vous attend à l'intérieur de l'une des galeries donnant directement sur le cloître, dans une ambiance toute monastique.

RESTAURANTS

Dans cet ouvrage, nous avons tenté de donner la meilleure sélection possible de restaurants pouvant convenir à tous les budgets. Chaque fois, vous retrouverez le numéro de téléphone, ce qui facilitera vos démarches de réservation. **Les prix mentionnés s'appliquent à un repas pour une personne, sans les boissons mais incluant taxes et service** (voir le tableau des prix, p 39). D'ailleurs, tous les prix inscrits sur les menus sont des prix nets, c'est-à-dire qu'ils incluent les taxes et le service.

Il est à noter que, dans les restaurants, on vous apportera d'office des amuse-bouches (*acepipes*) au début du repas. Attention, ils ne sont pas gratuits, et il faudra payer ce que vous aurez mangé.

Ne soyez pas trop tenté par les fromages car ils sont chers au Portugal, même si, comme le *queijo da serra* (fromage de montagne), ils sont en général délicieux. D'autre part, soyez vigilant quant aux prix affichés car, dans certains établissements (surtout les lieux très touristiques), il se peut qu'ils diffèrent selon l'endroit où vous preniez votre repas (à la terrasse ou à l'intérieur). En règle générale, les prix affichés sont ceux d'un repas consommé au *salão* (salle); d'autres tarifs (plus élevés évidemment!) s'appliquent à l'*esplanada* ou le *balcão* (terrasse).

Les restos par type de cuisine

Portugaise
Adega das Caves, p 267
Adega do Teixeira, p 243
Bachus, p 246
Bizzaro, p 245
Café de Paris, p 268
Casa do Leão, p 238
Casa do Alentejo, p 252
Cervejaria Lua Dourada, p 235
Cervejaria da Trindade, p 241
Conventual, p 258
Cozinha Velha, p 266
Flor do Duque, p 241
Flor des Estrêla, p 257
Gambrinus, p 253
Já Sei !, p 260
Martinho da Arcada, p 236
Monte Verde, p 262
Os Doze, p 264
Palácio de Seteais, p 268
Palmeira, p 235
Panorâmico de Monsanto,
p 262
Pap'Açorda, p 245
Pato Baton, p 245
Ponto Final, p 269
Pousada de Palmela, p 277
Pousada de São Filipe, p 270
Restaurante Regional de Sintra,
p 267
Retiro da Mina, p 265
Sancho, p 252
Securas, p 243
Serra da Estrêla, p 249
Solar dos Presuntos, p 253
Tacho Real, p 268
Tagide, p 247
Tavares Rico, p 247

Mexicaine
Casa México, p 257
Gringo's Café, p 256

Brésilienne
Atira-te ao Rio, p 269
Tropical Brasil, p 264

Arabe
Ali-a-Papa, p 241
Pedro das Arábias, p 242

Japonaise
Furusato, p 263
Novo Bonsai, p 246

Italienne
Casa Nostra, p 246
Joe Spaghetti, p 255
Lucullus Restaurante, p 264
Massima Culpa, p 244
Pizzeria Mama Rosa, p 243

Indienne
O Natraj, p 249

Asiatique
Majong, p 242

Chinoise
Huá Li Tou, p 242
Xi Hu, p 260

Africaine
Cantinha da Paz, p 255
Costa do Castelo, p 238
Ideal de São Bento, p 254

Belge
Bistrobar Opera Prima, p 266
Chez Degroote, p 240

Française
Bec Fin, p 264
Frej Contente, p 257
Pátio do Saloio, p 269

Quelques restaurants qui se distinguent

Pour les romantiques :
Atire-te ao Rio, p 269
Casa do Leão, p 238
Cozinha Velha, p 266
Palácio de Seteais, p 268
Ponto Final, p 269
Tagide, p 247
York House, p 259

Pour les raffinés :
Casa da Comida, p 249
Casa Nostra, p 246
Consenso, p 244
Dom Sopas, p 236
Pátio do Saloio, p 269
Pato Baton, p 245

Pour les valeurs sûres :
Bachus, p 246
Bistrobar Opera Prima, p 266
Casa de Leão, p 238
Conventual, p 258
Cozinha Velha, p 266
Embaixada, p 258
Frej Contente, p 257
Gambrinus, p 253
Pátio do Saloio, p 269
Sancho, p 252

Pour les originaux :
Hell's Kitchen, p 242
Os Tibetanos, p 251

Pour voir la Lisbonne branchée :
Alcântara Café, p 261
Café no Chiado-Ciber-café, p 240
California Dream, p 254

Doca do Santo, p 260
Gringo's Café, p 256
Guillaume Tell, p 246
Majong, p 242
Massima Culpa, p 244
Pap'Açôrda, p 245

Pour côtoyer la Lisbonne de toujours :
Café Estadio Silva Seixas, p 248
Cervejaria Lua Dourada, p 235
Confeitaria de Belém, p 261
Palmeira, p 235
Retiro da Mina, p 265

Pour le décor :
A Brasileira, p 247
Bistrobar Opera Prima, p 266
Casa de Leão, p 238
Casa do Alentejo, p 252
Cervejaria da Trindade, p 241
Consenso, p 244
Cozinha Velha, p 266
Hotel do Guincho, p 265
Pastelaria São Roque, p 248
Pastelaria Versailles, p 250
Restaurante do Museu do Azulejo, p 239
Tacho Real, p 268
Tavares Rico, p 247

Pour l'exotisme :
Cantinha da Paz, p 255
Furusato, p 263
Novo Bonsai, p 246
Tropical Brasil, p 264
Xêlê Bananas, p 258

Caldeirada (Ragoût de poissons)

Pour 6 personnes

500 g de roussette	1/4 de l de vin blanc sec
10 grosses sardines	4 têtes d'ail
400 g de raie	2 poivrons (un rouge et un
500 g de petits calamars	vert)
500 g de daurade grise	2 petits piments
500 g de pommes de terre	1 bouquet de persil plat
500 g d'oignons	2 feuilles de laurier
6 c. à soupe d'huile d'olive	1 c. à soupe de paprika
	sel et poivre

Épluchez et lavez les pommes de terre. Coupez-les en grosses tranches. Épluchez l'ail et les oignons. Coupez-les en fines rondelles. Lavez les poissons, enlevez-leur la tête et les nageoires, et coupez-les en gros tronçons. Lavez et préparez les calamars. Coupez les tomates et les poivrons en petits morceaux.

Dans la terrine ou une cocotte, faites chauffer l'huile. Faites revenir l'ail et l'oignon. Ajoutez le persil haché, puis les tomates, les poivrons, le laurier et les piments. Laissez réduire.

Déposez les calamars sur la préparation, puis les différents poissons en couches, en alternant avec les pommes de terre. Déposez en dernier les sardines sur le dessus. Saupoudrez de paprika, et arrosez avec le vin blanc et la même quantité d'eau. Salez et poivrez. Réduisez le feu. Couvrez et laissez cuire sans remuer le plat.

reproduit avec l'aimable autorisation des Éditions du Laquet

Dans les restaurants économiques, on propose parfois des demi-portions (*meia dose*), vendues environ 30 % moins cher que le plat régulier. Comme les portions sont généreuses, la *meia dose* suffira souvent.

Classification des restaurants

$	moins de 1 600 ESC
$$	de 1 600 ESC à 3 200 ESC
$$$	de 3 200 ESC à 5 000 ESC
$$$$	de 5 000 ESC à 7 000 ESC
$$$$$	plus de 7 000 ESC

CIRCUIT A : LE QUARTIER DU ROSSIO ET LA BAIXA

En flânant le long de la rue piétonnière principale de la Baixa, la Rua Augusta, vous croiserez la Rua de São Nicolau, elle aussi réservée aux piétons. Sur cette dernière, vous trouverez une succession de petits casse-croûte disposant de terrasses installées à même la rue. Tous servent à peu près le même genre de nourriture, en général des sandwichs, sans grande originalité certes, mais à prix raisonnable. Parmi ceux-ci, le **Campesina** a l'avantage de proposer quelques plats du jour, comme la *feijoada* et le *leitão* (cochon de lait). Cet endroit plaira à ceux qui affectionnent les endroits touristiques et toujours bondés.

Si les hamburgers vous manquent, rendez-vous chez **Abracadabra** *($; tlj 9h à 2h; Praça Rossio nº 65, juste à côté de Telecom, ou Rua 1ª Dezembro nºs 102-108)*, où vous pourrez commander la traditionnelle formule «hamburger, frites et boissons» *(600 ESC)*. En plus de prix défiant toute concurrence *(comptez 650 ESC chez McDonald)*, il affiche un décor nettement plus sympathique que celui de la chaîne américaine; et en y mangeant vous contribuerez au développement d'une entreprise locale, aux dimensions plus humaines. D'autre part, son menu de quiches, de pointes de pizza *(265 ESC; fabrication maison)* et de pâtisseries traditionnelles présente un avantage supplémentaire. Enfin, une salle exclusivement réservée aux non-fumeurs est disponible au rez-de-chaussée de l'immeuble. Une bonne adresse pour qui veut se restaurer «sur le pouce».

O Farnel *($; Rua dos Fanqueiros n°s 51-53, angle Rua de São Julião)*. Ce café-restaurant au décor un peu clinquant, où miroir, métal cuivré et granit rose se côtoient allégrement, constitue une bonne halte lors de votre exploration de la Baixa. Vous pourrez tout simplement y consommer une *bica* avec une pâtisserie ou encore, si le cœur vous en dit, essayer l'un des plats du jour tels que brochette de viande ou un hamburger aux œufs. Sans prétention, rapide et à prix très raisonnable.

Localisé à l'étage d'un immeuble doté d'une jolie entrée où azulejos et arches de pierre se marient harmonieusement, le restaurant-cafétéria **O Primeiro da Conceição Velha** *($; mar-sam 8h30 à 17h45; Rua da Alfândega n° 108, 1er étage, ☎ 886 60 36)* mérite une visite. Dans une agréable petite salle au décor cossu et fleuri, vous pourrez goûter à divers plats variés tels qu'un vol-au-vent *(900 ESC)* ou une pointe de tourte aux épinards accompagnée d'une rafraîchissante salade. Plat du jour à 800 ESC et plus. Un agréable changement par rapport aux restaurants du voisinage.

Que ce soit pour se désaltérer, manger un *petisco* ou encore savourer un plat typiquement portugais, le restaurant **Palmeira** *($; lun-ven 11h à 20h; Rua do Crucifixo n° 69, ☎ 342 83 72)* est l'endroit à ne pas manquer. À l'entrée, vous remarquerez plusieurs grands tonneaux de vins placés derrière un grand comptoir qui semble particulièrement fréquenté en fin d'après-midi. Et pour cause : pour la modeste somme de 40 ESC, vous pourrez y boire en compagnie d'authentiques ouvriers et bureaucrates du «petit rouge» ou du vin blanc, certains n'hésitant pas à mélanger les deux! D'autre part, si, au cours de la dégustation, une petite faim vous prend, vous pourrez toujours vous rassasier avec des *pastéis de bacalhau (100 ESC)* ou un sandwich au poisson pour aussi peu que 170 ESC. Enfin, ceux qui préfèrent le confort d'une table se rendront dans la salle arrière voûtée, où de bons (mais simples) plats portugais vous serons servis pour 950 ESC. Menu touristique à 1 500 ESC.

Restaurante Cervejaria Lua Dourada *($; Rua dos Arameiros n° 21, angle Rua dos Bacalhoeiros)*. Cuisine classique portugaise sans prétention. Rapport qualité/prix intéressant. Établissement très populaire.

Installé à l'étage d'une grande épicerie, le restaurant libre-service végétarien **Yin-Yan** *($; lun-ven 10h à 20h30; Rua dos Correeiros n° 14, 1er étage, ☎ 342 65 51)* propose des mets macrobiotiques dans un cadre des plus dépouillés. Ainsi, il est dommage que la froideur des lieux invite peu à la flânerie et à la détente. Cette situation est d'autant plus regrettable qu'à l'opposé du restaurant une intéressante petite épicerie a été aménagée (voir p 294). Malgré cela, ne manquez pas d'y faire un saut pour goûter l'un de ces délicieux plats du jour *(comptez environ 1 500 ESC)*.

Cervejaria A Berlenga *($$; Rua Barros Queiros n°s 29-35, ☎ 342 27 03)*. Authentique taverne-restaurant portugaise spécialisée dans les poissons et fruits de mer *(açorda de Marisco, arroz de Marisco)*. Décor sans façon mais agréable. Bon gibier en saison.

Dom Sopas *($$; lun-ven 12h à 2h, sam 19h à 2h; Rua da Madalena n° 50)*. Vous l'aurez deviné, la maison se fait un point d'honneur ici de servir des soupes de qualité, riches et onctueuses : *sopa de cacāo* (soupe au cacao), *sopa de peixe a Dom Sopas* (soupe de poisson), *sopa de alho a moda de Évora* (soupe à l'ail), et bien d'autres choix encore. Comptez entre 1 000 et 1 500 ESC pour la soupe. Bien entendu, les grands classiques de la cuisine portugaise figurent également sur la carte, et un menu touristique est proposé à 3 000 ESC. Autre originalité, le propriétaire des lieux, Eduardo Alves, est un artiste peintre. Inutile dès lors de préciser que le décor est soigné, l'artiste ayant parfaitement mis en valeur cette petite salle localisée dans un modeste entresol.

Se restaurer chez **Martinho da Arcada** *($$$; lun-sam 12h à 15h et 19h à 22h; Praça do Comércio n° 3, ☎ 87 92 59)*, c'est un peu retourner sur les traces de Fernando Pessoa. En effet, selon certains, c'est à cet endroit que le célèbre écrivain portugais aurait composé une partie de ses poèmes. Il est vrai que, depuis son agréable terrasse sous les arcades, la vue sur l'élégante Praça do Comercio a de quoi rendre l'âme poétique. Néanmoins, par ordre de priorité, la faiblesse humaine pour la bonne chère étant grande, vous ne manquerez pas de goûter le savoureux cochon de lait ou le *cabrito a padeira*. Menu touristique à 1 600 ESC.

Faisant suite aux nombreux restaurants spécialisés dans les poissons et fruits de mer, le **Solar dos Bicos** *($$; mar-dim 12h à 22h30; Rua dos Bacalhoeiros n° 8A,* ☎ *886 94 47)* propose sensiblement les mêmes plats que ses concurrents. Bien que la carte soit ici aussi peu originale, l'endroit mérite une mention pour sa terrasse, aménagée à même une petite place verdoyante, à deux pas de la Casa dos Bicos.

Cafés et salons de thé

Pour découvrir une authentique pâtisserie lisbonnine, celle que les Portugaises aiment à fréquenter après un après-midi de magasinage harassant, rendez-vous à la **Confeitaria Nacional** *(angle Praça da Figueira et Rua dos Correeiros)*. Dans un décor dénudé, où seuls quelques miroirs ornent les murs de ton crème, une clientèle d'âge mûr vient y prendre une *bica* accompagnée d'un des nombreux desserts de la maison. Un lieu désuet certes, mais tellement charmant. Personnel souriant et aimable.

Connu de tous les Lisbonnins, le **Café Nicola** *(Rua 1° Dezembro n°s 10-14,* ☎ *342 91 72)* est non seulement un célèbre café autrefois fréquenté par le poète portugais Bocage, mais aussi une marque de café répandue dans toutes les régions du Portugal. Au moment de mettre ce guide sous presse, la section du bistro donnant sur le Rossio était fermée. L'entreprise a en effet entamé une phase de travaux visant à étendre et à rénover ses établissements. Ainsi dans ces nouveaux bistros, dorénavant appelés «Nicola Gourmet», vous pourrez acheter du café en provenance de différentes parties du monde ou, tout simplement, consommer une excellente *bica* accompagnée d'un ou plusieurs *pastéis*. Espérons avant tout que le nouvel établissement localisé sur le Rossio aura gardé sa jolie façade Art nouveau.

Tel que l'annonce la maison, c'est depuis 1866, semble-t-il, que la **Casa Chimeza** *(sur la Rua Aurea, aussi appelée Rua do Ouro, ou «rue de l'or», n°s 274-278)* sert de délicieuses pâtisseries à sa clientèle. L'endroit vaut surtout le déplacement pour son grand choix et ses prix modérés plutôt que pour son décor intérieur commun qui, malheureusement, ne rend pas justice à sa très jolie façade. Ceux qui ont à cœur de ramener un «souvenir gustatif» du Portugal pourront s'y procurer de l'excellent café.

Après une visite spirituelle à la Sé, quoi de mieux qu'un petit péché mignon! Située à deux pas de la cathédrale, la **Pastelaria Flor da Sé** *(dim-ven jusqu'à 20h; Largo Santo António da Sé nᵒˢ 9-11, ☎ 887 57 42)* vous proposera toutes sortes de tentations sucrées dans un décor certes dépouillé, mais sans télévision! Quelques sandwichs y sont aussi servis, de même qu'un plat du jour pour la modeste somme de 600 ESC.

✕ CIRCUIT B : LE CASTELO ET L'ALFAMA

Le restaurant-bar **Costa do Castelo** *($$; mar-dim 15h à 2h; angle Costa do Castelo et Travessa de Chão do Loureiro)*, en plus de servir des mets mozambicains *(cuisine ouverte à partir de 20 h)*, possède une terrasse avec une jolie vue sur la ville. Une agréable étape en après-midi, notamment pour se désaltérer lors de la visite du château (voir p 107).

 Aménagé dans l'enceinte du château São Jorge, le restaurant **Casa do Leão** *($$$$$; tlj 12h30 à 15h30 et 19h30 à 22h30; Castelo de São Jorge, ☎ 887 59 62)* se trouve dans le cadre prestigieux d'une superbe salle voûtée faisant partie de l'ancienne demeure du gouverneur de la place. Des tables dressées impeccablement et de savoureux mets portugais légèrement influencés par la cuisine française font de cet endroit un lieu décidément bien agréable. Ce restaurant est géré par l'ENATUR, qui s'occupe également de la gestion du réseau des *pousadas* à travers le pays.

Cafés et salons de thé

Établi tout à côté du musée des arts décoratifs, le **Bar Cerca Moura** *(tlj 10h à 2h; Largo das Portas do Sol nᵒ 4, ☎ 887 48 59)* offre à sa clientèle une large terrasse d'où l'on peut observer le passage intermittent de l'amusant tram 28 et, au loin, l'éclatant dôme de l'Igreja-Panteão de Santa Engrácia. Quant au client qui opte pour l'intérieur, il ne sera pas déçu. En effet, le décorateur a su parfaitement mettre en valeur la petite salle du bar en tirant profit de la présence d'une partie de l'ancienne muraille de la ville. Judicieusement éclairée, cette dernière forme presque à elle seule la quasi-totalité du décor, seules quelques tables et chaises de style Art déco lui faisant concurrence. Un endroit à ne pas manquer pour consommer une *bica* ou une *cerveja*. Petite restauration disponible.

CIRCUIT C : GRAÇA ET L'EST DE LISBONNE

Tout à côté d'une minuscule église abandonnée, devant une petite place arborée, la Casa do Pasto **«O Antigo Ferrador»** *($; Rua do Jardim do Tabaco n°s 6-8)* n'est autre qu'un simple restaurant de quartier proposant des plats du jour bien portugais sans prétention. En raison de sa localisation, à proximité du Museu Militar et du Panthéon de Santa Engrácia, cet établissement constitue une halte agréable pour se restaurer ou simplement pour se désaltérer à sa petite terrasse. Très fréquenté par la jeunesse locale.

Lors de votre visite du Museu Nacional do Azulejo, ne manquez pas de déjeuner au **Restaurante do Museu** *($; mar 14h à 17h30, mer-dim 10h à 17h30; Rua da Madre de Deus n° 4, ☎ 814 77 90)*, localisé dans le même édifice. Dans le cadre unique de l'ancienne cuisine du couvent, couverte d'extraordinaires azulejos à motifs de lapins, jambons, faisans, têtes de cochon, poissons, etc., vous pourrez savourer de délicieuses crêpes salées fourrées ou de rafraîchissantes salades. Une grande et élégante terrasse est également à la disposition de la clientèle. Seul désagrément dans ce décor enchanteur, la lenteur du service, rapidement oubliée cependant par la gentillesse du personnel. Plats du jour à 1 200 ESC et 1 400 ESC.

Cafés et salons de thé

Fréquenté surtout par les jeunes du quartier, le **Café Papasom** *(Largo da Graça)* est un endroit sympathique pour consommer un café avec un *pastel* ou un simple sandwich. Tandis que de jolies petites nappes ornent les tables, un mobilier de style vaguement scandinave y forme l'essentiel du décor. Ceux qui recherchent le calme éviteront néanmoins cet endroit car la musique y joue à tue-tête.

CIRCUIT D : LE CHIADO ET LE BAIRRO ALTO

À l'écart du très touristique Largo do Chiado, au centre d'un quartier où les théâtres règnent en maîtres, le **Café no Chiado** *($; tlj 11h à 2h; Largo do Picadeiro nos 10-12)* est un endroit qui mérite une mention. En effet, pour qui désire profiter d'une jolie terrasse et d'un peu de tranquillité, ce café constitue le lieu idéal. Que ce soit à l'extérieur sur le joli *largo* ou à l'intérieur de sa salle aux voûtes anciennes et au mobilier moderne, vous y trouverez un menu affichant divers mets portugais, de bonne qualité mais sans surprise. Enfin, ceux qui se sentent quelque peu isolés dans ce pays des confins de l'Europe pourront toujours se rendre à l'étage du restaurant, où un **Ciber Chiado** (voir p 248) les attend pour une connexion avec le monde.

Logeant dans une ancienne charcuterie, le restaurant **Charcuteria Francesa** *($; lun-sam 8h à 19h; Rua Dom Pedro V nos 54-56)* propose des plats du jour à emporter ou à consommer sur place (demi-portion disponible pour 550 ESC) dans un cadre agréable. Dans sa salle principale, dotée d'un comptoir de vente et d'une grande vitrine, vous pourrez ainsi vous restaurer à l'une des coquettes tables tout en observant le mouvement de foule dans la rue ainsi que devant le comptoir. Quant à ceux qui préfèrent l'intimité, ils se rendront dans la salle arrière, toute décorée de chaudes boiseries. Un bon endroit sans prétention, très fréquenté durant le déjeuner par les gens d'affaires et, un peu plus tard, par les étudiants.

Dans une agréable salle sous les voûtes, le propriétaire du restaurant **Chez Degroote** *($; lun-sam 12h à 2h; Rua Duques de Bragança nº 5, ☎ 347 28 39)* vous convie à découvrir les plaisirs de la cuisine belge, son pays d'origine. Outre les grands classiques de cette cuisine, vous pourrez goûter quelques mets portugais, faisant ainsi honneur à sa sympathique femme portugaise. Possibilité de s'offrir des plats *meia dose* (demi-portion) pour 600 ESC et plus. Une aubaine!

Les visiteurs au budget limité se rendront chez **O Capuchinho** *($; Rua da Rosa 71, ☎ 342 47 97)*, où ils auront la possibilité de déguster une bonne *feijoada* ainsi que d'autres plats apprêtés avec simplicité.

Malgré son décor peu invitant, le restaurant macrobiotique **O Sol** *($; fermé dim et sam midi; Calçada do Duque n°s 21-23; ☎ 347 35 44)* est une bonne adresse pour les végétariens. Situé à mi-hauteur d'une rue en paliers menant au Chiado, cet établissement possède une petite terrasse aménagée au milieu de la voie piétonnière avec une vue intéressante sur le bas de la ville.

Sur la même rue, le petit **Restaurante Flor do Duque** *($; Calçada do Duque n° 1)* est également une bonne adresse pour qui désire se restaurer à bon compte. Dans un décor simple mais agréable, vous pourrez manger un plat à base de calmars, de poisson ou de viande pour 1 000 ESC. Pour les petites faims, des *petiscos* sont également servis.

Que ce soit pour une tajine relevée aux merguez ou pour un couscous au poulet agrémenté d'amandes et de raisins de Corinthe, le restaurant **Ali-a-Papa** *($$; tlj jusqu'à 23h; Rua da Atalaia n° 95, ☎ 347 21 16)* mérite le déplacement. La fin de semaine, les lieux risquent d'être bondés; si vous n'y trouvez pas de place, rendez-vous chez son confrère (voir ci-dessous Pedro das Arábias), qui sert le même genre de mets.

La **Brasserie de l'Entrecôte** *($$; lun-sam 12h30 à 15h et 20h à minuit, dim jusqu'à 23h; Rua do Alecrim n°s 117-121; ☎ 342 83 43)* propose un menu composé de salades, d'entrecôtes et de frites à volonté dans un décor de brasserie parisienne, quelque peu dépouillé cependant. Clientèle soignée et gens d'affaires. Très fréquentée; réservation souhaitable. Menu touristique à 2 450 ESC.

La **Cervejaria da Trindade** *($$; tlj jusqu'à 2h; Rua Nova da Trindade n° 20 C, ☎ 342 35 06)* est un endroit à ne pas manquer si l'on apprécie particulièrement les endroits animés. Dans ses trois salles placées en enfilade et décorées d'une manière distincte, vous aurez tout le loisir d'apprécier un bon repas de cuisine portugaise tout en étant entouré d'une clientèle où se mélangent allègrement touristes et résidants. Tandis que dans la première salle vous pourrez admirer de superbes azulejos évoquant la symbolique maçonnique, dans la seconde vous pourrez vous restaurer sous de belles voûtes restaurées, rappelant que l'endroit fut autrefois un couvent. Quant à la troisième salle, avec ses nombreux chandeliers, elle conviendra à ceux qui recherchent un environnement chaleureux. Poissons et viandes composent l'essentiel du menu. Plat du jour à partir de 680 ESC.

Falafel, saumon créole, chili, *papacom*, etc., quel plaisir de pouvoir s'offrir une cuisine réellement internationale au **Hell's Kitchen** *($$; mar-dim 19h à 1h; Rua da Atalaia n° 176, ☎ 342 28 22)*. Dans son décor sympathique et décontracté, n'hésitez pas à vous laisser tenter par la saveur du métissage!

Très fréquenté, le restaurant **Huá Li Tou** *($$; Rua da Misericórdia n° 93)* propose de la cuisine chinoise à prix raisonnable. Décor quelconque.

Des mets chinois aux accents indiens, ce n'est pas la seule chose qui sort de l'ordinaire au **Majong** *($$; tlj 19h à 23h; Rua da Atalaia n° 3, ☎ 342 10 39)*. En effet, sa décoration, ou plutôt l'absence de celle-ci, attire également l'attention. En effet, on a opté pour le dépouillement total ici et c'est tout à côté de murs nus, au plâtre grossièrement posé, que sont disposées des tables modernes de bois, sans style particulier. Comme pour renforcer l'impression de «non fini», un revêtement de sol de couleur béton a été posé. Malgré cela, grâce à un subtil jeu d'éclairage, il se dégage une certaine chaleur de l'endroit, et, avec le réconfort des plats exotiques, le visiteur pourra passer une soirée des plus chaleureuses.

Pour retrouver la chaleur du Moyen-Orient et sa cuisine aux épices parfumées, rendez-vous au **Pedro das Arábias** *($$; tlj jusqu'à 23h; Rua da Atalaia n° 70, ☎ 346 84 94)*. Vêtu d'une djellaba, le jeune patron vous servira de savoureux couscous ou *tajines* dans une jolie vaisselle du pays. Essayez la *Tagine de borrego com ameixas e amendoas*, au mouton, pruneaux et amandes. Un véritable délice! Quant au décor, il vous amènera directement en ces contrées exotiques sur fond de rythme musical arabe. Une bonne adresse!

Dans une petite salle voûtée, chaleureusement décorée de tissus aux couleurs chaudes, le patron du restaurant **Poeta na Bicha** *($$; tlj 19h30 à minuit; Travessa do Água da Flor n° 36, ☎ 342 59 24)* vous accueillera avec un sourire généreux sur fond de musique portugaise. Au menu figurent diverses spécialités portugaises dont une délicieuse *açorda* qui mérite à elle seule le déplacement. Afin d'allier le culturel au plaisir culinaire, diverses peintures sont accrochées aux murs, et une brève présentation des œuvres exposées se trouve insérée dans le menu. Malgré la présence de certains mets originaux à la carte, on peut déplorer l'utilisation parfois incongrue de certains aliments dans les plats. Le copieux dindonneau à la moutarde vous sera ainsi servi allégrement avec des frites (malheureusement surgelées) et du riz.

Ah! pizza quant tu nous tiens! À deux pas du Largo Trindade Coelho, la **Pizzeria Mama Rosa** *($$; lun-ven 12h30 à 15h et 19h30 à 1h, sam 19h30 à 1h, dim 19h30 à minuit; Rua Grémio Lusitano n° 14, ☎ 346 53 50)* propose un grand choix de pizzas préparées avec amour dans un véritable décor à l'italienne. Petites tables couvertes de nappes à carreaux, vaisselle en terre cuite, bouteilles de vins alignées et... la *mama* souriante, rappelant la joie de vivre des Italiens.

Les personnes en quête d'un endroit calme dans le très animé quartier qu'est le Bairro Alto peuvent se rendre au **Restaurante Adega do Teixeira** *($$; Rua do Teixeira n° 39)*, où ils auront l'occasion d'apprécier la cuisine portugaise traditionnelle. Le restaurant est pourvu d'une agréable terrasse.

Un repas simple à saveur locale, dans une petite salle au décor anodin, voilà ce qui vous attend au **Restaurante de Rua em Rua** *($$; Rua São Boaventura n° 51)*. Menu familial à partir de 1 750 ESC.

Dans un décor agréable et une ambiance animée, le **Restaurante Janela do Bairro** *($$; fermé mer; Rua do Teixera n° 1, ☎ 347 14 88)* sert une cuisine classique et sans surprise.

À proximité immédiate du restaurant O Sol, le mignon restaurant **Securas** *($$; Calçada do Duque n° 27; ☎ 342 85 14)*, aux petites tables en bois, propose de la bonne cuisine portugaise familiale avec simplicité.

Le restaurant **Tapas-Bar El Gordo** *($$; fermé dim; Rua São Boaventura nos 16-18, ☎ 342 42 66)* offre pour l'essentiel, vous l'aurez deviné, une carte affichant des amuse-gueule. La maison présente également un excellent choix de vins. Une décoration aux couleurs chaudes et une clientèle branchée s'ajoutent au cadre fort agréable.

Établi au sein même de l'ancienne demeure natale du marquis de Pombal, le **Consenso** *($$$; lun-ven 12h30 à 15h et 20h à 23h30, sam 20h à 0h30; Rua da Academia das Ciências n°s 1-1 A, ☎ 343 13 13, 346 86 11 ou 343 13 11)* propose trois salles ayant respectivement pour thème la terre, le feu et l'eau. La petite salle d'entrée quant à elle, agréablement reconvertie en bar, symbolise en raison de son mobilier futuriste et dépouillé le thème de l'air. Dans chacune des salles à manger, on a mis à nu une portion des vieux murs et des vieilles voûtes de pierre. La salle consacrée à l'eau mérite une attention particulière pour ses pans de murs recouverts de stuc, les nombreux médaillons de style rococo illustrant ici le mouvement de vagues. Aucun éclairage direct : la lumière jaillit plutôt du sol, rebondit à quelques reprises sur les arêtes de pierre des murs, puis s'étale doucement sur les fresques ou sur le stuc des plafonds. Les sols ont été particulièrement étudiés : pourtour de verre givré pour l'éclairage, combinaison de trois essences de bois et carreaux de marbre. Côté cuisine, malgré une simplification de la carte, on fait toujours preuve d'imagination : lotte à l'estragon et à l'origan, *Linguado com bananas fritas*, steak à la portugaise avec une sauce au roquefort, etc. Chaque plat se présente comme une œuvre d'art décorée de quelques feuilles et parfois même de quelques fleurs, toutes comestibles nous assure-t-on. Le service est efficace et sympathique, et la musique d'ambiance agréable. Un rendez-vous à ne pas manquer! Seul regret, le manque de choix dans la formule avantageuse du menu touristique *(2 500 ESC)*. Réservation conseillée.

Steaks grillés ou saignants sur planche, voilà qui intéressera les amateurs de viande. En effet, quoi de mieux qu'un restaurant argentin, **El Último Tango** *($$$; lun-sam 19h30 à 23h; Rua Diário de Notícias n° 62, ☎ 342 03 41)*, pour la grillade. Dans une ambiance animée, vous découvrirez un décor chaleureux sous de jolies arches en pierre. Beaucoup de monde les fins de semaine.

Une grande salle aux couleurs feutrées, au sol recouvert de petits pavés imitant ceux de la rue, le tout accompagné d'un mobilier moderne, voilà le restaurant **Massima Culpa** *($$$; tlj jusqu'à 23h; Rua da Atalaia n°s 35-37, ☎ 342 01 21)*, malheureusement affublé du nom de *Spaghetti House*. Vous l'aurez compris, la spécialité ici, ce sont les pâtes, sous toutes leurs formes, accompagnées de diverses sauces. Si vous appréciez particulièrement les décors désign et le «beau monde», cet endroit saura vous charmer. Seuls fausses notes dans cet endroit sélect, la froideur des lieux et les prix relativement élevés.

Le Lisbonne branché se donne rendez-vous chez **Pap'Açôrda** *($$$; fermé dim; Rua da Atalaia 57-59, sonnez pour entrer,* ☎ *346 48 11),* où le visiteur est accueilli dans deux salles contiguës et décorées d'une manière étudiée. Tandis que, dans la première, de beaux lustres de cristal éclairent un cadre aux couleurs feutrées, la deuxième conviendra plutôt aux personnes en quête d'un décor plus désign. Ne manquez pas la spécialité de la maison, l'*açôrda*, un mélange de purée de pain, d'huile, de coriandre et de divers autres ingrédients tels que fruits de mer ou crevettes, le tout copieusement assaisonné d'ail. Un vrai délice! Carte comprenant également un bon choix de plats classiques. Très agréable mais un peu cher et plutôt bruyant. Réservation indispensable.

Tout en étant localisé à proximité de la très animée Rua da Atalaia, le restaurant **Pato Baton** *($$$; mar-dim; Travessa Fiéis dos Deus n° 28,* ☎ *342 63 72)* a l'avantage d'offrir un environnement calme dans un décor feutré où couleurs aux tons pastel se conjuguent à merveille avec mobilier moderne. Vous pourrez y passer une agréable soirée en tête-à-tête au son de musique brésilienne ou de jazz. Bien que l'on y propose une cuisine de qualité, le menu manque quelque peu d'originalité, et vous y trouverez donc la plupart des mets portugais rehaussés d'une présentation plus élaborée.

Fréquenté par une clientèle bigarrée, le **Restaurante Bizzaro** *($$$; tlj; Rua da Atalaia n°s 131-133,* ☎ *347 18 99)* propose les choix habituels de viande et de poisson. Il faut essayer le *peixe espada*, de l'espadon que l'on sert en généreuses portions. Au dessert, le *doce de amêndoa* est une intéressante façon de se délecter d'amandes. Personnel sympathique.

Situé à quelques pas du belvédère de São Pedro de Alcântara, le petit **Restaurante O Tacão Pequeno** *($$$; Travessa da Cara n° 3 A,* ☎ *347 28 48)* constitue un endroit intéressant pour les personnes à la recherche d'animation (surtout nocturne).

Au **Restaurante Novo Bonsai** *($$$; fermé dim et lun midi; Rua da Rosa n°s 244-248, ☎ 346 25 15)*, vous pourrez déguster de la cuisine nippone dans un véritable décor japonais.

Le **Restaurante Porta Branca** *($$$; fermé dim et en juillet; Rua do Teixeira n° 35, ☎ 32 10 24)* vous accueillera dans une grande salle au cadre chaleureux. Une valeur sûre.

Truite *salteboco alla Romania, fettuchin al Vongole*, voilà quelques plats qui rappellent ce chaleureux pays qu'est l'Italie. Pour retrouver cette atmosphère, rendez-vous au restaurant **Casa Nostra** *($$$$; mar-ven 12h30 à 15h et 20h à 23h, sam 20h à 23h; Travessa do Poço da Cidade n° 60, ☎ 342 59 31)*, où, dans un décor où le vert pistache prédomine, vous pourrez vous régaler des plus fins mets latins, accompagnés d'une excellente bouteille de chianti ou d'*ovieto*. Chic, cher et très couru. Réservation conseillée.

Parquet de bois foncé, murs aux couleurs chamarrés, dorures et éclairage bien étudié, voilà de quoi attirer les admirateurs de désign au **Guillaume Tell** *($$$$; mar-dim 20h à 2h; Rua da Barroca n° 70, ☎ 342 85 88)*, un restaurant suisse établi dans le très animé quartier du Bairro Alto. À l'une de ses petites tables agrémentées de bougies, vous pourrez goûter à ce qui fait la renommée culinaire de ce pays alpin : la fondue au fromage (également disponible à la viande pour les mordus de la chose). Toutefois, afin de respecter à la lettre la tradition, attendez-vous à débourser 4 000 ESC par fondue. Mais à quoi bon s'attarder à des questions aussi matérielles en fin de repas? Goûtez plutôt l'une de ces délicieuses mousses à la mangue, complément indispensable à un repas bien agréable en d'aussi jolis lieux.

Comportant deux niveaux, le **Restaurante Bachus** *($$$$$; fermé sam midi et dim; Largo da Trindade n° 9, ☎ 342 28 28 ou 342 12 60)* est spécialisé dans les fruits de mer et les poissons. Ce temple de la gastronomie conviendra à ceux qui apprécient une cuisine classique de très bonne qualité. Tandis que, comme entrée, de délicieuses petites anguilles à l'ail vous mettent en appétit, les plats principaux tels que le *calmar a Chiado*, accompagné de crevettes (spécialité de la maison), et le délicieux loup de mer à la *cataplana* sont de véritables fêtes pour le palais. Au dessert, la tarte à l'orange et à la noix de coco remporte la palme. Avant de monter à l'étage, où un décor des années cinquante vous attend, prenez le temps de siroter un apéritif (porto bien sûr!) dans la chaleureuse salle du rez-de-chaussée, garnie de nombreuses boiseries (voir p 278). Possibilité de prendre un repas léger au bar pour environ 5 000 ESC.

En plus d'offrir une très belle vue sur la vieille ville et le Tage, le **Restaurante Tagide** *($$$$$; fermé sam midi et dim; Largo da Academia Nacional de Belas Artes nos18-20, ☎ 342 07 20 ou 346 05 70)* propose à ses hôtes une cuisine de qualité dans un cadre particulièrement raffiné. Vous pourrez y déguster des poissons et fruits de mer dans une salle aux couleurs feutrées, décorée de beaux azulejos. Seuls regrets, la carte souffre d'un manque d'originalité et le rapport qualité/prix du menu touristique *(7 000 ESC)* s'avère peu intéressant. Réservation conseillée.

Stucs, miroirs, lustres de cristal, le tout baigné dans un univers de dorures dignes d'un palais, tel est le décor du **Restaurante Tavares Rico** *($$$$$; fermé sam et dim midi; Rua da Misericórdia nº 37, ☎ 342 11 12 ou 347 09 05)*. Dans cet établissement on ne peut plus «riche», on pourra déguster aussi bien du poulpe farci qu'un délicieux steak tartare au whisky. Cuisine internationale soignée, chère mais de bonne qualité. Réservation recommandée. Pour ceux qui ont un budget plus restreint ou qui sont pressés, l'établissement offre un service de restauration rapide à l'étage, au **Tavares Self Service** *($-$$; même horaire; 1er étage, entrée à droite de l'immeuble, ☎ 342 89 42)*. Toutefois ici, l'absence de décoration et la froideur des néons n'invitent guère à se prélasser, et, pour ceux qui ont eu le plaisir d'admirer le décor du Tavares Rico, le contraste est particulièrement saisissant. Seuls intérêts de cet endroit, ses prix modérés et son intéressante formule d'assortiments de «mini-plats» *(4 choix de plats pour 700 ESC ou 7 pour 1 000 ESC)*.

Cafés et salons de thé

Célèbre dans le tout Chiado, le café **A Brasileira** *(tlj jusqu'à 2h; Rua Garret nº 120, au Largo do Chiado)* constitue l'un de ces endroits «victimes de leur succès». Stucs, boiseries et miroirs composent l'essentiel de son décor de fin de siècle, où sont également accrochés des tableaux d'artistes portugais. Devant le café, la statue du célèbre écrivain Fernando Pessoa, qui aimait venir à cet endroit, rappelle qu'autrefois cet établissement connaissait déjà un vif succès auprès des intellectuels. Étant un établissement très fréquenté par les touristes, ses prix ont tendance à dépasser sa réputation, et le visiteur étranger ne pourra qu'être déçu devant le choix peu varié de ses pâtisseries. Service nonchalant.

Pour vous «connecter» avec le monde et naviguer en toute liberté, rendez-vous au **Ciber Chiado** *(lun 11h à 19h, mar-ven 11h à 1h, sam 19h à 1h; Largo do Picadeiro n°s 10-12)*, localisé au-dessus du Café no Chiado (voir p 240). Outre de confortables sièges, vous y trouverez une petite bibliothèque dans un décor de salon cossu. Seul regret dans ce cadre particulièrement agréable, les prix élevés : 600 ESC pour l'abonnement semestriel *(obligatoire)* + 900 ESC pour chaque heure sur l'Internet *(30 min, 500 ESC; 15 min, 300 ESC)*.

Situé dans un agréable petit parc, le **Café O Paço do Principe** *(tlj jusqu'à minuit; Praça do Principe Real)* est l'endroit idéal pour consommer une *bica* accompagnée d'une pâtisserie dans un environnement paisible. Possibilité de prendre également un repas léger à la terrasse *(carte classique)*.

Café Estadio Silva Seixas *(tlj jusqu'à 2h; Rua São Pedro de Alcântara n° 11, à quelques pas du funiculaire)*. Il faut boire une *bica* dans ce café le soir, alors qu'il déborde de sa clientèle d'habitués, Lisbonnins de tous âges profondément attachés à cette tradition urbaine séculaire qu'est la fréquentation des cafés. Beau décor, surtout le plafond, mais éclairage aux tubes fluorescents, ce qui gâche un peu les lieux mais le maintient probablement à l'abri de la nouvelle clientèle branchée.

Pour une fringale subite lors de votre balade dans le Bairro Alto, ne manquez pas de vous rendre à la **Pastelaria São Roque** *(tlj 7h à 19h; Rua Dom Pedro V n° 57, angle Rua da Rosa)*, au cadre digne d'un palais. Dans une petite salle ovale au plafond et aux murs garnis de stucs, colonnes de marbre rose, grand lustre doré et azulejos aux motifs de style Art nouveau forment l'essentiel de la décoration. Vous pourrez savourer de délicieuses pâtisseries aux œufs, à moins que vous ne préféreriez le plat du jour servi entre 12h et 15h.

CIRCUIT E : LE RATO ET AMOREIRAS

En 1497, Vasco da Gama découvre la route des Indes, apportant ainsi à l'Occident les richesses et les saveurs d'une civilisation millénaire. C'est la même saveur que vous pourrez retrouver aujourd'hui au restaurant **O Natraj** *($; 12h à 15h et 19h à 22h; Rua do Sol ao Rato nº 52,* ☎ *388 06 30),* et le délicieux plat de *cabrito com coco e amêndoas* n'est qu'un exemple de ce que le menu propose. Comptez entre 950 et 1 250 ESC par plat.

Le **Restaurante Serra da Estrêla** *($$; fermé dim; à l'intérieur du centre commercial d'Amoreiras, à l'étage supérieur,* ☎ *69 37 39)* constitue un endroit très intéressant pour se restaurer après une visite du centre commercial. La maison, spécialisée dans les mets régionaux du Beíras (nord du pays), sert d'excellentes charcuteries ainsi qu'un beau et bon choix de fromages. L'assiette de tapas, composée d'un assortiment de spécialités accompagné du bon vin de la maison, est un véritable régal. Les petites tables dressées d'une manière campagnarde, avec vaisselle artisanale, font de cet endroit un établissement bien original, rompant ainsi avec la monotonie des centres commerciaux.

La **Casa da Comida** *($$$$$; fermé sam midi et dim; Travessa das Amoreiras nº 1,* ☎ *388 53 76)* est un de ces endroits que les fins connaisseurs de bonne cuisine ne manqueront pas de visiter lors de leur passage dans la capitale. Après un porto accompagné d'originales bouchées en guise d'apéritif, le tout servi dans un salon cossu, on vous dirigera dans l'agréable salle à manger aménagée tout autour d'un jardin intérieur. À la Casa da Comida, la maison tient, comme son menu l'indique, à vous faire découvrir ses «œuvres d'art» culinaires. *Piballes* (jeunes anguilles), cocktail de crevettes au kiwi ou escargots à la portugaise ne sont que quelques-unes des entrées, à moins que vous ne décidiez de partager l'excellente *Mariscada Casa da Comida* (soupe de fruits de mer, crevettes et langouste). Les plats principaux, joliment présentés et copieux, vont des fruits de mer (langouste gratinée au champagne) aux viandes en passant par un bon choix de poissons. En saison, ne manquez pas le faisan *Convento de Alcântara* à la sauce porto (assez sucrée), accompagné d'un pâté de foie de volaille sur toast chaud. Un pur délice! Les desserts, quoique excellents, demeurent dans la bonne tradition portugaise, c'est-à-dire aux œufs. Un cadre somptueux et une qualité de service irréprochable, voilà de quoi passer une très agréable soirée. Réservation conseillée.

CIRCUIT F : MARQUÊS DE POMBAL, SALDANHA ET LE NORD DE LISBONNE

Après une visite du Parque Eduardo VII, rendez-vous au **Mercado Original** *($; lun-ven 9h à 18h30; Rua Joaquim António Aguiar nº 62, ☎ 385 23 53)*, où l'on vous préparera de rafraîchissantes salades, la spécialité de la maison, dans un agréable décor printanier. Pour ceux qui n'ont qu'une fringale, divers sandwichs sont proposés entre 400 et 500 ESC.

Établi au sein de l'hôtel Méridien, le bar **Pub Eduardo VII** *($$; tlj 10h à 22h30; Rua Castilho nº 149, ☎ 383 09 00)* est un endroit agréable pour se restaurer. Dans un beau décor désign où le bois naturel est omniprésent, vous pourrez profiter de la vue sur le parc depuis sa terrasse-véranda. Au menu, c'est surtout la présence d'un grand choix de sandwichs *(comptez de 400 à 800 ESC)* qui retient l'attention. Bien garnis et accompagnés d'une petite salade, ils représentent une solution idéale pour remplacer les plats portugais proposés à un prix quelque peu excessif.

Cafés et salons de thé

Le **Galeto** *(tlj 8h à 3h; Avenida da República nº 14, ☎ 354 44 44)* ne serait même pas remarqué aux États-Unis avec ses comptoirs aux tabourets de faux cuir; il s'agit en effet plutôt d'une *luncheonnette* que d'un restaurant; d'ailleurs, on y sert café et pâtisseries à toute heure. Et dans ce quartier quelque peu bourgeois de Saldanha (à deux pas de la station du même nom), c'est une curiosité, presque un pied-de-nez au café du siècle dernier d'en face. Service chaleureux, mais carte des plus ordinaires. Quel dommage par ailleurs qu'on ne puisse manger à la belle terrasse : avec son plancher de bois et ses parasols écrus, on y aurait bien pris plus qu'un verre.

🚢 Située à deux pas de la station de métro Saldanha, la **Pastelaria Versailles** *(tlj 7h30 à 22h; tables réservées aux repas* *de 12h à 15h en semaine; Avenida da República nº 15 A, à la sortie du métro Saldanha, ☎ 355 53 44)* propose d'excellentes pâtisseries dans un beau décor de la fin du XIXᵉ siècle, malheureusement quelque peu gâché par des nappes orangées et un éclairage froid au néon sous ses lustres de cristal. Sous ses plafonds tartinés de stuc, goûtez un *bagaço*, un *bolo de chila* ou un *toucinho do céu*. Le midi, on sert, entre ses colonnes de porphyre trompe-l'œil, des plats du jour offrant quelques accompagnements originaux comme la salade de gambas ou la crème d'ail. Clientèle distinguée.

✕ CIRCUIT G : RESTAURADORES ET LIBERDADE

Situé sur une petite rue, le **Restaurante Arameiro** *($; fermé sam soir et dim; Travessa de Santo Antão nᵒˢ 19-21)* sert de nombreux plats légers (salades, soupes, etc.). Idéal pour une fringale. Un menu complet à 2 200 ESC est aussi proposé.

Installé au cœur du Parque Mayer, un étrange complexe regroupant plusieurs vieux théâtres, le petit restaurant **Bibikas** *($; Parque Mayer, Rua 5, angle Rua 2, ☎ 346 60 00)* est un bon endroit où se restaurer à bon compte. Soupes à 200 ESC ou sandwichs entre 250 ESC et 400 ESC, voilà de quoi satisfaire les voyageurs à budget limité!

 Amateur de cuisine santé, ne manquez pas de faire une visite chez **Os Tibetanos** *($; lun-sam, 12h à 14h30 et 19h30 à 22h; Rua do Salitre nº 117, ☎ 314 20 38)* (voir asssi p 253), un restaurant végétarien tibétain qui ne craint pas d'afficher une cuisine créative! Que ce soit dans son agréable jardin ou dans sa jolie salle décorée de nombreux objets du Tibet, essayez ses délicieuses crêpes farcies avec du chou, des carottes et du tofu, ou laissez-vous tenter par ses étonnants choux-fleurs au gingembre ou encore son *seitan* au curry accompagné de riz basmati parfumé. Comme boisson, bien que d'excellents vins soient disponibles pour les orthodoxes, pourquoi ne pas se laisser plutôt surprendre par un inattendu *chá* tibétain, un thé au goût laiteux, vaguement salé. Enfin, pour terminer en beauté, goûtez à l'euphorique tarte au chocolat (une merveille!), au léger gâteau au fromage ou à la rafraîchissante coupe de mangue et de crème. Pour ceux qui désirent poursuivre leur exploration au-delà de l'aspect culinaire, une petite librairie consacrée au Tibet a été aménagée à l'entrée du restaurant, et

une école de bouddhisme *(1ᵉʳ étage)* accueille ceux qui sont en
quête de nourriture spirituelle.

Casa do Alentejo *($$; fermé lun; Rua das Portas de Santo
Antão nº 58, ☎ 346 92 31)*. Ce club social, dont une partie est
ouverte au public, loge dans une étonnante demeure bourgeoise
au décor intérieur mauresque (voir p 136). En accédant à
l'étage par son majestueux escalier, on trouvera un agréable
restaurant dans une grande salle ornée de beaux azulejos. On
dégustera ainsi, parmi les habitués des lieux, soit le plat du jour,
soit l'un des plats typiquement portugais. Cuisine simple et
nourrissante.

L'**Esplanada da Avenida-Café Lisboa** *($$; tlj jusqu'à 2h; Avenida
da Liberdade nº 122, du côté droit en se dirigeant vers Marquês
de Pombal)*, située sur la très passante Avenida da Liberdade,
convient surtout pour un déjeuner rapide et sans prétention
(carte classique). Les repas peuvent se prendre dans son petit
pavillon entouré de verdure ou à la terrasse (à condition du
moins d'apprécier l'animation des grandes avenues).

Bien que localisé dans un quartier peu engageant, le restaurant
Grill 20 *($$; Rua da Palma nº 208 B, ☎ 888 49 88)* mérite le
déplacement pour ses délicieux steaks de veau et pour ses
copieuses fondues. En effet, la viande est ici mise à l'honneur
et constitue la spécialité de la maison. En plus de l'excellente
qualité des mets, le visiteur pourra bénéficier de sa petite
terrasse, en retrait de la bruyante Rua da Palma. Quant à ceux
qui choisissent l'intérieur, ils ne seront pas déçus, boiseries
modernes et éléments en chromé mat y faisant bon ménage.

Restaurante Solmar *($$; Rua das Portas de Santo Antão
nᵒˢ 106-108, ☎ 342 33 71 ou 346 00 10)*. Spécialisé dans les
poissons et fruits de mer, ce restaurant intéressera
particulièrement les amoureux des années cinquante. Vaste
salle vitrée où est exposé (tel un écran de cinéma) un panneau
géant d'azulejos à motifs marins, haut plafond soutenu par
d'imposantes colonnes et mezzanine de forme ondulante : voilà
le décor un peu théâtral de cet endroit qui mérite une visite.
Clientèle plutôt touristique.

Pour une soirée intime ou pour un repas d'affaires, le restaurant
Sancho *($$$; lun-sam; Travessa da Glória nᵒˢ 8-16,
☎ 346 97 80)* est une valeur sûre. Nombreuses boiseries

foncées, assiettes d'étain accrochées aux murs, imposante cheminée garnie de chandeliers en *talha dourada* et lourds rideaux de velours pendus aux fenêtres à petits carreaux : tout rappelle ici les auberges d'antan. Seule fausse note, la navrante présence d'éclairage au néon derrière certaines fenêtres d'apparat. Dans ce décor assez sombre, vous pourrez goûter aux grands classiques de la cuisine portugaise, servis de manière plutôt formelle, à la plus grande satisfaction des bourgeois.

Localisé tout à côté du pittoresque Elevador da Lavra, le **Solar dos Presuntos** *($$$; lun-sam, 12h à 15h et 19h à 22h30; Rua das Portas de Santo Antão n° 150, ☎ 342 42 53 ou 347 29 55)* propose des spécialités portugaises telles que des plats de riz aux gambas ainsi que des mets cuisinés à la façon de Monção. Une bonne sélection de vins portugais et une cuisine honnête, sans grande surprise.

Gambrinus *($$$$; tlj jusqu'à 2h; Rua das Portas de Santo Antão n° 23, ☎ 342 14 66)*. Ce grand classique de la cuisine portugaise se spécialise dans les poissons et fruits de mer, et est très réputé pour ses grands vins. Cher mais apprécié des gourmets.

Cafés et salons de thé

Confeitaría Marquês Pombal *(tlj 7h à 23h; Avenida da Liberdade n° 244)*. Les clients se pressent au comptoir libre-service de cette grande salle proprette et animée pour y choisir une des belles pâtisseries ou commander une *bica*. À l'heure du déjeuner et du dîner, on sert des repas légers aux tables. Une oasis dans cette section de l'Avenida da Liberdade, plutôt déserte et froide.

Que ce soit dans sa jolie salle décorée de nombreux objets du Tibet ou dans son agréable jardin; amateur de cuisine santé, ne manquez pas d'essayer le léger gâteau au fromage ou l'euphorique tarte au chocolat (une merveille!) du restaurant-salon de thé **Os Tibetanos** *($; lun-sam 17h à 19h; Rua do Salitre n° 117, ☎ 314 20 38)* (voir aussi p 251). La classique *bica* se trouve bien entendu à la carte, de même que des tisanes parfumées et du café aux céréales. D'autre part, si l'aventure vous tente, n'hésitez pas à revenir afin de goûter les savoureux mets végétariens de la maison. Enfin, pour ceux qui sont intéressés par le Tibet, une petite librairie y est consacrée dès l'entrée du restaurant, et, à l'étage, une école bouddhiste est prête à accueillir ceux qui sont en quête de nourriture spirituelle.

Lors de votre ascension de la longue Avenida da Liberdade, pourquoi ne pas faire un petit arrêt à la **Pastelaria Snack-Bar Veneza** *($; tlj 7h30 à 22h; Avenida da Liberdade n° 63)*, où de tentantes pâtisseries vous attendent dans une grande salle joliment décorée? Un plat du jour *(comptez environ 700 ESC)* ainsi qu'un menu touristique *(1 500 ESC)* y sont proposés. Agréable et sans prétention.

Cafés, pâtisseries, salades, hamburgers et même omelettes figurent au menu du Café Snack-Bar **Pastelaria Zante** *($; Rua da Palma n° 265)*, le tout à des prix particulièrement modérés. Toutefois, dans cet endroit modeste, le seul élément décoratif qui mérite une mention est celui de la façade Art déco de l'immense immeuble dans lequel il loge.

 CIRCUIT H : SANTA CATARINA ET CAIS DO SODRÉ

Pour écouter de la musique cap-verdienne tout en se restaurant avec un mets des îles, le petit café-restaurant **Ideal de São Bento** *($; Rua dos Poiais de São Bento n° 108)* constitue un agréable endroit. Soyez attentif cependant, car vous ne trouverez ni menu à l'extérieur ni même affiche annonçant l'établissement. Les lieux sont très fréquentés par la communauté cap-verdienne, et, de temps à autre, des musiciens s'y produisent de manière informelle. Comptez de 700 à 900 ESC pour le plat du jour.

Dans un décor de style Santa Fé, le bar-restaurant **California Dream** *($$; mar-ven 12h à 23h, dim 19h à 23h; Cais do Sodré n° 42, ☎ 346 79 54)* ravira ceux qui recherchent une ambiance décontractée et raffinée à la fois. Sous de grands ventilateurs de plafond, on y propose une cuisine californienne accompagnée de jazz. Une discothèque, au sous-sol de l'immeuble, accueille ceux qui désirent prolonger la soirée les fins de semaine.

Vous vous sentez intensément envahi par la saudade des îles? Ne manquez pas les soirées de fin de semaine au restaurant **Cantinha da Paz** *($$$; mar-jeu 20h à 23h, ven-dim 19h jusqu'à minuit avec* musica ão vivo*; Rua do Poço dos Negros nº 64, ☎ 60 86 38)*, où, sur des airs à la Cesaria Evora, divers chanteurs improvisent un langoureux répertoire cap-verdien. Aussi, quel plaisir d'y découvrir la cuisine cap-verdienne. Que ce soit la *feijoada de pedra* aux patates douces, le *bife de atum com cebola* ou le *caril de gambas*, tout est ici délices. Enfin, pour terminer votre repas optez pour la *bedinca*, un onctueux pudding au lait de coco parfumé à la cannelle. Ah! quel beau voyage aux îles de la chanteuse aux pieds nus!

Le **Cais da Ribeira** *($$$$; mer-ven 12h à 15h et 19h à 22h30, mar et sam 19h à 22h30; Cais do Sodré, derrière la station de chemin de fer pour Cascais, ☎ 342 36 11 ou 347 66 53)*, à ne pas confondre avec son voisin (le restaurant Cais do Sodré), mérite une mention pour ses copieux mets de poisson ainsi que pour sa vue sur le Tejo. Ici, crevettes du Mozambique, fruits de mer, saumon et, bien entendu, *bacalhau* feront la joie des amateurs de produits de la mer, tandis que sanglier aux palourdes, foie de veau au bacon ou tournedos aux raisins secs tenteront les indécis. Menu touristique à 4 500 ESC.

Cafés et salons de thé

Sous la haute surveillance du démon de la mer *Adamastor*, si bien décrit dans les Lusiades de Camões, qui vous surveille du haut de son piédestal, vous n'aurez aucun mal à vous prélasser sur la terrasse du **O Miradouro** *(Miradouro de Santa Catarina, Rua Santa Catarina, au bout de la Rua Marechal Saldanha)*. Que ce soit pour une bière ou un café accompagné d'une pâtisserie, voilà un endroit bien agréable avec, en prime, une vue panoramique sur le Ponte 25 de Abril.

 # CIRCUIT I : ESTRÊLA ET LAPA

Joe Spaghetti *($; Calçada da Estrêla nᵒˢ 57-63, ☎ 395 61 18; aussi Rua Actor Taborda nº 27 B, quartier Estefânia, ☎ 54 20 13)*. Cet endroit tout en blanc et rouge bénéficie d'une clientèle qui s'y presse pour déguster des spécialités italiennes à des prix très démocratiques *(pizza autour de 800 ESC)*.

Gringo's Café *($; tlj jusqu'à 1h; Avenida 24 de Julho n° 116, ☎ 396 09 11)*. Bière Corona et chili con carne dans un décor «sud-ouest américain» sympathique. Surtout pour les mordus de la cuisine «tex-mex». Fréquenté par une clientèle jeune.

Tout décorée de vert et de rose, la **Pastelaria Apolo XI** *($; jusqu'à 19h, fermé dim; angle Rua de Santos-o-Velho et Rua das Janelas Verdes)* propose d'excellents plats du jour à des prix défiant toute concurrence. *Bifinho* (petit filet de porc) avec riz et salade pour 500 ESC; si accompagné d'une bière, d'un dessert et d'un café, 800 ESC. Une aubaine! Service sympathique et ambiance de quartier. La meilleure adresse pour un déjeuner «sur le pouce» dans le secteur.

O Leão da Estrêla *($$; tlj jusqu'à 2h; Calçada da Estrêla n° 203, ☎ 396 98 87)*. Agréable restaurant dont la salle est décorée d'azulejos et où sont apprêtés des fruits de mer, la spécialité de la maison.

Faisant face au musée d'Arte Antigua, le **Picanha** *($$; lun-sam jusqu'à 1h, fermé dim; Rua das Janelas Verdes n° 96, ☎ 397 65 96)* propose une formule à plat unique. Composé de *picanha* (viande marinée grillée) agrémentée d'une sauce à la mangue, de *farofa* ou de *chimichurri*, et accompagné de pommes de terre, de riz, de salade et de fèves, ce plat aura de quoi satisfaire les plus gourmands. Les très gourmands, toutefois, s'offriront de plus le *cheese cake* ou la tarte aux pommes au dessert. Salle agrémentée d'azulejos, à laquelle on accède par un joli portail de pierre.

Pour ceux qui aiment les mets de viande, le **Restaurante Assóporco** *($$; lun-sam jusqu'à minuit; Rua das Janelas Verdes n° 102, ☎ 395 18 00 ou 397 65 96)* est une excellente adresse où se rendre. Dans un cadre chaleureux au décor design, on sert des «côtes levées» (seul choix au menu) à volonté accompagnées d'un choix de diverses sauces et d'une salade. Si toutefois ce menu de viande ne vous intéresse pas, vous pourrez toujours vous composer un repas végétarien en combinant plusieurs de leurs délicieuses entrées. Simple, mais un vrai délice. Pour dessert, gâteau au fromage ou excellent tiramisu. Clientèle jeune. Service dynamique et très sympathique.

Situé à côté de la Basilica da Estrêla, le **Restaurante Flor des Estrêla** *($$; Rua João de Deus nº 60)* propose de la cuisine portugaise familiale. Salle agréable décorée d'azulejos. Très fréquenté par les Lisbonnins.

Inondant de couleurs vives le sous-sol d'un immeuble situé sur la large Avenida Dom Carlos, la **Casa México** *($$$; mar-dim 12h30 à 15h et 20h à 23h30; Avenida Dom Carlos I nº 140, l'entrée, petite et mal identifié, se trouve à droite du Café Republica,* ☎ *396 55 00)* saura faire vibrer votre palais avec ses plats pimentés. Après une géante *margarita*, n'hésitez pas à vous attaquer à son excellent plat de *fajitas*, comme seuls les Mexicains savent le faire! Décoration coloniale, ventilateur de plafond, mobilier coloré, musique tropicale et personnel habillé à la mexicaine, tout nous rappelle ici la chaleur du Mexique, mais... sommes-nous vraiment encore à Lisbonne? Les prix et la rapidité du service viendront vous le rappeler!

Si l'envie subite de déguster un bon steak vous prend aux petites heures du matin, le **Foxtrot** *($$$; tlj jusqu'à 2h; Travessa de Santa Teresa nº 28,* ☎ *395 26 97)* vous accueillera dans son bar (voir p 282), décoré d'une manière attrayante.

C'est toujours avec plaisir que l'on revient à la cuisine française, et la sympathique maître d'hôtel du restaurant **Frej Contente** *($$$; lun-ven 12h à 15h et 19h à 22h30, sam 15h à 22h30; Rua de São Marçal nº 94,* ☎ *347 59 22)* peut s'enorgueillir d'en être une de ses dignes représentantes. Lapin aux pruneaux d'Agen, canard au champagne et choucroute alsacienne ne sont ainsi que quelques exemples qui honorent la carte. En outre, en plus des deux ou trois plats traditionnels portugais qui y sont proposés, vous pourrez opter pour des mets plus exotiques tels que le curry aux crevettes. Le décor est quant à lui de style champêtre, et les tables se parent d'une jolie vaisselle printanière imitant le style des années cinquante. Un endroit décidément bien agréable!

L'amitié hispano-portugaise trouve son accomplissement à la **Siesta Brava** *($$$; mar-dim 12h30 à 1h; Rua Manuel Bernardes nº 5 A,* ☎ *397 63 90),* où le *cabrito e leitão assado* et les brochettes de porc côtoient allégrement le *gaspacho andaluza*, la *paella valenciana* et la *tortilla*. Cuisine portugaise ou espagnole? À vous de choisir! Une cuisine classique dans un décor austère.

🦐 La Praça das Flores, calme et arborée, offre un bon choix de restaurants de qualité, à peu de distance du secteur chaud du Bairro Alto. Parmi ceux-ci, le **Xêlê Bananas** *($$$; fermé sam midi et dim; Praça das Flores n° 29, sonnez pour entrer, ☎ 395 25 14 ou 395 25 15)* est l'un endroit parfait pour qui souhaite changer du traditionnel *bacalhau*. La maison se veut innovatrice, qualité qu'il faut saluer dans ce pays où la tradition finit par lasser, et sert des plats originaux où fruits, viande et poisson font bon ménage. Les portions sont généreuses, et les sauces, parfois un peu trop sucrées, semblent fort prisées par le chef. Un personnel aimable et une clientèle très cosmopolite évoluent dans ce cadre tropical un peu kitch. Bananiers et murs peints aux allures de jungle composent le décor de ce lieu exotique. Une bonne adresse.

Xico's Bar Restaurante *($$$; lun-ven jusqu'à 1h, fermé sam midi et dim; Calçada da Estrêla n° 3, ☎ 60 10 22)*. Situé en face du parlement, ce restaurant au cadre très chaleureux de style «Santa Fé» prépare de délicieux plats, dont des fettucine sauce aux crevettes. Très fréquenté par le milieu politique.

Près du parlement, le **Restaurante Conventual** *($$$$; fermé sam midi et dim; Praça das Flores n° 45, ☎ 60 91 96 ou 60 92 46)* est régulièrement fréquenté par la classe politique portugaise. Dans un cadre raffiné où boiseries sculptées provenant d'un ancien couvent et objets religieux forment le décor principal, vous pourrez vous offrir l'une des tables les plus réputées du Portugal. Aussi, ne vous attendez pas à une cuisine révolutionnaire ici, mais plutôt à d'excellents mets portugais classiques, préparés d'une manière élaborée, tels que le *pato com champagne e pimenta rosa*. Seul regret dans ce temple de la gastronomie, le choix peu original et limité figurant au menu touristique : l'éternel *bacalhau a bras* ou le *carne de porco alentejana* pour pas moins de 5 000 ESC! Réservation recommandée.

Restaurante Embaixada *($$$$; tlj; Rua do Pau da Bandeira n° 4, ☎ 395 00 05 ou 395 00 06)*. Établi dans le prestigieux Hotel Da Lapa (voir p 218), ce restaurant saura satisfaire aussi bien les personnes à la recherche d'ambiance sophistiquée que ceux en quête d'une bonne cuisine internationale. La formule proposée pour le déjeuner s'avère particulièrement intéressante, car, moyennant une somme raisonnable, elle permet de bénéficier d'un buffet composé de nombreux plats variés. Bon choix de desserts.

Restaurante York House *($$$$; tlj; Rua das Janelas Verdes n° 32, ☎ 396 25 44 ou 396 24 35)*. Cuisine traditionnelle de bonne qualité dans un décor raffiné. Au menu, fettucine végétariens, magret de canard poêlé aux raisins, poulet rôti au romarin, pied de porc sauce coriandre, etc. De quoi vous donner des idées! Durant la belle saison, possibilité de se régaler dans le patio de l'hôtel (voir p 217). Cher, mais quel cadre! Réservation conseillée.

Restaurante Zutzu *($$$$; fermé sam midi et dim; Rua Nova da Piedade n° 99, ☎ 397 94 46)*. Carpaccio de poissons à la laitue bicolore, gibier à la coriandre et agneau à la moutarde ne sont que quelques-uns des plats de la «nouvelle cuisine» de ce restaurant. La salle principale, en demi-cercle, offre un cadre original. Les tons grisâtres rendent toutefois les lieux un peu froid quoique très design. Une bonne adresse.

Tables avec chandelier, confortables chaises aux coussins accueillants et éclairage diffus, le tout baignant dans un chaud décor de boiseries, que demander de plus pour une agréable soirée en tête-à-tête? Le restaurant **Umpuntocinco** *($$$$; lun-ven 12h30 à 15h et 19h30 à 22h30; Rua Marcos Portugal n° 5)* vous propose tout cela à deux pas de la jolie Praça das Flores. Outre une très honorable truite fourrée avec des crevettes et du jambon, vous pourrez y goûter un excellent suprême de poulet au roquefort. Idéal pour une soirée de classe.

CIRCUIT J : ALCÂNTARA, SANTO AMARO ET BELÉM

Près du Mosteiro dos Jerónimos, la **Rua Vieira Portuense**, devenue lieu touristique par excellence, est truffée de restaurants et de bistros de tous styles. Vous n'aurez donc aucune difficulté à trouver de quoi vous alimenter. Par ailleurs, la rue ne possède pas vraiment d'établissement très original méritant une mention.

À deux pas du Mosteiro dos Jerónimos, **Pão Pão Queijo Queijo** *($; tlj 7h à 23h; Rua de Belém n° 124)* est un bon endroit où se restaurer à bon compte. Sandwichs à 400 ESC (dont un végétarien), pita *shoarma* et salades (malheureusement servies dans un contenant en plastique et accompagnées d'ustensiles de même matière!) composent ici l'essentiel de la carte. Que ce soit à sa minuscule terrasse ou à l'étage, armez-vous de patience, l'endroit étant très touristique et dès lors particulièrement bondé. Simple, sans prétention et économique!

Établi à même le quai de Santo Amaro, tout à côté d'anciens entrepôts aujourd'hui transformés en discothèques, restaurants et boîtes de nuit, le restaurant **Doca do Santo** *($$; mar-dim 12h à 3h; Doca de Santo Amaro, ☎ 396 35 22)* accueille le public sur une grande terrasse dotée de nombreux parasols. Tandis que la présence de gros cordages rappelle d'une manière heureuse l'élément marin, celle des palmiers contraste mal avec l'environnement. Quant à ceux qui préfèrent l'intérieur, ils y découvriront une grande salle entièrement vitrée, munie d'un élégant comptoir métallique en forme de *V*. Quiches, salades, sandwichs et *petiscos* composent l'essentiel du menu et sont servis jusqu'aux petites heures du matin.

Agréable changement que la table du **Restaurante Xi Hu** *($$; tlj 10h à 22h30; Rua de Belém n°s 95-99, ☎ 362 33 22)*, qui propose la plupart des grands classiques de la cuisine chinoise, dans un décor... chinois bien sûr! Une bonne adresse avec, en plus, le légendaire sourire de l'Orient. Menu touristique à 1 800 ESC.

Localisé à proximité du monument Padrão dos Descobrimentos, le restaurant **Já Sei !** *($$$; lun-sam 12h30 à 15h30 et 19h30 à 22h30, dim 12h30 à 15h30; Avenida Brasília n° 202, ☎ 301 59 69)* sert de la bonne cuisine portugaise, sans façon et sans grande surprise. L'originalité de cet endroit se restreint donc surtout à son intéressante vue sur le Tage et sa rive sud, visible depuis sa terrasse couverte. Réservation conseillée.

Si vous recherchez avant tout les décors désign, **A Commenda** *($$$$; lun-sam 12h30 à 15h et 19h30 à 22h30, dim 11h à 15h30; dans le Centro Cultural de Belém, Praça do Império, ☎ 301 96 06)* constitue le restaurant idéal. Aménagé au sein du nouveau Centro Cultural de Belém, vous aurez ainsi l'occasion de parcourir ce véritable labyrinthe, édifié avec l'appui de la Communauté européenne. Au niveau de la cuisine, malgré une qualité acceptable et un service qui se veut sophistiqué, il y a un manque d'originalité quant aux choix des plats, la créativité semblant ici absente. Brunch tous les dimanches. Surtout un endroit pour voir et être vu!

Devenu une véritable institution à Lisbonne, l'**Alcântara Café** *($$$$$; tlj 20h à 1h; Rua Maria Luísa Holstein nº 15, anciennement Rua Primeira Particular,* ☎ *363 71 76)* est un endroit que les branchés de la *movida* ne devront pas manquer de visiter. Restaurant, bar, discothèque et galerie d'art se trouvent ainsi rassemblés dans un gigantesque espace transformé en un temple du désign par Antonio Pinto. Ce dernier, après avoir vécu longtemps en Belgique, où il a aménagé les très beaux restaurants La Quincaillerie (Bruxelles) et le Parkus (Gent), a, après un retour dans son pays natal, su profiter pleinement de l'espace offert par cet ancien bâtiment, autrefois une imprimerie et un garage. Le décor? Dans la salle principale, d'immenses poutres d'acier peintes (bien qu'en partie fausses, elles semblent plus vraies que nature), des colonnes astucieusement décorées, de nombreux ventilateurs suspendus renforçant l'aspect aérien des lieux et, pour couronner le tout, une *Victoire de Samothrace*, trônant au centre d'un long bar-comptoir métallique. Au fond de la salle, juste à côté d'une passerelle profilée menant à la discothèque, se trouve un petit boudoir éclairé par des lustres de cristal et muni d'un mobilier cossu. L'ensemble, en contraste avec le reste du décor, est à la fois saisissant et harmonieux. La cuisine, bien qu'assez chère, s'y veut, elle aussi, originale. Il s'agit en effet de l'un des rares endroits de Lisbonne où vous pourrez manger un steak tartare. L'endroit à ne pas manquer si l'on veut «voir et être vu»!

Cafés et salons de thé

🕎 Lors de votre visite du Mosteiro dos Jerónimos, ne manquez pas de faire une brève halte à l'**Antiga Confeitaria de Belém** *(tlj jusqu'à 23h; Rua de Belém nºs 84-88)*, la pâtisserie la plus réputée du coin. Dans cette honorable maison fondée en 1837, l'ameublement de la salle d'entrée se résume à un grand comptoir et à des murs entièrement couvert d'armoires vitrées. Une multitude de vieilles bouteilles de porto y sont disposées.

Quant à la décoration, vieillotte, elle se limite pour l'essentiel au plafond tartiné de stuc. L'ensemble, d'une couleur crème patinée par le temps (et la cigarette!), ne manque pas de charme. Suivent ensuite une série de petites salles décorées avec les irremplaçables azulejos et où se presse une foule hétéroclite d'étudiants, de gens du quartier et de touristes, en attente d'une dégustation du fameux *Pastel de Belém*. Ce dernier, sorte de flan que l'on saupoudre, selon votre goût, de cannelle ou de sucre en poudre, est typique de Belém, et unique à Lisbonne vous affirmera-t-on! Quoi qu'il en soit, les *Pastéis de Belém* valent bien le déplacement, car elles sont effectivement délicieuses, et la *bica* qui l'accompagne complète à merveille cette mini-excursion gourmande. Sandwichs également en vente sur place.

Comme son nom en portugais le laisse présumer, la **Cafetaria do Museu da Marinha** *(mar-dim 10h à 17h; Praça do Império)* n'est autre que la cafétéria du musée de la marine. Ce qui rend ce lieu si intéressant, ce n'est pas tant son menu au choix plutôt limité *(quelques sandwichs à 400 ESC, bières à 200 ESC ou café)*, mais plutôt sa grande terrasse sur laquelle il fait bon se prélasser et d'où vous pourrez admirer le merveilleux portail ouest du Mosteiro dos Jerónimos (voir p 152).

 CIRCUIT K : LE PARQUE FLORESTAL DE MONSANTO

Que ce soit pour une boisson rafraîchissante avant votre randonnée à travers le parc ou pour vous restaurer après celle-ci, le **Restaurante Monte Verde** *($$; Parque Florestal de Monsanto, arrêt Cruz das Oliveiras du bus 23 ou, en voiture, première sortie de l'autoroute A 5 en direction d'Estoril ou de Cascais, ☎ 363 03 38)* est une bonne adresse. Confortablement attablé à sa jolie terrasse ombragée, où l'odeur de pins règne en maître, vous pourrez vous y offrir de la cuisine portugaise classique, sans grande surprise. Ceux qui n'ont pas trop faim pourront se restreindre aux *petiscos* servis d'office. Accompagnés d'une bonne bière, ils composent un agréable petit repas.

Installé au sein d'un bâtiment circulaire des années cinquante, le restaurant **Panorâmico de Monsanto** *($$$; lun-sam 12h à 15h30 et 19h à 23h, dim 12h à 15h30; Estrada da Bela Vista, tout à côté du Miradouro de Monsanto, ☎ 778 17 63 ou*

778 17 66) constitue une agréable halte où vous restaurer lors de votre découverte du Parque Florestal de Monsanto. Dans sa grande salle, à l'aspect plutôt vieillot et ressemblant quelque peu à une cantine, vous pourrez goûter des mets portugais classiques tout en admirant au loin Lisbonne et le Tage.

 ## CIRCUIT L : D'ESTORIL À CASCAIS

Estoril

Pour calmer les fringales, le **Rage Bar Pub** *($; Rua de Olivença)* sert de bons hamburgers dans un décor sans prétention.

Pour changer de la cuisine portugaise, le restaurant **Furusato** *($$$$; mer-dim 12h30 à 14h30 et 19h30 à 22h30, mar 19h30 à 22h30, fermé lun; Praia Tamariz; pour vous y rendre, à partir de l'ancienne gare traversez la voie ferrée à pied et longez le bord de mer jusqu'à l'extrémité ouest de la plage, ☎ 468 44 30)* propose d'excellents mets japonais. Ne manquez pas l'expérience de la table *teppan yaki* : assis devant un long comptoir couvert de plaques de cuisson, vous dégusterez viande, poisson, riz et légumes, le tout sauté sous vos yeux par les mains expertes de cuisiniers japonais. De nombreux autres plats tels que les sushis (poisson frais enrobé de riz), les sukiyaky (fines tranches de bœuf accompagnées de légumes, le tout sauté dans une sauce de soja), les sashimi (mets de poisson) ou les délicieux tempura (poisson et légumes marinés et frits) méritent également une considération. Un cadre élégant, de belles vues sur la mer et un service des plus aimables ajoutent à la qualité de cet endroit original. Menu complet à partir de 5 500 ESC.

Les traditionalistes ne manqueront pas de se rendre au **Four Season Grill** *($$$$; Rua do Parque, ☎ 468 04 00)*, le cossu restaurant attenant à l'Hotel Palácio Estoril. Confortablement attablé autour d'une petite piste de danse, vous y serez bercé par la musique d'une autre époque, jouée en direct par des musiciens; les clients se risquent parfois à esquisser quelques pas de valse. Les rideaux et le tapis, au goût des années soixante-dix, y forment un décor vieillot qui nécessiterait un sérieux rafraîchissement. On sert ici une cuisine classique, sans grande surprise, mais de bonne qualité. Parmi les mets méritant une mention, le cerf aux marrons et le suprême de colin au safran sont recommandés. De plus, le foie de veau à l'avocat ainsi que le poulet aux crevettes sont excellents. Malgré un cadre désuet et un service d'une lenteur déconcertante, ce restaurant saura être apprécié des amateurs de bonne cuisine traditionnelle. Menu à partir 3 500 ESC.

Cascais

Music Bar *($; tlj 11h à 2h; Largo da Praia da Rainha)*. Bien situé, en face de la mer, ce petit bar-restaurant possède une agréable terrasse fréquentée par la jeunesse locale. Des sandwichs y sont disponibles à partir de 200 ESC ainsi que diverses salades, dont celle au thon pour 400 ESC. Idéal pour un repas léger.

Pizzas, hamburgers ou plat du jour à partir de 800 ESC, voilà ce que vous trouverez au restaurant **O Golfinho** *($; tlj 11h à 2h; Rua Sebastião Jose Carvalho de Melo n° 5)*. En plus d'un décor agréable, cet établissement a l'avantage d'être établi dans le secteur touristique le plus intéressant de la ville.

Pour de la bonne cuisine portugaise classique, rendez-vous au **Os Doze** *($$; jeu-lun 12h à 22h30, fermé mar soir et mer; Rua Frederico Arouca)*, où murs chaulés et arches en pierre forment un cadre chaleureux. Très fréquenté par la clientèle portugaise.

Si une soirée brésilienne vous tente, le **Restaurante Tropical Brasil** *($$; empruntez le Beco dos Inválidos, situé juste à gauche de l'édifice des pompiers et à droite de la maison municipale, puis tournez ensuite à gauche à la première petite rue rencontrée afin de rejoindre la petite place devant laquelle se trouve le restaurant)* saura vous satisfaire avec sa *feijoada* ou son *tutu à mineira*. Comptez entre 900 et 1 450 ESC pour le plat du jour. Ambiance assurée.

Si la cuisine française vous manque, rendez-vous au **Bec Fin** *($$$; fermé en janvier; près de la Câmara Municipal, Beco Torto n° 1, ☎ 484 42 96)*, où vous pourrez déguster de bons petits plats tout en profitant d'une agréable terrasse.

Le **Lucullus Restaurante** *($$$$; Rua da Palmeira n° 6, ☎ 484 47 09)* vous propose un excellent choix de mets italiens

(Fettucine Alfredo, Osso Buco alla Fiorentino, etc.) dans un décor des plus chaleureux. Si l'occasion se présente, choisissez sa terrasse arrière, car le cadre y est particulièrement plaisant.

Cafés et salons de thé

Pastelaria Parrisol *(Rua Frederico Arouca n° 21).* Jolie pâtisserie proposant un vaste choix.

Praia do Guincho

Les concepteurs de l'**Hotel do Guincho** *($$$$; à 9 km à l'ouest de Cascais, Estrada do Guincho, ☎ 487 04 91)* ont su habilement allier la rudesse d'un ancien édifice militaire à l'élégance et au confort requis aujourd'hui pour tout établissement hôtelier de qualité. Bien que d'aspect moderne à l'extérieur, cet hôtel-restaurant a en effet été conçu à partir des ruines d'une forteresse. Tandis que dès l'entrée plusieurs éléments nous rappellent son passé lointain (portes en arc plein cintre, escalier et murs en pierres grossièrement taillées), de luxueux tapis et un mobilier de classe réchauffent l'atmosphère. La salle à manger offre une vue panoramique sur la mer et est dotée d'un agréable foyer. Lors de votre visite, ne manquez pas de voir sa belle salle de réunion, d'aspect on ne peut plus médiéval. Spécialité de fruits de mer et de poissons.

 CIRCUIT M : DE QUELUZ À SINTRA

Queluz

Assidûment fréquenté par les familles portugaises qui viennent ici en grand nombre, le restaurant **Retiro da Mina** *($$; mer-lun; Avenida da República n° 10, ☎ 435 29 78)* propose de la cuisine familiale traditionnelle portugaise à des prix particulièrement avantageux. Ainsi, pour 1 900 ESC, vous pourrez goûter une bonne soupe maison, suivie d'une savoureuse *açorda de marisco* ou d'un *pato ao forno com arroz,* le tout accompagné d'un *vinho da casa* (en général un excellent *vinho verde*). Enfin, pour terminer votre repas en beauté, un dessert et un café vous seront servis. Une véritable aubaine! Sympathique et sans prétention.

Dans un décor champêtre où poutres apparentes et azulejos sont omniprésents, le **Restaurante Palácio del Rei** *($$; lun-sam; Largo Mousinho de Albuquerque n°s 1-4, ☎ 435 06 74)* propose un menu touristique à base de viande, de volaille ou de poisson pour 2 750 ESC. L'*arroz de mariscos* ou de *pato no forno* ne sont que quelques-unes des spécialités portugaises qui figurent au menu.

⚓ Occupant l'aile ouest de l'ancien Palácio de Queluz, dans les anciennes cuisines mêmes du palais, le restaurant **Cozinha Velha** *($$$-$$$$; dans l'aile ouest du Palácio de Queluz, ☎ 435 02 32)* est géré par la chaîne des Pousadas de Portugal. Outre une cuisine de qualité, fidèle à elle-même, vous pourrez vous offrir un menu trois services *($$$$$)* comprenant des mets plus élaborés tels que *cataplana de lombinhos de Porco com amêijoas e camarão* (filet de porc poêlé avec palourdes et crevettes) et *cabrito frito com migas de grelos* (viande de chèvre accompagnée de pain trempé et de brocoli). Ce dernier s'avère cependant un peu cher. En ce qui concerne l'aménagement des lieux, outre l'agréable petite terrasse moderne, le visiteur ne manquera pas d'être impressionné par les dimensions étonnantes de l'ancienne cheminée centrale, soutenue par huit colonnes, ainsi que par la table de marbre qui la jouxte.

Cafés et salons de thé

Établi dans le prestigieux palais de Queluz, le *cafetaria-bar* **Pitada Daqui Pitada Dali** *(mer-lun 9h30 à 18h; Palácio Nacional de Queluz)* est un bon endroit où prendre un café avant de débuter sa visite. Aussi, pour ceux qui, en milieu de parcours, éprouvent une fringale, divers plats du jour sont proposés à 1 200 ESC.

Sintra

🏯 Les sympathiques propriétaires belges du restaurant **Bistrobar Opera Prima** *($; tlj 9h à 24h; Rua Consiglieri*

Pedroso n° 2 A, ☎ *924 45 18)* vous accueilleront avec le sourire et la gentillesse qui caractérisent si bien le tempérament de ce peuple. Également décorateurs, ils ont su parfaitement mettre à profit le sous-sol de l'immeuble, où deux salles, dont une dotée d'un bar (voir p 288), se succèdent. Ainsi, tandis que, dans la première salle, murs de pierre et couleurs chaudes forment un cadre propice à une soirée en tête-à-tête, dans la deuxième, un décor particulièrement original et lumineux constitue un lieu idéal pour le déjeuner. Outre de vastes miroirs ornés de motifs d'inspiration Art nouveau, vous pourrez y observer, ici et là, d'amusantes décorations métalliques torsadées ainsi qu'une jolie peinture sous voûte rappelant l'épopée arabe au Portugal. En ce qui concerne la cuisine, Nele Duportail vous préparera un savoureux *prato económico (comptez environ 750 ESC)* aux riches parfums du plat pays, accompagné de délicieux pain complet (chose rare au Portugal). Un menu touristique à 1 350 ESC est également proposé. Une très bonne table à ne pas manquer!

Estrada Velha Bar *($; tlj 11h à minuit; Rua Consiglieri Pedroso n° 16)*. Ce petit bar sympathique, très fréquenté par les jeunes, propose des menus composés de soupe, de sandwich et de bière à partir de 1 400 ESC. Idéal pour couper les petites faims. Accueil sympathique et souriant.

Le petit café-bar **O Pelourinho** *($; à côté du Palácio Nacional; Calçada do Pelourinho n° 4)* propose de la petite restauration de qualité dans un décor de bon goût. L'absence de télévision et d'éclairage au néon rend l'endroit d'autant plus agréable que de belles arches de pierre y sont visibles.

Le petit restaurant **Adega das Caves** *($$; Rua da Pendora n° 2,* ☎ *923 08 48)*, aménagé sous le Café de Paris (voir ci-dessous), prépare des mets portugais simples tels que des salades, des plats de sardines ou encore des côtelettes de porc. Sans prétention.

Jouxtant la mairie de Sintra, le **Restaurante Regional de Sintra** *($$; lun-ven 9h à 22h30, sam-dim 12h à 16h et 19h à 22h30; à côté de la Câmara Municipal)*, quant à lui nettement plus modeste de l'extérieur, renferme une jolie salle à manger à l'étage, où vous pourrez déguster un plat de saumon ou de lapin délicieusement préparé.

Au centre du petit village de São Pedro, à proximité de Sintra, le restaurant **Tasca a Latina** *($$; mar-jeu 20h30 à 2h; Calçada São Pedro nº 28)* propose un menu original à prix relativement raisonnable. Couscous aux sept légumes, curry aux fruits de mer, tortillas espagnoles ou curry végétarien, voilà de quoi vous mettre en appétit! Atmosphère jeune et décor des plus colorés. Accueil sympathique et décontracté.

En plein cœur de Sintra, dans un bâtiment à la façade recouverte de beaux azulejos bleus, le **Café de Paris** *($$$; tlj jusqu'à minuit; Praça da República nº 32, ☎ 923 23 75)* vous accueille dans un décor de «bistro parisien» (évidemment!). La maison propose quelques plats originaux pour le Portugal, tels qu'une entrée au melon et au porto, une «vichyssoise», des palourdes à la coriandre ou encore une demi-langouste grillée. Cet endroit conviendra surtout aux personnes qui apprécient foule et animation. Une terrasse couverte, abondamment fleurie, offre une vue sur le palais.

Établi dans le haut de la ville, le restaurant **Tacho Real** *($$$; jeu-mar; Rua da Ferreira nº 4, ☎ 923 52 77)* mérite une mention surtout pour son décor particulièrement raffiné et élégant, ainsi que pour son service sympathique et accueillant. Vous y trouverez des mets portugais, légèrement plus élaborés que d'habitude, quoique sans surprise.

Seteais

Situé à moins de 2 km de Sintra, à Seteais, le restaurant de l'**Hotel Palácio de Seteais** *($$$$; tlj 12h30 à 14h30 et 19h30 à 9h30; Rua Barbosa Bocage nº 10, Seteais, ☎ 923 32 00)* vous propose un excellent menu à quatre services à partir de 6 500 ESC dans un cadre de toute beauté (voir p 171). Le poulet braisé au madère ainsi que le médaillon de porc aux dattes sont un véritable délice. Quant au décor de la salle à manger, digne d'un palais, il comprend de magnifiques fresques et du beau mobilier d'époque. Avant de commencer votre soirée gastronomique cependant, nous vous conseillons une petite balade sur la terrasse, d'où une splendide vue sur des jardins à la française ainsi que sur la campagne environnante s'offre aux regards.

Várzea de Sintra

 Dans une petite pension tenue par un sympathique couple belge, le restaurant **Pátio do Saloio** *($$$$; jeu-sam 19h30 à 22h30, dim 11h30 à 15h; Rua Padre Amaro Teixeira de Azevedo nº 14, Várzea de Sintra, ☎ 924 15 20, ☎ et ≈ 924 15 12)* saura satisfaire les fins gourmets de passage. En effet, que ce soit avec le chateaubriand ou le plat de poisson «Aux trois délices», la cuisine fait honneur ici au plat pays. En plus d'une table soignée, vous pourrez y bénéficier d'un joli décor, les propriétaires des lieux étant également des décorateurs chevronnés.

✕ CIRCUIT N : SETÚBAL ET SES ENVIRONS

La Costa da Caparica

Après avoir longé le Cais do Ginjal sur près de 1 km, dans un endroit de «bout du monde», vous aboutirez au restaurant brésilien **Atira-te ao Rio** *($$; mar-ven 19h à 24h, sam-dim 16h à 24h; Cais do Ginjal, Cacilhas, ☎ 275 13 80)*, où vous pourrez consommer une bonne *feijoada* ainsi que d'autres mets typiquement brésiliens. Sympathique et sans prétention. Étant donné son éloignement du centre-ville, il est préférable de réserver à l'avance.

Localisé en bordure du Tage, tout à côté du restaurant brésilien Atira-te ao Rio, le restaurant **Ponto Final** *($$$; mar-dim 12h30 à 23h30; Cais do Ginjal, Cacilhas, ☎ 276 07 43)* sert quant à lui des mets bien portugais, mais sans intérêt particulier. Néanmoins, pour qui a la chance de profiter de sa terrasse aménagée à même les quais, la vue est tout simplement magnifique. Tandis que le Tage coule à vos pieds, vous pourrez admirer au loin les douces collines de Lisbonne, qui, à la tombée de la nuit, s'illuminent de mille feux. Le coucher de soleil mérite bien ici la traversée et la longue marche le long du quai (environ 1 km).

Setúbal

O Cardador *($$; tlj 12h30 à 15h et 19h30 à 22h30; près de la Praça Marquês de Pombal, derrière l'Albergaria Solaris)*. Poissons et fruits de mer figurent au menu de ce mignon restaurant doté d'une petite terrasse agréable. Personnel sympathique et souriant.

Cervejaria O 10 *($$$; Avenida Luísa Todi n°s 420-422, ☎ 52 52 12)*. Bien que la cuisine y soit apprêtée sans grande originalité, ce restaurant offre, contrairement à ses nombreux concurrents, l'avantage de servir des repas durant toute la journée, et ce sans interruption. Son agréable terrasse constitue également un must pour cet endroit sans prétention mais convenable.

Surplombant la ville de Setúbal, le restaurant de la **Pousada de São Filipe** *($$$; empruntez l'Avenida Luísa Todi en direction de l'ouest et, arrivé à son extrémité, tournez à droite, puis immédiatement à gauche afin de rejoindre la Rua de São Filipe, qui vous mènera directement à la forteresse; Rua de São Filipe, ☎ 52 38 44)* est l'un des endroits les plus agréables à Setúbal pour prendre un repas. S'ouvrant sur une ancienne forteresse datant de 1590 (voir p 177), son entrée, suivie d'une série de couloirs voûtés comportant plusieurs portes fortifiées, ne manque pas d'impressionner. Au haut de l'escalier, une magnifique terrasse, d'où s'offre aux regards une vue panoramique sur la péninsule de Tróia et sur la mer, vous attend pour prendre un apéritif. La salle à manger quant à elle, quoique chaleureusement décorée, manque un peu d'originalité pour un endroit aussi exceptionnel. Le visiteur s'y sentira néanmoins à l'aise, et les amateurs de poisson pourront goûter une excellente *Caldeirada à Setubalense* ainsi que l'excellent vin *moscatel*, deux spécialités régionales.

Cafés et salons de thé

Café Comm C *(tlj 10h à 2h; 184 Avenida Luísa Todi)*. Petit bar sympathique où des sacs à café en jute accrochés aux murs composent la décoration principale. Idéal pour siroter un café ou un délicieux *moscatel*, spécialité de la région.

Palmela

Établi dans le petit village de Palmela, le restaurant de la **Pousada de Palmela** *($$$; au sommet du village de Palmela,* ☎ *235 12 26)* a l'avantage de bénéficier d'un cadre exceptionnel, celui d'un ancien monastère datant du XVe siècle (voir p 179), littéralement perché au sommet d'un rocher escarpé. À l'entrée, le regard est immédiatement attiré par la volumétrie imposante des nombreuses salles voûtées et des galeries qui entourent le cloître. Tandis qu'un chaleureux bar avec sofas confortables vous attend pour l'apéritif, à moins que vous ne préfériez prendre un porto à l'élégante terrasse de l'atrium du cloître, un bon repas vous sera servi dans l'ancien réfectoire du monastère. Outre les spécialités régionales, ne manquez pas de goûter l'excellent vin de la région : le *moscatel*.

SORTIES

D es possibilités de sorties, il y en a pour tous les goûts et toutes les bourses à Lisbonne. Concerts de musique classique, opéras, spectacles de variétés. La liste pourrait s'étirer encore bien longtemps, et cela sans compter les innombrables bars et discothèques qui s'ouvrent chaque jour dans les quartiers du Bairro Alto, de l'Alcântara et sur les quais de Santo Amaro.

Nous vous proposons, dans le présent chapitre, un survol des diverses expériences nocturnes qui vous attendent à Lisbonne. Pour en savoir davantage quant aux spectacles et concerts, reportez-vous à la section «Activités culturelles», p 289.

 CIRCUIT B : LE CASTELO ET L'ALFAMA

Fado

Taverna d'El Rei *($$$; jusqu'à 3h30; Largo de Chafariz de Dentro nº 14/5, angle Rua São Pedro, ☎ 887 67 54).* Pour un repas de cuisine classique portugaise accompagné d'un authentique fado.

Clube de Fado *($$$$; Rua São João da Praça nᵒˢ 92-94,* ☎ *885 27 04)*. Cher et touristique certes, mais une soirée de fado, alors que vous êtes assis confortablement à une table garnie de mets portugais, ne vaut-elle pas autant qu'une de ces soirées dans les discothèques, aux droits d'entrée et aux consommations au coût tout aussi exorbitant?

Bars et discothèques

Nostalgie brésilienne? Pressez-vous autour du petit bar sans prétention qu'est le **Pé Sujo** *(mar-dim 22h à 2h; Largo de São Martinho nᵒˢ 6-7)*, où vous pourrez écouter de la *musica ao vivo brasileira* toutes les fins de semaine.

 CIRCUIT D : LE CHIADO ET LE BAIRRO ALTO

Fado

Restaurante O Forcado *($$$$; jeu-mar jusqu'à 3h30, fermé mer; Rua da Rosa nᵒ 219,* ☎ *346 85 79)*. Du fado jusqu'aux petites heures du matin, tout en se restaurant à la portugaise.

Adega do Ribatejo *(tlj 19h à minuit; Rua do Diário de Notícias nᵒ 23)*. Dans un décor particulièrement peu intéressant que viennent impitoyablement dévoiler de désagréables néons, vous pourrez néanmoins assister à un fado authentique dans une ambiance des plus animées.

Bars et discothèques

Ambiance et jeunesse font le succès du **Bar Gráfico's** *(lun-sam 22h à 2h; Travessa Água de Flor nᵒˢ 40-42)*, où, la fin de semaine, la clientèle devient tellement nombreuse qu'elle empiète rapidement dans la petite rue sur laquelle il se trouve. L'agencement des lieux, composé en partie de tableaux contemporains, et contrastant d'une manière amusante avec le quartier plutôt vieillot, mérite une visite.

Non loin de là, touristes du monde entier et jeunes Lisbonnins se fréquentent au **A Tasca-Tequila Bar** *(tlj 21h à 2h; Travessa da Queimada n°s 13-15)*, où, en plus de la tequila, la bière semble couler à flots. Des cocktails «aphrodisiaques» aux noms pour le moins évocateurs y sont également proposés!

Si vous appréciez les soirées «jasette» sur fond de musique techno, le bar **Fremitus** *(tlj 20h à 2h; Rua da Atalaia n° 78)*, avec son décor étonnant, constitue un bon endroit. Hélice géante incorporée dans le comptoir du bar, grandes vannes placées à même les murs, imposantes poutres métalliques et amusantes chaises tabourets montées sur ressort (personnes sujettes au mal de mer ou enivrées s'abstenir!) : voilà en effet de quoi surprendre. Autre contraste, la clientèle, jeune et bien «rangée», qui détonne quelque peu avec le cadre moderne et industriel des lieux. Ambiance décontractée et prix raisonnables.

A Capela *(dim-jeu 22h à 2h, ven-sam jusqu'à 4 h; Rua da Atalaia n° 49)*. Est-ce à cause de ses étroites salles voûtées et de son bénitier, ou tout simplement parce que l'endroit incite à la confidence en fin de soirée que le propriétaire l'a ainsi baptisé? Nul doute que ce sympathique établissement plaira surtout aux personnes appréciant la musique anglo-saxonne et à la jeunesse estudiantine. Les prix modérés qui y sont pratiqués ne gâchent rien à la décoration originale des lieux, où des miroirs entourés de dorure contrastent avec le gris sobre des murs.

Comme son nom l'indique en portugais, avec ses larges portes ouvertes sur la rue, vous ne pourrez manquer le bar **Portas Largas** *(Rua da Atalaia n°s 101-105)*. Non identifié et localisé juste en face de la très courue discothèque Frágil (voir p 278), cet établissement est le lieu de rendez-vous idéal en début de soirée. Une faune bigarrée, dont beaucoup de gays, s'y presse, et, les fins de semaine, la foule est telle qu'elle envahit le trottoir et même la rue. Vous y trouverez un décor simple et chaleureux, avec de petites tables modestes en bois et quelques bancs disposés par-ci par-là. Un endroit agréable à fréquenter, pour ceux qui veulent découvrir la Lisbonne des Lisbonnins.

Au **Mezcal** *(tlj 20h à 2h; Travessa do Água da Flor n° 20)*, un tout petit bar, vous pourrez consommer toutes sortes de boissons alcoolisées dont, bien sûr, la fameuse tequila. Quelques plats mexicains y sont également proposés. Fréquenté par une clientèle de tous âges.

Avec son décor moderne et coloré qui contraste harmonieusement avec l'ancienneté du bâtiment, le **Café Suave** *(tlj 21h30 à 2h; Rua do Diário de Notícias nº 6)* est un endroit particulièrement agréable pour se désaltérer et confier ses derniers secrets sur fond de musique moderne.

Autre établissement idéal pour une soirée «jasette», le **Cafediário** *(tlj 21h à 2h; Rua do Diário de Notícias nº 3)* vous accueillera avec de la musique latino-américaine, du jazz et des chansons américano-brésiliennes des années cinquante. Ses excellents cocktails tropicaux sauront avoir raison des langues les plus secrètes.

Après avoir arpenté les vieilles rues du Bairro Alto, vous serez toujours un peu surpris de découvrir le **Café Targus** *(tlj 21h à 2h; Rua do Diário de Notícias nº 40)*, avec son cadre moderne. Dans un décor épuré où l'accent est mis sur le mobilier désign, vous pourrez vous asseoir sur une de ses jolies (mais inconfortables!) chaises tout en consommant une de ses nombreuses boissons alcoolisées. L'établissement est surtout fréquenté par une jeunesse dorée : attendez-vous donc à payer chèrement toute consommation *(bière à 500 ESC, alcool à 1 400 ESC)*.

Sur la rue bordée de bars qu'est la Rua Diário de Notícias, le **Páginas Tantas** *(tlj 21h à 2h; Rua do Diário de Notícias nº 85)*, avec son décor élégant, constitue une autre bonne adresse pour débuter la soirée au son d'une musique rétro. Vous pourrez y bénéficier d'«heures joyeuses» particulièrement longues, soit de 21h à minuit, dans une ambiance raffinée et détendue.

Un petit goût d'évasion? Internautes, rendez-vous au **Café Webs** *(Rua do Diário de Notícias nº 126)*, où vous pourrez naviguer sur l'Internet tout en sirotant une *bica*.

À Lisbonne, il y avait déjà le «Kremlin» (voir p 284); il fut donc des plus normal d'y ajouter le **KGB** *(droit d'entrée; Rua do Diário de Notícias nº 122)*, une nouvelle discothèque sur la célèbre Rua do Diário de Notícias, cette rue du Bairro Alto qui semble détenir le record quant au nombre d'établissements de nuit! Après avoir passé le sévère contrôle du portier en habit de circonstance, vous pourrez vous «déhancher» au son des derniers succès dans un beau décor où arches de pierre forment l'essentiel du décor.

Les amateurs de bars de style «pub» se rendront au **Pedro Quinto bar-restaurante** *(lun-sam 12h à 3h; Rua Dom Pedro V n° 14)* afin d'y consommer une boisson ou un repas léger *(menu à partir de 2 800 ESC)* dans un décor où la chaude couleur bordeaux du papier peint se mêle aux boiseries baignées d'une lumière diffuse. Idéal pour une soirée calme ou «entre amoureux».

Aménagé dans une ancienne demeure au cadre un peu désuet, le **Solar do Vinho do Porto** *(lun-ven 10h à 23h45, sam 11h à 22h45; Rua de S. Pedro de Alcântara n° 45, l'entrée se trouve à droite après le portail)* est un salon de dégustation financé et géré par l'Instituto do vinho do Porto. Cet établissement a pour objectif d'être une véritable vitrine de promotion des producteurs de porto et en propose, pour ce faire, un choix impressionnant. Malgré l'ambiance calme des lieux, ce qui apparaît comme une aubaine dans ce quartier animé, il est dommage que les visiteurs n'y reçoivent aucun conseil ou explication sur les produits vendus et que le service soit lent et parfois impoli. De plus, bien que la carte soit exhaustive, il semble que certains vins ne soient pas toujours disponibles, surtout ceux dont les prix apparaissent plus raisonnables.

Quoi de plus agréable que de consommer une boisson dans un décor de brocante? C'est ce que vous offre le **Pavilhão Chinês** *(lun-sam 18h à 2h, dim 21h à 2h; Rua Dom Pedro V n°s 89-91)*, où sont disposés figurines de plomb, potiches orientales en porcelaine et vases chinois, le tout placé dans un ensemble d'armoires vitrées rappelant qu'autrefois cet endroit était un magasin général. Plusieurs salles s'y succèdent, dont une équipée d'un billard. La carte de la maison, qui se présente comme un livre illustré, propose un grand choix de whiskys et de cocktails, assez chers cependant. La salle d'entrée, qui, avec son décor des années vingt, est peut-être la plus intéressante, a malheureusement été équipée d'un disgracieux système vidéo. Le répertoire de musique, exclusivement anglophone, gagnerait aussi à être plus varié.

Les «égyptologues branchés», quant à eux, se rendront au **Keops** *(tlj 23h à 3h30; Rua da Rosa nº 157)* afin d'admirer les hiéroglyphes géants qui décorent le bar. Musique anglo-saxonne et jeunesse «hyper-branchée».

Pour les Lisbonnins, le nom de Manuel Reis ne peut être dissocié du Bairro Alto. Il est aujourd'hui unanimement considéré comme le précurseur de la *movida* portugaise qui a envahi ce quartier. Il y a en effet environ 10 ans, dans ce secteur peu fréquenté, il ouvrait la discothèque **Frágil** *(lun-sam 22h30 à 3h30; Rua da Atalaia nºs 126-128)*, un véritable établissement d'avant-garde qui allait transformer littéralement le visage nocturne du Bairro Alto. Depuis lors, le Bairro Alto est devenu un haut lieu de sorties, et le Frágil fait aujourd'hui encore le bonheur des «oiseaux de nuit». Après une entrée des plus mouvementées (arrivez tôt et parlez français pour faciliter votre entrée, car la sélection peut être sévère), le visiteur aura droit à un véritable bain de foule hétéroclite (jeunes, snobs, BCBG, gays, etc.) dans un décor régulièrement modifié par des artistes locaux. Seul constance, le grand miroir doré devant lequel Narcisse lui-même, tout en dansant, n'aurait eu cesse de se regarder. Ambiance et musique au goût du jour.

Au sommet de l'Elevador Santa Justa, le **Céu de Lisboa** *(tlj jusqu'à 23h)* vous emportera, comme son nom l'indique, dans le ciel de Lisbonne! Non, il ne s'agit pas d'une boisson forte, mais bien d'une terrasse aménagée tout au haut du célèbre ascenseur de Lisboa. Ne manquez pas, les fins de semaine, le petit récital de qualité *(sam-dim 17h à 22h)* offert par la maison. La vue superbe sur les collines de la ville, baignée d'une lumière de fin de journée, le tout accompagné de douce musique, aura alors de quoi rendre amoureux de Lisbonne le plus blasé des touristes! Attention cependant, monter l'étroit escalier en colimaçon pour se rendre à la terrasse n'est pas conseillé aux personnes sujettes au vertige. Pour le concert, venez tôt, car les places assises sont limitées, et l'espace s'avère restreint. Cuisine légère.

Bar-Restaurante Bachus *(lun-ven 12h à 2h, sam 18h à 2h; Largo da Trindade nº 9, ☎ 342 28 28 ou 342 12 60)*. Un beau bar tout entouré de boiseries et de vitrines où sont disposées de vieilles bouteilles. Étant un établissement fréquenté par les politiciens et les artistes, on vient aussi dans ce décor chaleureux avant de passer à table, à l'étage (voir p 246).

Bar Pintáí *(mar-dim 22h à 3h30; Largo Trindade de Coelho n°s 22-23)*. Musiciens à partir de 23h30; rythme brésilien la plupart du temps. Beau grand bar bien éclairé, fréquenté par une jeunesse «dorée». On y sert des cocktails tropicaux, comme le *doce de mais* et la *caipirinha*.

Bars et discothèques gays

Petit, au décor élégant, le **Bar 106** *(tlj 21h à 2h; Rua de São Marçal n° 106, sonnez pour entrer)* est un des hauts lieux de rendez-vous des hommes gays portugais. Fréquenté par une clientèle BCBG, l'endroit devient rapidement bondé les fins de semaine, et ce dès minuit. Agréable pour débuter la soirée et profiter des «heures joyeuses» organisées tous les jours ici de 21h à 23h30.

Le **Bricabar** *(tlj 22h à 4h; Rua Cecílio de Sousa n° 82, sonnez pour entrer)* est un établissement gay réparti sur deux niveaux et décoré avec un certain faste : rideaux bleu royal, éclairages étudiés, ameublement désign. Fréquenté par la belle jeunesse de Lisbonne, ce grand bar semble avoir du mal à faire le plein cependant. Le volume sonore de la musique, originale et intéressante, y est modéré, ce qui n'est pas pour déplaire.

Le bar **Tattoo** *(lun-sam 20h à 2h; Rua de São Marçal n° 15, sonnez pour entrer)* est une bonne adresse pour les individus appréciant une clientèle mûre.

Le **Trumps** *(droit d'entrée 1 000 ESC, consommation incluse; mar-dim 23h à 4h; Rua da Imprensa Nacional n° 104 B)* est une grande discothèque gay, également fréquentée par les hétéros. On s'y amuse ferme, surtout à partir de 1 h. Ambiance bon enfant avec quelques extravagances çà et là, comme ses spectacles tous les dimanches et les mercredis à 2h30.

Établi au rez-de-chaussée d'un bel immeuble, le petit bar **Agua no Bico** *(tlj 21h à 2h; Rua de São Marçal n° 170, sonnez pour entrer)*, aux murs chamarrés, est un lieu bien agréable pour rencontrer l'âme sœur ou tout simplement pour prendre un verre à son grand comptoir marbré. Comme dans beaucoup d'endroits, on regrette la présence d'un écran géant, monopolisant l'attention et freinant ainsi la communication entre les clients.

Localisé un peu à l'écart du Bairro Alto, le bar-discothèque **Finalmente** *(tlj 23h à 6h; Rua da Palmeira nº 38, sonnez pour entrer)* accueille une clientèle de lesbiennes et d'hommes gays dans une modeste salle au décor kitch munie d'une petite scène. Chaque nuit, dès 2h30, des travestis s'y produisent, représentation particulièrement appréciée d'un public enthousiaste et nombreux. À voir!

Aménagé au sous-sol d'un petit immeuble, le bar-discothèque **Memorial** *(droit d'entrée; mar-sam 22h à 3h30, dim 16h30 à 20h30; Rua Gustavo de Matos Sequeira nº 42, sonnez pour entrer)* s'adresse surtout à une clientèle lesbienne. Dans un décor de cave voûtée, une clientèle jeune (20-35 ans) s'y défoule «gaiement» au rythme d'une musique hétéroclite; sons brésiliens, disco portugaise et cadence *dance*.

 CIRCUIT E : LE RATO ET AMOREIRAS

Localisée au sous-sol d'un restaurant cap-verdien, la discothèque **Pillon II** *(droit d'entrée 2 000 ESC; incluant 2 boissons; mer-dim 23h à 4h; Rua do Sol ao Rato nº 71 A)* vous fera découvrir la musique africaine, et notamment la cap-verdienne. Dans un décor proche du kitch, divers musiciens s'y produisent tandis qu'un public «des plus respectables» s'en donne à cœur joie sur des rythmes tropicaux. Tenue correcte exigée.

 CIRCUIT G : RESTAURADORES ET LIBERDADE

Bars et discothèques

Si le jazz vous tente, ne manquez pas de vous rendre au **Hot Clube de Portugal** *(droit d'entrée; mar-sam 22h à 2h; Praça da Alegria nº 39, ☎ 346 73 69 ou www.isa.utl.pt/HCP/informations.html)*, un endroit apprécié des amoureux de ce genre de musique. Dans une petite salle au décor dépouillé, localisée au sous-sol d'un immeuble, divers concerts sont présentés du jeudi au samedi, de 23h à 0 h30. Le mardi et le mercredi, des soirées d'improvisation musicale (jam-session) sont organisées, l'entrée étant alors libre.

CIRCUIT H : SANTA CATARINA ET CAIS DO SODRÉ

Bars et discothèques

Ó Gilín's Irish Pub *(tlj 11h à 2h; Rua dos Remolares nᵒˢ 8-10, Cais do Sodré)*. Vous l'aurez compris, cet établissement est le lieux de rendez-vous où se rencontrent les amoureux de la bière et de la langue de Shakespeare. Les fins de semaine, vous pourrez y entendre de la *música ao vivo* dans une ambiance particulièrement animée, la bière y coulant à flots. Diverses spécialités irlandaises y sont servies, mais, pour bénéficier d'une table les fins de semaine, vous devrez vous y prendre de bonne heure, l'endroit étant alors particulièrement fréquenté. Un brunch irlandais est également proposé le dimanche à partir de 11h. Sympa et sans prétention.

Sur la rue même où circule l'amusant *elevador da bica*, vous trouverez le **WIP** (Work in Progress) *(mer-dim 14h à 2h; Rua da Bica de Duarte Belo nᵒˢ 47-49, Santa Catarina)*, un concept des plus originaux. En effet, voilà un établissement qui est à la fois bar, salon de coiffure et boutique de vêtements, rien de moins! Dans un décor «futuriste», vous pourrez vous désaltérer tout en vous faisant coiffer ou en magasinant. Sympathique et sans prétention.

CIRCUIT I : ESTRÊLA ET LAPA

Fado

Senhor Vinho *(lun-sam 20h30 à 3h30; Rua do Meio à Lapa nᵒ 18, ☎ 397 26 81)*. Restaurant où la patronne, Maria da Fé, chante du fado dans la plus pure tradition portugaise. Assez cher, mais inoubliable. Réservation conseillée.

Bars et discothèques

Pour débuter la soirée, le **Café Santos** *(tlj 21h30 à 2h; Rua de Santos-o-Velho nos 2-4)* constitue un lieu très agréable. Les fins de semaine, entre 10h et minuit, une jeune clientèle s'y donne rendez-vous afin d'y prendre le premier verre de la soirée. Ainsi, débordant sur le trottoir, les discussions entre consommateurs, le verre à la main, y vont bon train dans une ambiance des plus décontractées. Quant à l'aménagement des lieux, jolis meubles au désign scandinave, plancher de marbre et petites tables avec chandelles forment l'essentiel de la décoration. Une adresse agréable pour débuter la soirée.

Le **Foxtrot** *(tlj 18h à 2h; Travessa de Santa Teresa nº 28, ☎ 395 26 97)*, avec sa terrasse intérieure et sa décoration cossue, est un endroit bien plaisant pour terminer ou débuter la soirée. L'établissement comporte plusieurs salles, dont une avec divers jeux tels que flippers, snookers, etc. Possibilité de se restaurer sur place (voir p 257).

Autre lieu de rendez-vous en «début de soirée» (la soirée débutant ici à 22h), le bar **Pérola** *(mar-dim 22h à 2h; Calçada Ribeiro Santos nº 25)* est apprécié pour sa localisation idéale, à proximité de deux célèbres discothèques, le Kremlin et le Plateau. Ainsi, devant son petit comptoir décoré intentionnellement de créations kitch, une jeune clientèle se donne rendez-vous, dans l'attente d'une soirée des plus mouvementées. Une petit salle à l'arrière, ornée de bandes dessinées et munie de quelques tables, accueille ceux qui ont un petit creux à l'estomac. Divers *petiscos* ainsi qu'un plat du jour y sont proposés à partir de 22h, du moins si le cuisinier arrive à l'heure (ce qui n'est pas évident à cet endroit, semble-t-il)!

Si vous appréciez la *música ao vivo*, rendez-vous en fin de semaine au bar **Até Qu'Enfim** *(tlj 22h à 2h; Rua das Janelas Verdes nº 8)*, où, assis dans un sofa ou accoudé au bar, vous pourrez vous désaltérer tout en écoutant de la musique rock un peu rétro.

Autre lieu de sortie dans cette portion de la Rua das Janelas Verdes décidément très animée, le ΛΚΛΔΣ ΠΥΚΦS **(AKADE NYKOS)** *(Rua das Janelas Verdes nº 2)* est également un établissement agréable pour débuter la soirée. Avec ses belles portes rouges et son aménagement intérieur invitant, où se mêlent harmonieusement arches de pierre anciennes et mobilier moderne, cet endroit sera apprécié des habitués de musique assourdissante.

C'est sur des rythmes africains que vous pourrez vous «déhancher» au **A Lontra** *(droit d'entrée 2 000 ESC, incluant 4 boissons; tlj 23h à 4h; Rua de São Bento n° 157)*, l'une des discothèques africaines les plus connues de Lisbonne. Une clientèle chic et aisée fréquente les lieux, et vous devrez donc vous y présenter en tenue «correcte», le portefeuille bien garni, de préférence!

Pour débuter ou terminer la soirée, le bistro **A Última Ceia** *(mar-dim 20h30 à 4h; Avenida 24 de Julho n° 96)*, aménagé dans une belle demeure blottie au fond d'une cour verdoyante, mérite le déplacement. Tandis qu'au rez-de-chaussée on consomme de nombreux cocktails (boisson décidément très en vogue à Lisbonne), à l'étage, la maison propose des plats simples à grignoter. *Pesticos* ou salade pour 600 ESC. Malgré une musique plutôt bruyante, l'endroit est agréable. Personnel sympathique.

Les personnes en quête de longues nuits animées se rendront au **Café Central** *(tlj 22h à 4h; Avenida 24 de Julho n°s 110-112)*, où, après s'être réchauffées avec un des nombreux cocktails (assez chers) de la maison, elles poursuivront la soirée à la discothèque **Metalúrgica**, située juste à côté. Le bar ainsi que la discothèque méritent le coup d'œil pour leur très beau décor réalisé par l'architecte Manuel Graça Dias, créateur du pavillon portugais à l'Exposition universelle de Séville. Clientèle estudiantine.

Kapital *(tlj 22h30 à 4h, ven-sam jusqu'à 6h; Avenida 24 de Julho n° 68)*. Répartie sur deux étages, cette grande discothèque attire une foule amoureuse de la musique rock et techno. Dans un décor désign des plus froids, vous pourrez consommer une boisson à son bar situé à l'étage, tandis qu'au rez-de-chaussée une jeunesse hétéroclite se défoule au son des décibels qui dépassent tout entendement! Attendez-vous à une entrée sélective et à une soirée particulièrement coûteuse, toutes les boissons étant à 1 000 ESC (et la maison n'accepte pas les cartes de crédit!). Surtout intéressant si l'on aime être là où tout le monde prétend qu'il faut être!

Avec l'Alcântara Mar, le **Kremlin** *(mar-jeu 24 h à 6 h, ven-sam minuit à 8 h; Escadinhas da Praia nº 5)* fut l'une des premières discothèques de la capitale à rester ouverte jusqu'aux petites heures du matin. Dans un sous-sol où de grandes voûtes forment l'essentiel de la décoration, vous pourrez y danser sur de la musique techno, dance ou house, à condition toutefois de pouvoir franchir le très sélectif «poste d'entrée» sévèrement gardé! Kremlin oblige!

Dans le palmarès des discothèques branchées de la capitale, **Le Plateau** *(mar-sam minuit à 6h; Escadinhas da Praia nº 7)* se situe en bonne position. Une fois de plus, la décoration vaut la visite. Des colonnes coniques renversées auxquelles on a accroché des cierges allumés, des miroirs, des dorures et des candélabres forment le cadre des lieux. Les décorateurs lisbonnins semblent décidément beaucoup s'inspirer des fastes du baroque. Une grande carte du monde ancien est placardée sur un des murs, renforçant ainsi encore l'impression de «discothèque de salon». Le Plateau se distingue surtout par son public aisé, où se mêlent par-ci par-là gens d'affaires d'âge mûr et jeunes loups à la recherche d'une proie. Tenue correcte conseillée! Les jours convoités *(ven-sam-dim)*, afin de faciliter votre entrée, n'hésitez pas à parler français, langue qui semble ouvrir beaucoup de portes ici. Musique variée les fins de semaine et rock les jeudis.

 | CIRCUIT J : ALCÂNTARA, SANTO AMARO ET BELÉM

Bars et discothèques

Alcântara

Faisant partie d'un véritable complexe regroupant restaurant, bar et galerie d'art (voir p 261), la discothèque **Alcântara-Mar** *(mer-dim 23h30 jusqu'à... épuisement; Rua Maria Luísa Holstein nº 15, anciennement Rua Primeira Particular, ☎ 363 71 76)* comporte curieusement trois entrées. Une par l'intermédiaire d'une passerelle située dans le restaurant Alcântara-Café (surtout pour les clients du restaurant), une autre sur la Rua Maria Luísa Holstein (pour les «invités» et «amis») et, finalement, celle pour le commun des mortels sur la Rua Cozinha Económica *(droit d'entrée 1 000 ESC)*. Comme l'endroit est très couru et qu'une sélection s'y effectue très rapidement, nous vous conseillons d'arriver assez tôt et de ne pas hésiter à parler français pour faciliter votre entrée. Une fois à l'intérieur, il y a fort à parier que vous serez surpris par le décor, l'imagination étant fertile ici. Lors de notre passage, lustres de cristal, grands miroirs et colonnes à dorures formaient le cadre des lieux. Excepté les mercredis «soirée rétro», la musique est pour l'essentiel de type techno. Quant à la clientèle, branchés, gays, BCBG et snobs s'y retrouvent avec la seule intention de s'y défouler jusqu'au petit déjeuner.

Grande concurrente de sa voisine (l'Alcântara-Mar), la **Discoteca Benzina** *(mar-dim jusqu'à 4h; Travessa Teixeira Júnior n° 6)* est une gigantesque discothèque réputée pour sa musique techno. Une jeunesse bigarrée s'y déhanche jusqu'à 4h du matin, heure à laquelle les irréductibles s'en vont rejoindre l'Alcântara pour débuter la matinée. Soirées «hippies» les mardis, et musique des années soixante-dix les mercredis. Beaucoup de monde; donc arrivez dès l'ouverture *(23h30)* pour éviter la longue file d'attente.

Toujours dans les parages, la **Discoteca Rock Line** *(tlj jusqu'à 6h; Rua das Fontainhas n° 86)* accueille, quant à elle, une faune nettement plus jeune et moins à la mode. Au Portugal, les jeunes de 16 ans sont admis dans les discothèques. Comme son nom l'indique, on y fait jouer de la musique rock évidemment!

Au Doca de Alcântara, quatre «bars-discothèques» *(lun-sam 20h30 à 6h)* se succèdent dans les anciens entrepôts du port, juste au sud-est du viaduc de l'Avenida Infante Santo, qui traverse l'Avenida Vinte Quatro de Julho devant le Doca de Alcântara. Ces quatre établissements représentent une très belle réussite de restauration du patrimoine urbain et permettent de profiter de la proximité du romantique Tage au cœur du centre-ville.

Le **Kings and Queens** a attiré dès son ouverture, peut-être par l'ambiguïté de son nom, une clientèle jeune, moderne et de toutes tendances sexuelles. Malgré son grand espace, chandeliers, miroirs, rosaces et autres artifices empruntés au baroque y créent une atmosphère chaude et riche. Un superbe lustre Art déco vient troubler les références historiques, de même que la musique techno, les danseurs à moitié nus sur les haut-parleurs et les spectacles de travestis occasionnels. Terrasse pour les débuts de soirée.

Son voisin, beaucoup plus petit, l'**Indochina**, attire, dans son très beau décor aux références asiatiques avec ses murs et plafonds laqués de rouge, ses lampes chinoises, ses lattes de bois et ses bouddhas, une clientèle *bacalhau*, la simplicité quoi! Idéal pour ces soirs où l'on n'a pas l'humeur à poser mais plutôt l'envie de s'amuser. Car on s'éclate ferme ici, au son exotique de *All my love* version flamenco ou au rythme des enchaînements de tubes espagnols. On peut observer la scène soit perché sur la mezzanine ou tout simplement assis à une table sur de confortables tabourets. Pour ceux qui aiment la variété, rendez-vous à cet endroit le jeudi pour la soirée *vintage music*. Musique classique, soul, *jungle*, latino et afro s'y succèdent alors dans un enchaînement presque parfait!

Chacun ayant sa propre clientèle, le **Blues Café** attire quant à lui les jeunes cadres aux idées conventionnelles. Grand pub aux parois de verre qui donnent sur le Tage, il a fière allure avec ses murs de brique, ses plafonds et planchers au bois foncé et son billard. Pour appareiller clientèle et décor, on joue de la musique commerciale, et l'on hachure l'éclairage au stroboscope de temps à autre.

N'oublions pas que nous sommes dans le port. Pourquoi ne pas prendre le large au **Dock's Club**, avec son décor maritime de bastingages, de métal, de bois blond et de ventilateurs de l'époque des colonies? À l'étage : délicieux fauteuils aux motifs de léopard d'Angola et palmiers cap-verdiens. Les petites lampes de chaque table tamisent l'éclairage, mais la musique house nous ramène à la réalité des docks!

Santo Amaro

Tout comme pour le Doca de Alcântara, les anciens entrepôts du Doca de Santo Amaro *(devant le Doca de Santo Amaro, au sud-est du viaduc de la Rua de Cascais, qui croise l'Avenida da India et passe au-dessus de la voie ferrée et de l'Avenida Brasilia)* ont également fait l'objet d'une astucieuse restauration. En effet, bars, discothèques, restaurants et magasins se succèdent ici le long d'un quai doté d'un port de plaisance. À la différence de son confrère cependant, la longue succession d'établissements finit par lasser et confère à l'endroit un cachet très commercial et plutôt artificiel. En effet, c'est que la concurrence joue à fond ici, et chaque bar, restaurant et discothèque semble vouloir jouer la carte de l'originalité à tout prix (pas toujours très heureuse cependant) afin d'attirer le plus de clients possible. D'autre part, la musique diffusée à tue-tête par les divers établissements engendre une telle cacophonie que l'endroit ressemble plus à une foire permanente qu'à un lieu de sorties. En longeant ainsi le quai d'ouest en est, vous apercevrez le **Café do Ponte**, un bar muni d'une grande terrasse; le **Santo Amaro Café**, un bar-restaurant où 18 écrans de télévision forment le principal du décor et où la musique latino semble faire des adules; la discothèque **Cosmos**; le très chic (et trop cher) restaurant de cuisine régionale portugaise **Tertulia do Tejo**, pour ceux qui veulent être vus; le bar **7 Mares**, où plusieurs écrans diffusent des émissions sportives et où, les fins de semaine, on peut entendre de la *música ao vivo*; le bar-restaurant-discothèque **Havana**, où salsa, *cumbia* et *merengue* se font entendre. Finalement, aménagé dans un bâtiment légèrement en retrait, le bar-restaurant **Doca de Santo** (le précurseur de l'aménagement des lieux) clôture cette longue liste. De tous les établissements mentionnés ci-dessus, ce dernier est de loin le plus original. En effet, ce bâtiment tout en longueur comporte de part et d'autre d'immenses fenêtres à côté desquelles on a disposé de petites tables, tandis qu'un très long comptoir moderne en forme de *V* monopolise toute la partie centrale. Deux terrasses, dont une couverte, complètent agréablement cette architecture aux lignes épurées et d'allure aérienne. Seul fausse note, la présence des palmiers, qui, à cet endroit, détonne quelque peu avec l'environnement.

Belém

Cais da Princesa *(en été, tlj jusqu'à 2h; Cais da Princesa, près de la Tour de Belém,* ☎ *387 14 30)*. Dans ce bateau arrimé et transformé en bar de nuit, il est plaisant de prendre un délicieux cocktail, soit sur le pont transformé en terrasse, soit à l'intérieur dans un décor on ne peut plus marin. Vue romantique.

CIRCUIT L : D'ESTORIL À CASCAIS

Bars et discothèques

Estoril

Danse Pub Alô Alô *(tlj 22h à 4h; Beco Esconso)*. Tables de billard, piste de danse et *música ao vivo* tous les vendredis, voilà de quoi satisfaire les noctambules. Au cas où vous auriez une fringale, la maison sert également de la cuisine légère.

CIRCUIT M : DE QUELUZ À SINTRA

Bars et discothèques

Queluz

Património Bar *(droit d'entrée 1 000 ESC; Avenida da República nos 4-8)*. Ce modeste bar sans prétention a surtout l'avantage d'être localisé tout proche de la magnifique Pousada Dona Maria I. *Música ao vivo* les fins de semaine sur fond de rythmes brésiliens.

Sintra

Situé tout à côté d'une superbe fontaine, dans un joli coin de la ville, le **Bar Fonte da Pipa** *(16h à minuit; Rua Fonte da Pipa nos 11-13)* constitue un endroit agréable pour prendre un verre. Dans un décor vieillot où les boiseries sont omniprésentes, vous pourrez consommer une rafraîchissante bière tout en étant assis confortablement sur des banquettes coussinées.

Le sympathique personnel du **Bistrobar Opera Prima** *($; 9h à minuit; Rua Consiglieri Pedroso no 2 A)* vous accueille dans un établissement où murs de pierre et couleurs chaudes forment un cadre propice à une soirée en tête-à-tête. Un lieu agréable et raffiné à ne pas manquer!

ns la Serra de Sintra, le Castelo dos Mouros résiste toujours à l'envahisseur. - T.B.

L'Aqueduto das Águas Livres alimentait jadis divers quartiers de Lisbonne. - C.M. de Lis

Le Palácio Nacional de Sintra, résidence royale d'été aux allures mauresques. - T.

CIRCUIT N : SETÚBAL ET SES ENVIRONS

Bars et discothèques

Setúbal

Bar Iguana *(Rua Pereira Cão nº 44)*. Petit bar sympathique. Musiciens tous les vendredis à partir de 22h.

Disco Fabrica *(sur la N10-4 en direction ouest, 300 m après la fin de l'Avenida Luísa Todi)*. Cette grande discothèque aménagée dans une ancienne usine ravira les oiseaux de nuit qui pourront s'en donner à cœur joie et, les fins de semaine, danser jusqu'aux petites heures du matin.

Une salle avec voûtes de brique ayant pour seule décoration de beaux lustres en fer forgé et des murs de pierre mis à nu, voilà ce qui vous attend au **Conventual** *(18h à 2h; Travessa da Anunciada nº 10)*. Ce bar, assurément l'un des plus élégants de Setúbal, se veut également l'un des plus originaux : exposition d'œuvres d'art et concerts y sont en effet régulièrement présentés.

ACTIVITÉS CULTURELLES

L'année 1994, célébrant Lisbonne comme «Capitale culturelle européenne», fut intense en activités culturelles en tout genre et a suscité de nombreuses initiatives dans le domaine artistique. Ce dynamisme s'est prolongé jusqu'à ce jour, veille de l'EXPO 98, année qui s'annonce aussi particulièrement riche sur le plan culturel. À l'instar d'autres capitales, Lisbonne possède d'excellentes salles de spectacle, et les possibilités de divertissements y sont donc nombreuses à condition toutefois de comprendre suffisamment la langue portugaise.

Compte tenu du grand nombre d'activités proposées chaque mois, nous vous invitons à consulter les actualités culturelles des diverses publications répertoriées ci-dessous. Elles vous renseigneront d'une manière détaillée sur les programmes en cours, les horaires ainsi que les tarifs. Vous trouverez également ci-dessous les coordonnées de quelques lieux de divertissements ainsi que de diverses associations et autres sources d'information.

Associations

Alliance Française
Rua Braancamp n° 13 (1er et 2e étages)
Métro Rotunda
☎ 315 88 10
≈ 352 44 71

ou

Avenida Luís Bivar n° 91, 2e étage
Métro Saldanha
☎ 315 88 06
≈ 315 79 50

Actualités culturelles

Agenda Cultural
Mensuel d'information culturelle de la municipalité de Lisbonne. Disponible gratuitement dans la plupart des établissements culturels ou touristiques (librairies, hôtels, bistros) ou au siège, Rua de São Pedro de Alcântara 3.
Internet : portugal.hpv.pt/lisboa/agenda

Sete
Hebdomadaire d'information sur tout ce qui bouge à Lisbonne (cinémas, théâtres, opéras, concerts, vie nocturne, etc.). En vente dans la plupart des kiosques à journaux.

Diário de Notícias
Ce quotidien à grand tirage publie tous les vendredis un cahier spécial intitulé «Programas», décrivant toutes les activités culturelles organisées à Lisbonne.
Internet : www.dn.pt

Público
Autre grand quotidien dans lequel vous trouverez tous les vendredis le «Zap», un cahier dédié aux animations culturelles à Lisbonne.
Internet : www.publico.pt

JL Jornal de Letras, Artes e Ideias
Un journal particulièrement intéressant consacré aux arts et aux lettres *(320 ESC, parution toutes les deux semaines)*.

Paginas de Lisboa www.eunet.pt/Lisboa
Site Internet d'information sur les activités culturelles dans la capitale.

Cinémas

La plupart des films sont présentés en version originale soustitrée en portugais. Quelques adresses :

Cinemateca Portuguesa *(Rua Barata Salgueiro n° 39,* ☎ *354 65 29)*. Cinéma-musée; rétrospectives, dont parfois des films en langue française.

Cinema São Jorge *(Avenida da Liberdade n° 175)*

Cinema Tivoli *(Avenida da Liberdade n° 188)*

Radio

Les auditeurs francophones ne manqueront pas d'écouter la radio **Paris-Lisbonne** *(fréquence 90,4 FM)*, qui diffuse des informations et de la musique tour à tour en français et en portugais.

Théâtres, concerts et spectacles

Parmi les endroits les fréquentés de la capitale, le **Coliseu dos Recreios** *(situé entre la Travessa Santo Antão et la Rua dos Condes, du côté droit en remontant la rue vers le nord,* ☎ *346 19 97)*, avec son immense salle de spectacle, présente régulièrement de nombreux concerts (classiques et modernes), opéras, pièces de théâtre, etc.

Autre lieu particulièrement animé : le **Parque Mayer** *(à l'entrée de la Travessa do Salitre, à proximité de l'Avenida da Liberdade)*, où sont concentrées plusieurs théâtres, dont l'**ABC** *(☎ 343 01 03)* et le **Maria Vitória** *(☎ 346 17 40)*, présentant pour la plupart des comédies de vaudeville et des spectacles de variétés, en portugais évidemment.

Pour ceux qui préfèrent les grands classiques du théâtre et de l'opéra, le **Teatro Nacional Dona Maria II** *(Praça Dom Pedro IV, ☎ 342 22 10)* et le **Teatro Nacional São Carlos** *(Rua Serpa Pinto n° 7, ☎ 346 59 14, 795 02 36 ou 793 51 31)* sont tout indiqués à condition d'être lusophone. Quant au **Grande Auditório Gulbenkian** *(Avenida de Berna n° 45, ☎ 793 51 31)*, sa réputation n'est plus à faire en matière de concerts. Aussi, tout au long de l'année, vous pourrez également profiter des nombreux concerts gratuits présentés dans certaines églises telles que la Sé, l'Igreja São Roque, etc.

Enfin, dernier-né des grands complexes à vocation culturelle : le **Centro Cultural de Belém** *(Praça do Império n° 1, ☎361 24 00)*, un immense édifice moderne sans âme, construit avec l'appui généreux de la Communauté économique européenne. Conférences, spectacles, concerts et expositions temporaires y sont régulièrement organisés.

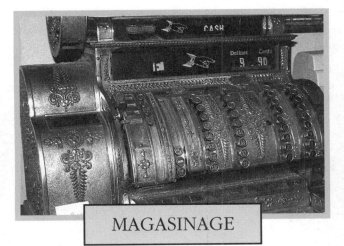

MAGASINAGE

Comme dans la plupart des grandes métropoles européennes, on retrouve à Lisbonne tous les grands noms du commerce de détail. Tandis que les amateurs de lèche-vitrine flâneront surtout dans les quartiers de la Baixa et du Chiado, les curieux de boutiques spécialisées se promèneront dans le Bairro Alto à la recherche de quelques trouvailles. Quant aux friands de centres commerciaux, ils seront satisfaits de découvrir le centre Amoreiras, aux lignes futuristes.

Les heures d'ouverture des magasins sont généralement de 9h à 13h et de 15h à 19h du lundi au vendredi, et de 9h à 13h le samedi. Les centres commerciaux restent ouverts toute la journée, six jours par semaine, soit du lundi au samedi.

CIRCUIT A : LE QUARTIER DU ROSSIO ET LA BAIXA

La Baixa est devenue le *bairro* commercial par excellence. Un grand nombre de boutiques sont en effet situées dans ce rectangle délimité de part et d'autre par la Rua Aurea (aussi appelée Rua do Ouro) et la Rua dos Fanqueiros. Parmi les nombreuses rues qui sillonnent cette zone, la plus agréable est assurément la Rua Augusta. En plus d'être piétonnière et de proposer les dernières boutiques à la mode (surtout de vêtements et d'articles de cuir), elle offre une belle perspective sur l'Arco da Vitória. Seul inconvénient, étant une artère très fréquentée par les touristes, les prix y sont nettement plus élevés qu'ailleurs. Pour des achats à prix raisonnable, choisissez plutôt le quartier Restauradores, le Bairro Alto ou le quartier du Rato.

Alimentation

Celeiro Dieta *(lun-ven 8h30 à 20h, sam 8h30 à 19h; Rua 1 de Dezembro n° 65)*. Aliments, produits macrobiotiques et livres sur le végétarisme. À ne pas confondre avec le **Super Celeiro** «classique» *(lun-ven 8h30 à 20h, sam 9h à 18h; angle Rua 1 de Dezembro et Calçada do Carmo)*, localisé sur la même rue et qui, pour sa part, propose un grand choix d'aliments : des pâtes à la charcuterie en passant par les fromages et les légumes.

Installé à l'étage d'un supermarché, le restaurant libre-service végétarien **Yin-Yan** *(lun-ven 10h à 20h30; Rua dos Correeiros n° 14, 1er étage, ☎ 342 65 51)* abrite une petite épicerie aménagée dans un joli cadre ancien. Vous y trouverez une large sélection de céréales, dont du muesli, ainsi que des pâtes, plusieurs sortes de lentilles et même de la bière biologique.

Si vous appréciez particulièrement les épiceries fines, ne manquez pas le «Fauchon lisbonnin», soit la boutique **Tavares** *(Rua da Betesga nos 1 A et 1 B)*. Fruits secs, délicieuses confitures maison, charcuterie fine, vins, portos et bien d'autres choses encore. Cher, mais comment résister?

Véritable petite merveille qu'est la **Manteigaria Silva** *(lun-ven 9h à 19h, sam 9h à 13h; Rua Dom Antão de Almada nos 1 C-1 D)*! Àprès avoir franchi la porte de cette modeste fromagerie charcuterie, le visiteur ne pourra s'empêcher d'avoir l'eau à la bouche, et il est pratiquement impossible que celui-ci en ressorte sans un appétit renforcé! En effet, brillantes d'arrogance dans leur voluptueuse huile, les olives noires et vertes y semblent lancer un véritable défi au palais tandis qu'un tapis de fromages suaves invite à fléchir. Que dire de plus sur ces lieux de tentations, si ce n'est de s'y rendre dès que possible! Bon et pas cher.

Localisée du côté est de la Praça da Figueira, l'épicerie **Mercado da Figueira** *(lun-ven 8 h 30 à 20 h, sam 8h30 à 19h; Praça da Figueira n° 10)* est un bon endroit où acheter des victuailles à prix économique.

Antiquités

O Dobrão *(lun-ven 10h à 18h30; Rua de São Nicolau n° 113, ☎ 346 99 50)*. Cette sympathique bijouterie, située sur un coin de rue, propose un très beau choix de bijoux anciens ainsi que de petits bibelots à des prix relativement raisonnables. Amoureux de montres anciennes et de petites antiquités, n'hésitez pas à y faire un saut, ne fût-ce que pour le plaisir des yeux!

Musique

Valentim de Carvalho *(lun-ven 10h à 20h30, sam 10h à 20h, dim 10h à 19h; Praça Dom Pedro IV n° 58)*. Que ce soit pour un disque compact, pour un magazine ou encore pour le dernier roman paru, vous trouverez tout ce dont vous avez besoin dans cet endroit agréable où l'on vous sert avec le sourire. De nombreux ouvrages y sont également disponibles en français.

Discoteca Amália *(sam jusqu'à 19h30; Rua Aurea n° 272, aussi appelée Rua do Ouro)* : bon choix de musique portugaise et brésilienne.

 CIRCUIT B : LE CASTELO ET L'ALFAMA

Alimentation

Conserveira da Lisboa *(Rua dos Bacalhoeiros n° 34)*. Boîtes de sardines, boîtes de saumons, boîtes de thons, boîtes de calmars, boîtes d'anguilles, boîtes de moules, boîtes de crevettes... Imaginez des centaines de boîtes de conserve empilées les unes sur les autres dans un décor de boutique de fin de siècle. Voilà de quoi accompagner un pique-nique à bon compte. Amusant!

Artisanat

Espace Oikos *(10h à 12h et 14h à 17h; Rua Augusto Rosa nº 40)*. Très beau centre multiculturel aménagé à l'intérieur d'anciennes écuries où vous pourrez vous procurer de très beaux objets (bijoux, masques, tissus, disques, etc.) en provenance des pays en voie de développement. Prix raisonnables.

 ## CIRCUIT C : GRAÇA ET L'EST DE LISBONNE

Antiquités et brocantes

Si vous êtes amateur d'objets et de bibelots anciens, ne manquez pas de vous rendre au **Campo Santa Clara** lors de votre visite au Panthéon national. Vous y trouverez divers brocanteurs établis tout autour d'un amusant marché couvert, au centre même de la petite place. Avec un peu de patience, vous y dénicherez peut-être l'aubaine du siècle!

Azulejos

Amoureux d'azulejos anciens, rendez-vous à la boutique du **Museu Nacional do Azulejo** *(mar 14h à 18h, mer-dim 10h à 18h; Rua da Madre de Deus nº 4, ☎ 814 77 47)*, où, vous pourrez acheter diverses reproductions d'œuvres exposées au musée, et ce à des prix très abordables *(azulejos à 2 000 ESC et plus)*. Des magazines et des livres sur les azulejos y sont aussi disponibles.

Marché

Feira da Ladra *(mer et sam 7h à 18h; Campo de Santa Clara; de la Praça do Comércio, bus 39A, arrêt Estação Santa Apolónia; du Rossio, bus 46, arrêt Estação Santa Apolónia; de Marquês de Pombal, bus 12, arrêt Campo Santa Clara)* : grand marché aux puces.

CIRCUIT D : LE CHIADO
ET LE BAIRRO ALTO

Haut lieu du magasinage avant le terrible incendie du quartier
en 1988, la Rua do Carmo et la Rua Garrett étaient l'«épine
dorsale» du Chiado. Bien que ce secteur soit encore
partiellement en chantier, il est agréable de s'y promener pour
admirer les quelques boutiques qui ont survécu. En général chic
et chères. Parmi les curiosités du quartier, remarquez au
passage, sur la Rua do Carmo, la minuscule et élégante ganterie
Luvaria Ulisses *(n° 87 A)*. Probablement la plus petite ganterie
d'Europe, mais où le choix est grand. Aussi, sur la Rua Garrett,
au n°s 50-52, l'orfèvrerie **Aliança**, pour son intérieur richement
décoré.

Artisanat

Si vous aimez les produits artisanaux de qualité, ne manquez
pas de visiter la discrète boutique **País em Lisboa** *(lun-ven 12h
à 19h, sam 14h30 à 19h; Rua do Teixeira n° 25, ☎ 342 09 11)*.
Dans un joli décor où murs et voûtes de pierre rafraîchissent les
lieux, bijoux, bibelots, peintures et vêtements provenant de
diverses régions du Portugal sont exposés ici pour le plus grand
plaisir des yeux. Les objets qui y ont été sélectionnés sont de
qualité supérieure, et la charmante propriétaire des lieux se fera
un plaisir de vous les montrer.

Azulejos

De nombreux azulejos de toutes formes et de toutes couleurs
vous attendent à la **Fabrica Sant'Anna** *(Rua do Alecrim n° 95)*,
maison bicentenaire connue de tous les Lisbonnins.

Amateur d'azulejos anciens, la boutique **Solar** *(Rua Dom
Pedro V n°s 68-70)* est l'endroit à ne pas manquer. Grand choix.

Quel que soit le motif que vous recherchez, vous trouverez
dans la boutique **Viúva Lamego** *(lun-ven 9h à 13h et 15h à
19h, sam 9h à 13h; Calçada do Sacramento n° 29,
☎ 346 96 92)* un vaste choix de styles et de coloris qui font la

renommée de cette fabrique d'azulejos établie dans la région de Sintra (voir aussi p 304). Très cher mais très beau!

Décoration et bibelots

Pour de très beaux tissus de Provence (assez chers cependant), rendez-vous à la boutique **Soleiado** *(Largo do Carmo nº 2)*, située devant la jolie Praça do Carmo, qui, à elle seule, mérite le déplacement.

Les personnes en mal d'exotisme pourront visiter la très belle boutique **De Natura** *(Rua da Rosa nº 162 A, ☎ 346 60 81)*, qui propose de très beaux objets de décoration en provenance d'Afrique et d'Asie. La variété des objets ainsi que le décor dans lequel ils sont placés offrent déjà une véritable évasion en soi. Prix relativement chers cependant.

Dans la **Boutique Dirk Otto Hendrik Oudman** *(Rua do Século nº 4 C)*, vous trouverez aussi bien des objets de décoration que des articles utilitaires au désign intéressant.

Spera *(lun-ven 14h à 21h, sam 17h à 21h; Rua da Atalaia nº 64 A)*. Tapis, bibelots et petits meubles d'Afrique sont à l'honneur dans cette boutique qui puise ses trouvailles à la source du berceau de l'humanité. Beau et cher!

Librairies et papeteries

Livraria Bertrand *(Rua Garrett nº 73)*. Presse internationale et bonne sélection de livres en langue portugaise et française. Aussi au centre commercial Amoreiras.

A Bibliófila *(Rua da Misericórdia nº 102)*. Intéressante librairie portugaise un peu vieillotte où l'on trouve de nombreux livres d'art et d'histoire ainsi que des gravures antiques que la maison peut même encadrer.

Livraria Britânica *(lun-ven 9h30 à 19h, sam 9h30 à 13h; Rua de São Marcal nº 168 A)*. Une librairie anglophone très complète.

Marché

Mercado do Bairro Alto *(lun et sam 7h à 14h; angle Rua da Atalaia et Rua Boa Hora)* : marché de quartier (fruits, légumes, etc.).

Mode

Patine *(lun-sam 14h à 24h; Travessa Água da Flor nº 30,* ☎ *347 04 11)*. Sur un fond de musique techno, cette boutique de vêtements propose des créations de jeunes couturiers lisbonnins ainsi que des signatures internationales comme Gaultier, WXLT, EXTÉ, etc. Si vous voulez faire impression lors de vos soirées dans le Bairro Alto, ne manquez pas cet endroit très «in»!

Musique

Pour un bon choix de disques : la **Discoteca do Carmo** *(Rua do Carmo nº 63)* (même propriétaire que la Discoteca Amália, dans la Baixa).

Peintures

Vous trouverez un beau choix d'aquarelles représentant diverses facettes de la ville de Lisbonne à la **Livraria & Galeria Stuart** *(Rua Nova do Almada nºs 20-22,* ☎ *343 21 31)*, et ce pour tous les budgets. Comme son nom l'indique en portugais, des livres sont également disponibles, la majorité d'entre eux étant d'occasion cependant.

CIRCUIT E : LE RATO ET AMOREIRAS

Centres commerciaux

Si à Paris, Londres, Montréal ou Bruxelles vous aimez parcourir les grandes surfaces, le **Centro Commercial Amoreiras Shopping Center** *(du Rossio ou de la Praça dos Restauradores bus 11, arrêt Amoreiras, ou, de la Praça dos Restauradores, empruntez l'Elevador da Glória puis le bus 15, arrêt Amoreiras)*, avec son architecture futuriste, saura vous satisfaire. En raison de ses 200 magasins, ses 10 salles de cinéma, ses 47 restaurants, son supermarché d'alimentation, son centre de conditionnement physique et plusieurs banques, vous pourrez y passer des journées entières.

Décoration et bibelots

Loja Conceicão Vasco Costa *(Rua de Escola Politécnica nº 237)*. Cette très belle boutique, située dans un palais restauré, propose des tissus exclusifs. À côté : boutique de meubles (même propriétaire) également très intéressante.

CIRCUIT F : MARQUÊS DE POMBAL, SALDANHA ET LE NORD DE LISBONNE

Librairies et papeteries

Du roman au guide de voyage en passant par des ouvrages consacrés à l'architecture ou à l'histoire de la ville, tout ce que vous avez toujours voulu savoir sur Lisbonne se trouve à la **Livraria Municipal** *(lun ven 10h à 19h, sam 10h à 13h; Avenida da República nº 21 A, ☎ 353 05 22)*, la librairie officielle de la Câmara Municipal. Amoureux de Lisbonne, ne manquez pas de vous y rendre!

Comme l'annonce la **Librairie Française** *(lun-ven 10h à 19h30, sam 10h à 13h30; Avenida Marquês de Tomar nº 38, ☎ et ⇄ 795 68 66)* sur ses marque-pages : «L'enfer, c'est un endroit sans livre» (E. Wiesel). Tout ce que vous désirez savoir sur la littérature française se trouve ici confiné. Aucun danger donc, à cet endroit, de descente aux enfers! Accueil sympathique et souriant.

CIRCUIT G : RESTAURADORES ET LIBERDADE

Pour des achats à prix très modique, les **Ruas Barros Queiros** et **Dom Duarte** feront la joie des fouineurs. Choix et qualité en rapport avec les prix cependant. Vu la foule qui s'y presse, vigilance et attention y sont grandement conseillées.

Alimentation

Localisé dans le Centro commercial Libercil, le **Super Nobrescolha** *(Avenida da Liberdade nº 20)* n'est pas l'épicerie la plus agréable, mais offre un vaste choix et l'avantage d'être ouverte plus tard que les autres magasins d'alimentation.

Azulejos

Lors de votre exploration du quartier de Graça, ne manquez surtout pas de visiter la merveilleuse boutique **Viúva Lamego** *(lun-ven 9h à 13h et 15h à 19h, sam 9h à 13h; Largo do Intendente Pina Manique nº 25, ☎ 885 24 08)*. En plus d'un grand choix d'azulejos, disponibles dans de nombreux styles et coloris, vous pourrez y admirer son extraordinaire façade, véritable petit chef-d'œuvre, elle aussi entièrement recouverte d'azulejos. Des personnages et des paysages orientaux y sont reproduits, et, à droite du balcon, un amusant petit singe peut y être observé. Fondé en 1849, l'établissement doit sa renommée à la maison mère, la Fábrica Cerâmica Viúva Lamego, établie dans la région de Sintra. Seule petite déconvenue devant tant de raffinement, les prix affichés. Comptez entre 42 400 et 46 400 ESC pour un panneau comprenant 12 azulejos! Mais la beauté a-t-elle vraiment un prix? Voir aussi p 297.

Librairies et papeteries

Ipsilon *(angle Avenida da Liberdade 9 et Calçada da Glória, à côté de la Banque Borges, face à la sortie du métro Restauradores)*. Grand choix de magazines et de journaux importés, notamment de France.

Souvenirs

Mercearia Liberdade *(en été jusqu'à 21 h; Avenida da Liberdade nº 207, près de la Rua Barata Salgueiro)*. Très belle boutique d'artisanat où vous pourrez trouver aussi bien des azulejos que de belles poteries ou de l'excellent porto. Bon choix, prix raisonnables et accueil souriant en français.

 CIRCUIT H : SANTA CATARINA
ET CAIS DO SODRÉ

Librairies et papeteries

Livraria Centro Cultural Brasileiro *(Largo do Dr António de Sousa Macedo nº 5, ☎ 60 87 60)*. Vous l'aurez deviné, c'est surtout la littérature brésilienne qui est à l'honneur ici, dans un joli décor de boiseries.

 CIRCUIT I : ESTRÊLA ET LAPA

Azulejos

Ratton *(lun-ven 10h à 13h et 15h à 19h30; Rua Academia das Ciências nº 2 C, ☎ 346 09 48)*. Des azulejos certes, mais pas n'importe lesquels! En effet, c'est l'art moderne qui prend ici le relais d'une activité vieille de plusieurs siècles en proposant des motifs originaux et de nouvelles compositions. Outre les œuvres exposées dans cette petite galerie, vous pourrez consulter un épais catalogue répertoriant de multiples créations. Évidemment, les artistes ne vivant pas que d'inspiration et d'eau fraîche, attendez-vous tout de même à payer la modeste somme de 82 000 ESC pour un azulejo! Qui a dit que l'art n'a pas de prix?

CIRCUIT J : ALCÂNTARA, SANTO AMARO ET BELÉM

Décoration et bibelots

Les passionnés de la mer et de tout ce qui a trait à la navigation ne manqueront pas d'aller visiter la boutique du **Museu de Marinha** *(été mar-dim 10h à 18h, hiver mar-dim 10h à 17h; Praça do Império, Belém)*, qui, bien qu'assez disparate sur le plan de la décoration, propose de beaux bibelots à des prix très raisonnables. Les collectionneurs de miniatures trouveront ici de magnifiques reproductions de bateaux portugais telles que les typiques *moliceiras* d'Aveiro, les *barcos rabelos* de la vallée du Douro, les *fragatas* du Tage ou encore les célèbres *caravelas*, fleurons de la navigation portugaise. Comptez débourser de 11 100 à 23 000 ESC.

CIRCUIT L : D'ESTORIL À CASCAIS

Centres commerciaux

À l'égal du centre Amoreiras à Lisbonne, le **Cascais Shopping** *(Alcabideche, à 6,8 km du centre de Cascais par la EN9)* n'a rien à envier aux centres commerciaux des grandes capitales européennes. Pas moins de 130 magasins ainsi que sept salles de cinéma vous y attendent, avec votre carte de crédit, de préférence!

CIRCUIT M : DE QUELUZ À SINTRA

Azulejos

Dans la mignonne «boutique-atelier» **Azul Cobalto** *(Calçada de São Pedro nº 38, São Pedro da Sintra)*, vous pourrez acheter des azulejos aux motifs originaux et même, si vous le désirez, faire reproduire votre propre désign sur commande. Ça vaut le coup d'œil!

Décoration et bibelots

À la recherche de beaux tissus ou de bibelots originaux? Faites un saut chez **Ikat Interiores** *(angle Calçada de São Pedro et Rua Dr. Higínio de Sousa, São Pedro da Sintra)*, où une dame sympathique vous montrera ses petites «merveilles».

À voir les superbes objets exposés dans la boutique **A Janela de São Pedro** *(lun-sam; Calçada de São Pedro nº 32, São Pedro da Sintra, ☎ 924 43 97)*, on devine aisément la passion pour l'Afrique qui anime les propriétaires des lieux. Bibelots en pierre ou en bois, masques et tissus, rien n'est banal ici, et le visiteur ne manquera d'admirer l'originalité des sculptures, tant au niveau de la forme que des matériaux utilisés. Assurément la boutique la plus originale de Sintra!

Librairies et papeteries

Entrer dans la petite librairie **Livraria** *(mer-dim 10h à 19h30; Volta do Duche nº 16, Sintra, ☎ 923 19 98)*, c'est un peu comme pénétrer dans une vieille bibliothèque abandonnée où l'odeur mystérieuse des livres semble annoncer l'éminence de la découverte de documents précieux. Empilés sur des tablettes, de nombreux ouvrages sont disponibles ici, du livre d'histoire sur la région de Sintra au roman infortuné, oublié du grand public. Que ceux qui recherchent le dernier best-seller ou simplement une carte de la région se rassurent cependant, la sympathique libraire saura leur dénicher ce qu'ils recherchent, avec le sourire en prime.

Petit guide de prononciation

Pour les francophones, le portugais ne présente pas trop de difficultés : la langue se prononce comme en français, sauf les exceptions que nous énumérons ici. Le portugais et le français sont les deux seules langues latines qui comportent des nasales. Elles sont tout simplement plus accentuées en portugais, un peu comme dans le sud de la France. Ainsi, les syllabes *am, an, em, en, im, in, om, on, um, un* doivent être prononcées en nasalisant plus qu'en français.

Pour les Québécois, la prononciation du portugais sera encore plus facile. Car cette langue chuinte, comme on le fait encore parfois au Québec. De plus, elle comporte des diphtongues, cette fusion de voyelles qui forment presque un seul son, mais où il y a en réalité deux sons, un fort et un faible. Il faut penser à la façon dont certains Montréalais prononcent «garage» (la syllabe du milieu est prononcée **a** ouvert faible puis **a** fermé fort) ou «peur» (un **a** ouvert faible puis un **eu** fort). On a ainsi en portugais les syllabes *oi, ai* et *ui,* qui sont des diphtongues. Il faut prononcer *oï* (**o** fort, **i** faible), *aï* (**a** ouvert fort, **i** faible) et *ulï* (**ou** fort et **i** faible). Mais il y a aussi les diphtongues avec nasales, comme dans le mot *informação.* Presque toujours, vous verrez alors le *ã* suivi d'un *o.* Il faut prononcer «infourmaçaong», où le **a** final est ouvert et très court.

Les nasales fortes, le chuintement et les diphtongues, voilà ce qui déroute souvent les étrangers qui essaient de comprendre le portugais. Pourtant, ces particularités de la langue sont utilisées de façon très systématique, et finalement le portugais a ceci de facile qu'il ne comporte pas d'exception dans sa prononciation. En ce sens, dès que l'on connaît la clé, on peut prononcer tous les mots, ce qui n'est pas le cas de bien d'autres langues, à commencer par le français et l'anglais.

On l'a dit, le portugais se prononce généralement comme le français. On retiendra donc que le *c* et le *g* suivent les mêmes règles qu'en français; les Portugais ont même le **c** cédille *(ç).* Ainsi :

c   devant *a, o, u* est dur. Ainsi *casa* se prononce «kaza».

   devant *i* et *e,* il est doux. Ainsi *cebola* se prononce «sébola».

ç est utilisé bien entendu pour obtenir le **c** doux devant *a, o* ou *u* : *praça* se prononce «prassa».

g devant *a, o, u* est dur. Ainsi *gata* se prononce «gata».

   devant *i* et *e*, il est doux. Ainsi *giro* se prononce «jirou».

Parmi les autres variations importantes par rapport au français :

é se prononce comme un **è**. Ainsi *café* se dit «kafè».

ê se prononce comme un **é**. Ainsi *pêra* se dit «péra».

l quand il est à la fin d'un mot, il se prononce pratiquement comme un **ou** qui s'évanouit. Ainsi *facil* se dit «faciou». *Mal* se dit «maou».

lh comme **lli**; ainsi *olho* se dit «olliou».

nh   comme le **gn** en français. Ainsi *vinho* se dit «vignou».

o à la fin d'un mot, se prononce comme un **ou**. Ainsi *vinho* se dit «vignou».

ou   se prononce comme un **ô**. Ainsi *Douro* se dit «Dôrou».

s à la fin d'un mot, se prononce **ch** comme dans «chuinte». Ainsi *pais* se dit «paich», en allongeant le **ch**.

   devant une consonne forte, il se prononce aussi **ch** comme dans «chuinte». Ainsi *pescador* se dit «pechcadour».

   ailleurs, il se prononce comme en français.

u se prononce **ou**. Ainsi *uma* se dit «ouma».

x en général, se prononce comme un **ch**. Ainsi *baixa* se dit «baïcha».

z à la fin d'un mot, se prononce **ch** comme dans «chuinte». Ainsi, *paz* se dit «pach», en allongeant le **ch**.

   ailleurs, il se prononce comme en français.

LEXIQUE PORTUGAIS-FRANÇAIS

Présentations

bon dia	bonjour (le matin)
como está?	comment allez-vous?
muito bem	je vais bien
boa tarde	bon après-midi ou bonsoir
boa noite	bonne nuit
adeus	au revoir (moyen et long
terme)*até logo*	au revoir (court terme)
sim	oui
não	non
por favor	s'il vous plaît
obrigado (dit par un homme)	merci
obrigada (dit par une femme)	merci
não tem de quê	de rien
desculpe	excusez-moi

estou turista	je suis un(e) touriste
estou quebequês(esa)	je suis québécois(e)
estou canadiano(a)	je suis canadien(ne)
estou belga	je suis belge
estou francês(esa)	je suis français(e)
estou suíço(ça)	je suis suisse

disculpe, no falo português	je suis désolé, je ne parle pas le portugais
fala francês?	parlez-vous français?
mais devagar, por favor	plus lentement s'il vous plaît
como se chama você?	quel est votre nom?
o meu nome é...	mon nom est...

esposo (a)	époux, épouse
irmão/irmã	frère, sœur
amigo (a)	copain, copine
criança	enfant
pai	père
mãe	mère
celibatário (a)	célibataire
casado (a)	marié(e)
divorciado (a)	divorcé(e)
viúvo (a)	veuf(ve)

Direction

para ir a...?	pour se rendre à...?
há um serviço de informação turistica por aqui?	y a-t-il un office de tourisme ici?
no hay...	il n'y a pas...
onde está...?	où se trouve ...?
sempre en frente	tout droit
à direita	à droite
à esquerda	à gauche
ao lado de	à côté de
perto de	près de
aqui	ici
além	là-bas
em	dans, dedans
fora	en dehors
longe de	loin de
entre, no meio de	entre
diante, frente	devant
atrás	derrière

L'argent

câmbio	change
dinheiro	argent
dólares	dollars
francos	francs
não tenho dinheiro	je n'ai pas d'argent
carta de crédito	carte de crédit
cheque de viagem	chèque de voyage
a conta, por favor	l'addition, s'il vous plaît
recibo	reçu

Les achats

aberto (a)	ouvert
cerrado (a)	fermé
quanto custa isto?	combien cela coûte-t-il?
queria	je voudrais
me precisa ...	j'ai besoin de ...
uma loja	un magasin
mercado	marché

vendedor (a)	vendeur, vendeuse
cliente (a)	client, cliente
comprar	acheter
vender	vendre
uma saia	une jupe
uma camisa	une chemise
um par de jeans	un jean
um par de calças	un pantalon
um casaco	une veste
uma blusa	une blouse
uns sapatos	des chaussures
presente	cadeau
artesanato	artisanat
cosméticos e perfumes	cosmétiques et parfums
máquina fotográfica	appareil photo
filme	film, pellicule photographique
pilha	piles
discos, casetas	disques, cassettes
jornal	journal
revistas	revues
mapa	carte géographique
guia	guide (livre)
relógio	montre-bracelet
joía	bijoux
ouro	or
prata	argent
piedras preciosas	pierres précieuses
lã	laine
algodão	coton
cabedal	cuir

Les nombres

0	*zero*
1	*um ou uma*
2	*dos, duas*
3	*três*
4	*quatro*
5	*cinco*

6	*seis*
7	*sete*
8	*oito*
9	*nove*
10	*dez*
11	*onze*
12	*doze*
13	*treze*
14	*catorze*
15	*quinze*
16	*dezasseis*
17	*dezassete*
18	*dezoito*
19	*dezanove*
20	*vinte*
21	*vinte e um*
22	*vinte e dois*
23	*vinte e três*
30	*trinta*
31	*trinta e um*
32	*treinta e dois*
40	*quarenta*
50	*cinquenta*
60	*sessenta*
70	*setenta*
80	*oitenta*
90	*noventa*
100	*cem*
101	*cento e um*
200	*duzentos*
300	*trezentos*
500	*quinhentos*
1 000	*mil*
10 000	*dez mil*
1 000 000	*um milhão*

La température

chuva	pluie
sol	soleil
está calor	il fait chaud
está frio	il fait froid

Le temps

que horas são?	quelle heure est-il?
é... são...	il est
minuto	minute
hora	heure
día	jour
semana	semaine
mês	mois
anho	année
ontem	hier
hoje	aujourd'hui
amanha	demain
de manhã	le matin
tarde	après-midi, soir
noite	nuit
agora	maintenant
o mais depressa possível	le plus rapidement possible
jamais / nunca	jamais
domingo	dimanche
segunda-feira	lundi
terça-feira	mardi
quarta-feira	mercredi
quinta-feira	jeudi
sexta-feira	vendredi
sábado	samedi
janeiro	janvier
fevereiro	février
março	mars
abril	avril
maio	mai
junho	juin
julho	juillet
agosto	août
septembro	septembre
outubro	octobre
novembro	novembre
dezembro	décembre

Les communications

correios, telégrafos	la poste et l'office des télégrammes

estação dos correios	le bureau de poste
correios por avião	courrier par avion
selos	timbres
sobrescrito	enveloppe
uma lista telefónica	un annuaire du téléphone
larga distância	interurbain
chamada pagada	
pelo destinatário	appel à frais virés (PCV)
telecopia	télécopie (fax)
telegrama	télégramme
tarifa	tarif

Les activités

banharse	nager, se baigner
museu	musée ou galerie
praia	plage
passear	se promener
serra	montagne

Les transports

aeropuerto	aéroport
anular	annuler
avião	avion
auto	voiture
trem	train
barco	bateau
bicicleta	bicyclette
autocarro	autobus
estacãon	gare, station
a paragem dos autocarros	l'arrêt d'autobus
avenida	avenue
bairro	quartier
beco	ruelle ou cul-de-sac
calçada	chaussée
rua	rue
seguro	sûr, sans danger
rápido	rapide
passagem de nivel	passage de chemin de fer
bagagem	bagages

esquina	coin
horário	horaire
ida	aller simple
ida e volta	aller-retour
chegada	arrivée
partida	départ
norte	nord
sul	sud
este	est
oeste	ouest

La voiture

alugar	louer
alto	arrêt
auto-estrada	autoroute
cuidado	attention, prenez garde
prohibido ultrapassar	défense de doubler
estacionamento prohibido	défense de stationner
proibido a entrada	interdit d'entrer
pare	arrêtez
peão	piétons
gasolina	essence
reduzir a velocidade	ralentissez
semáforo	feu de circulation
posto de gasolina	station-service
velocidad máxima	limite de vitesse

L'hébergement

água quente	eau chaude
ar condicionado	air conditionné
alojamento	hébergement
elevador	ascenseur
banho	toilette
cama	lit
com banho	avec salle de bain
pequeno almoço	petit déjeuner
casal	double, pour deux personnes
gerente, dono	gérant, patron
quarto	chambre
piscina	piscine
andar	étage

rés-do-chão	rez-de-chaussée
individual (de solteiro)	simple, pour une personne
época alta	haute saison
época média	moyenne saison
época baixa	basse saison
ventilador	ventilateur

Divers

novo	nouveau
velho	vieux
caro	cher
barato	bon marché
belo	beau
feio	laid
grande	grand
pequeno	petit
curto	court
largo	large
estreito	étroit
escuro	foncé
claro	clair
gordo	gros (d'une personne)
delgado	mince, maigre
poco	peu
muito	beaucoup
algo	quelque chose
nada	rien
bom	bon
mau	mauvais
mais	plus
menos	moins
não tocar	ne pas toucher
rápido	rapidement
lento	lentement
quente	chaud
frio	froid
estou doente (doenta)	je suis malade
tenho fome	j'ai faim
tenho sede	j'ai soif
que e isto?	qu'est-ce que c'est?
quando	quand
onde...?	où...?

Lexique gastronomique

á bras	cuit sur braise
acepipe	hors-d'œuvre
açorda	panade (mie de pain), souvent aux fruits de mer avec coriandre
alho	ail
amêijoas	palourdes
arroz	riz
assada	rôtie (viande)
atum	thon
azeitonas	olives
bacalhau	morue
bacalhau à brás	morue frite avec des œufs
batatas	pommes de terre
bife	steak de veau, de bœuf ou de porc
bolo	gâteau
caldeirada	chaudrée de poisson
camarão	crevette
carne	viande
castanhas	châtaignes
cebolas	oignons
cenouras	carottes
cerveja	bière
cheios (cheias)	farcis (farcies)
chouriço	saucisson
coelho	lapin
cogumelos	champignons
copo	verre
cozida	cuit
cru	cru
de escabeche	mariné
doce	dessert
enguias	anguilles
favas	grosses fèves
feijão	haricots secs
fígado	foie
frango	poulet
garafa	bouteille
galão	café au lait
garaffa	bouteille
gelado	crème glacée

grelhado	grillé
laranja	orange
lebre	lièvre
leitão	cochon de lait
limão	citron
linguado	sole
lulas	calamars
meia dosa	demi-portion
meia garrafa	demi-bouteille
no forno	au four
ovo	œuf
pato	canard
peixe	poisson
perú	dinde
polvo	poulpe
presunto	jambon
pudim flã	flan au caramel
queijo	fromage
rabo na boca	façon de servir le poisson, soit la «queue en bouche»
rins	rognons
rojões	cubes de porc mijotés
salteado	sauté
sardinhas	sardines
saúde!	santé!
tarte	tarte
torta	gâteau
vinho branco	vin blanc
vinho verde	type de vin, généralement blanc
vinho tinto	vin rouge

INDEX

BON DE COMMANDE

■ **GUIDE DE VOYAGE ULYSSE**

☐ Abitibi-Témiscamingue	
et Grand Nord	22,95 $
☐ Acapulco	14,95 $
☐ Arizona et	
Grand Canyon	24,95 $
☐ Bahamas	24,95 $
☐ Boston	17,95 $
☐ Calgary	16,95 $
☐ Californie	29,95 $
☐ Canada	29,95 $
☐ Charlevoix Saguenay –	
Lac-Saint-Jean	22,95 $
☐ Chicago	19,95 $
☐ Chili	27,95 $
☐ Costa Rica	27,95 $
☐ Côte-Nord – Duplessis –	
Manicouagan	22,95 $
☐ Cuba	24,95 $
☐ Disney World	19,95 $
☐ El Salvador	22,95 $
☐ Équateur –	
Îles Galápagos	24,95 $
☐ Floride	29,95 $
☐ Gaspésie – Bas-Saint-Laurent –	
Îles-de-la-Madeleine	22,95 $
☐ Gîtes du Passant	
au Québec	12,95 $
☐ Guadeloupe	24,95 $
☐ Guatemala – Belize	24,95 $
☐ Honduras	24,95 $
☐ Jamaïque	24,95 $
☐ La Nouvelle-Orléans	17,95 $
☐ Lisbonne	18,95 $
☐ Louisiane	29,95 $
☐ Martinique	24,95 $
☐ Montréal	19,95 $
☐ New York	19,95 $
☐ Nicaragua	24,95 $
☐ Nouvelle-Angleterre	29,95 $
☐ Ontario	24,95 $
☐ Ottawa	16,95 $
☐ Ouest canadien	29,95 $
☐ Panamá	24,95 $
☐ Plages du Maine	12,95 $
☐ Portugal	24,95 $

☐ Provence –	
Côte-d'Azur	29,95 $
☐ Provinces Atlantiques	
du Canada	24,95 $
☐ Le Québec	29,95 $
☐ Québec Gourmand	16,95 $
☐ Le Québec et l'Ontario	
de VIA	9,95 $
☐ République	
dominicaine	24,95 $
☐ San Francisco	17,95 $
☐ Toronto	18,95 $
☐ Vancouver	17,95 $
☐ Venezuela	29,95 $
☐ Ville de Québec	19,95 $
☐ Washington D.C.	18,95 $

■ **ULYSSE PLEIN SUD**

☐ Acapulco	14,95 $
☐ Cancún – Cozumel	17,95 $
☐ Cape Cod –	
Nantucket	17,95 $
☐ Carthagène	
(Colombie)	12,95 $
☐ Puerto Vallarta	14,95 $
☐ Saint-Martin –	
Saint-Barthélemy	16,95 $

■ **ESPACES VERTS ULYSSE**

☐ Cyclotourisme	
en France	22,95 $
☐ Motoneige au Québec	19,95 $
☐ Randonnée pédestre	
Montréal et environs	19,95 $
☐ Randonnée pédestre Nord-	
est des États-Unis	19,95 $
☐ Randonnée pédestre	
au Québec	19,95 $
☐ Ski de fond	
au Québec	19,95 $

■ GUIDE DE CONVERSATION

□ Anglais pour mieux voyager
en Amérique 9,95 $
□ Espagnol pour mieux voyager
en Amérique latine 9,95 $

■ •zone petit budget

□ .zone Amérique
centrale 14,95 $
□ .zone le Québec 14,95 $

■ JOURNAUX DE VOYAGE ULYSSE

□ Journal de voyage Ulysse
(spirale) bleu – vert –
rouge ou jaune 11,95 $
□ Journal de voyage Ulysse
(format de poche) bleu –
vert – rouge – jaune
ou sextant 9,95 $

QUANTITÉ		PRIX	TOTAL
NOM		Total partiel	
ADRESSE:		Poste-Canada*	4,00 $
		Total partiel	
		T.P.S. 7%	
		TOTAL	

Paiement : □ Comptant □ Visa □ MasterCard
Numéro de carte :
Signature :

ULYSSE L'ÉDITEUR DU VOYAGE
4176, rue Saint-Denis, Montréal (Québec)
☎ (514) 843-9447, fax (514) 843-9448
Pour l'Europe, s'adresser aux distributeurs, voir liste p 2.
* Pour l'étranger, compter 15 $ de frais d'envoi.